Women
AND
PRINT
CULTURE

A Critical Exploration of
the Archives of the Border Region of
Mexico and the United States

Women
AND
PRINT
CULTURE

A Critical Exploration of
the Archives of the Border Region of
Mexico and the United States

DONNA M. KABALEN VANEK &
MARÍA TERESA MIJARES CERVANTES

Recovering the U.S. Hispanic Literary Heritage

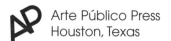

Arte Público Press
Houston, Texas

Recovering the past, creating the future

Arte Público Press
University of Houston
4902 Gulf Fwy, Bldg 19, Rm 100
Houston, Texas 77204-2004

Cover design by Mora Des¡gns Groups

Images on the cover include Leonor Villegas de Magnon, Jovita Idar, María Luisa Garza "Loreley", Catalina D'Erzell, Andrea Villarreal and Hortensia Elizondo. Courtesy of the Recovering the US Hispanic Literary Heritage Program.

21 22 23   3 2 1

Contents

Part 3. A Transcultural View of Women Writers in Northern Mexico and Texas

With his patience and unfailing encouragement, my husband Roberto has very much been an important part of this project. I also thank my children, Monica, Roberto, and Denise, for calling or stopping by while I worked. Their cheer filled my days and nights of writing with joy.

—Donna Kabalen de Bichara

* * *

I am particularly thankful to my family—Raúl, Ana, Rul and Isa. They have all been generous, patient, and enthusiastic supporters during the long process of this study. Their support has been invaluable.

—María Teresa Mijares Cervantes

Acknowledgments

The past two and a half years have been an exciting journey, and we have enjoyed the company of a number of our colleagues, as well as graduate and undergraduate students. We have learned so much along the way since we began our work on a three-year project funded by the Consejo Nacional de Ciencia y Tecnología, "La mujer en la cultura transnacional de la frontera norte México-Estados Unidos: las prácticas de lo escrito, 1850-1950." The intention of our study has been to contribute to three major areas of study: the evolution of the press (with particular emphasis on magazines and newspapers) during the second half of the nineteenth and the first half of the twentieth century; the construction of the feminine imaginary evident in the discourse of periodicals published in the Mexico-US border region with special emphasis on Spanish-language periodicals in Texas; and the role of women as readers and writers in periodical print culture. To limit the scope of our study during this initial phase, we chose to focus on the region formed by the current states of Nuevo León, Coahuila, and Tamaulipas in Mexico as well as Texas. It is in these spaces that we locate our project. Because our project examines the northeastern border region of Mexico and its intersection with Texas, the concept of transnational writing informs our work as well. That is, those texts written by authors situated in border spaces, on both sides of the Rio Grande, present an imaginary related to history, identity, and cultural practices. These elements, reflected in the newspapers and magazines produced in northeastern Mexico and Texas, constitute the main interest of this project.

We are grateful to Nicolás Kanellos, Gabriela Baeza Ventura, Carolina Villarroel, and Lorena Gauthereau of the University of Houston for their support during this project. Recovering the US Hispanic Literary Heritage, under the direction of Nicolás Kanellos, has inspired our effort to explore the archives and gather information about northeastern Mexican newspapers that have not yet been studied. It is due to his support that publication of this volume is possible. Gabriela, Carolina, and Lorena were instrumental in encouraging us to compile data on the newspapers that are available in archival collections located in the United States as well as in Mexico: the Newspaper and Periodicals Collection at the National Autonomous University of Mexico; the Readex Collection of Hispanic Newspapers of the US 1808-1980; the Nettie Lee Benson Library Latin American collection of nineteenth-century Independent Newspapers and Revolutionary Mexico in Newspapers, 1900-1929; the digital collection of periodicals and magazines from the Capilla Alfonsina Biblioteca Universitaria and the Biblioteca Universitaria Raúl Rangel Frías, both located at the Universidad Autónoma de Nuevo León; and the EBSCO Arte Público Hispanic Historical Collections Series 1 and 2.

Special thanks are in order for Leticia Garza Moreno who walked us through the collection of digitized newspapers published in Nuevo León and housed at the Capilla Alfonsina Biblioteca Universitaria in Monterrey. We thank our colleague, Nora Marisa León Real, who worked with us on this project until November of 2020. We also extend warm thanks to Griselda Zárate for her dedication to preparing a first draft of the Introduction to the volume. We would also like to mention the archival research conducted by Carlos Alberto Sifuentes Rodríguez while he was a graduate student in the doctoral program in Humanities Studies at the Tecnológico de Monterrey. Carlos worked for two years in compiling a list of periodicals housed in the archives located at the Archivo General e Histórico del Estado de Tamaulipas, the Instituto de Investigaciones Históricas (Tula, Tamaulipas and Tampico, Tamaulipas) and Biblioteca Marte R.

Gómez (Ciudad Victoria, Tamaulipas). His work was invaluable in uncovering articles directed toward women readers.

For her sustained and always cheerful help, at all hours of the day or night, we extend very special thanks to Frida Conn Martínez. Thank you to Nora Paola González Solis, Roberto Lozano Mansilla, and Caleb Alberto Orta Curti for their contributions to the project as undergraduate research assistants who poured through archives and organized information from an important number of newspapers. Much gratitude to Roberto for his amazing work in the initial development of a digital map that highlights the locations of those newspapers we have located in northeastern Mexico. Here we especially want to thank Lorena Gauthereau who guided Roberto in the early design stages of the map. We also want to thank the following undergraduate students of Letras Hispánicas who dedicated time to the project compiling and classifying information that facilitated our research: Diego Alexis Govea, Rebeca Oliva, Alexis Geovanni Ramírez, and Alejandro Navarro. The undergraduate students also deserve special recognition for their work prior to and during the VIII Jornada Internacional de Fronteras Borderlands: Cultura, Historia y Literatura that took place in Monterrey at the Tecnológico de Monterrey in October, 2019, a conference that included the participation of Nicolás Kanellos, Gabriela Baeza Ventura, Carolina Villarroel, José F. Aranda, and our colleagues from Coahuila, Ramiro Flores Morales and María Guadalupe Sánchez de la O.

The Editors
Donna Marie Kabalen Vanek
María Teresa Mijares Cervantes

Introduction

Women and Print Culture: A Critical Exploration of the Archives of the Border Region of Mexico and the United States is based on research that has focused on the examination of periodicals published in the US-Mexico border region during the period between 1850 and 1950 in an effort to bring to light those periodicals on both sides of the border that published essays and literary texts intended for a female reading audience. Positioned in the domestic space, nineteenth-century Mexican women and those of Hispanic descent who lived in the United States assumed a social function inherited from the eighteenth century and the ideas of the Enlightenment. They were assigned the role as man's companion and their responsibility was to care for the home and educate their children. Historically, the link between women and the written word had been through the practice of collective and religious reading. From the nineteenth century and beyond, although collective reading continued to be practiced and religious themes continued to abound, Mexican women, particularly in the privileged classes, had access to secular reading. Editors eventually oriented their publications to capture the interest of an audience of female readers who supposedly required guidance in their choice of reading material. Throughout the latter half of the nineteenth and the early decades of the twentieth century, a number of periodicals were dedicated to the education of the "fair sex." If at first the male voice predominated in these publications, over time women began participating more and more actively producing their own written material such as poetry, essays, and short stories and their writing was normally introduced in pages explicitly dedicated to them or in literary sections. Finally, during the latter decades of the late nineteenth century, women began to direct, edit, and publish, magazines and newspapers directed and written entirely by women.

Moreover, one of the important areas of US-Mexico border studies includes the concept of transnational literature that reflects the experience of the flow of ideological paradigms, social practices, ideals, and identities. The literary production by authors writing from border spaces, from both sides of the Rio Grande, presents an imaginary related to identity and cultural practices. As such, there are certain aspects of identity and culture that are maintained despite the geopolitical division of space. These elements, embodied in Hispanic newspapers and magazines that circulated in the US border region, and those published in northeastern Mexico, constitute the focus of this volume.

The study of written material produced for women and by women in the US-Mexico border region is of primary importance for understanding its intellectual and cultural history, especially as a means to further an understanding of the role of women in the history of Mexican and border cultural life. The cultural dimensions related to the education of women are articulated in hundreds of newspapers and magazines that contribute to the construction of gender ideology. The tension between a journalistic vision that promotes an imaginary of the ideal woman together with women's desire to write their own experience, are elements that require extensive archival research. The ten essays that follow are based on the exploration of archival collections, newspapers, and magazines, and they center on the production of discursive meaning that is articulated in various types of texts that reveal the history of beliefs about women and their role in society.

The scholarly interventions that make up this volume are based on archival research and offer detailed discussions of various types of periodical publications and unpublished poetry that contribute to the history of the Mexico-US border region. The essays are grouped under three thematic subheadings. The four essays included in the first section, "Exploring the Archives: Women and Written Culture in Northeastern Mexico during the Late Nineteenth Century," analyze the role of women in terms of ideology, power, subjectivity and discursive practices in periodicals of the period, which were recovered as a result of extensive archival research. In her contribution to this volume, María Teresa Mijares highlights the work performed by Ercilia García and María Garza González as the two leading voices of *"La Violeta: Semanario de Literatura, Moral y de Variedades"* (1887-1889; 1893-1894), a recently recovered periodical from a private collection. These women were active, not only in maintaining the periodical afloat as editors and directors, but also through their contributions of essays, poetry and prose texts. In her study Mijares includes a history of the materiality of the periodical as well as its editorial practices. She also proposes that the first number of this periodical may well have appeared on September 15, 1887, although that issue has not been recovered as of yet. She affirms that the newspaper had wide circulation with subscribers not only from the state of Nuevo León, but also from neighboring Tamaulipas and Coahuila, as well as Texas.

In her essay, Donna Kabalen analyzes feminine subjectivity through three articles published in *"La Violeta: Semanario de Literatura, Moral y de Variedades"* (1887-1889; 1893-1894). This periodical was dedicated to the female reader and produced by women writers such as Ercilia García, María Garza González, Manuela Martínez Hopman, all of whom were from Monterrey, Mexico. Other contributors included prominent poets such as Julia G. de la Peña de Ballesteros, and María M. Browne, from Matamoros, and Montemorelos, respectively. Through the contributions of these and many other women writers, Kabalen emphasizes that they were able to insert themselves into Mexico's history, and most importantly as writing subjects who proposed their own view on education and the role of women in society. This newly conceived role included the education of women, but periodically made clear that this in no way would detract from those activities and skills appropriate for the private sphere of the home. Kabalen argues that the press during the

Porfiriato tended to be dominated by men who set a cultural agenda that imposed limits on women of late nineteenth-century society. *La Violeta*, however, contested these impositions through writings that underscored the significance of educating women beyond the realm of the home including instruction in the sciences, as their own right for intellectual enlightenment.

In "The Discursive Construction of the Female Figure in Nineteenth-Century Periodical Publications in Northern Mexico", María Teresa Mijares and Nora Paola González analyze the use of discursive strategies in the press to portray a specific idea of the Mexican woman, one that stands in sharp contrast to that of women in the United States. Their study relies on a selection of texts published in periodicals such as *La Tertulia* (1864), *El Faro de Monterrey* (1865), *La Revista de Monterrey* (1883 and 1884) and *La Voz de Nuevo León* (1890-1899). Mijares and González point out that the perspectives of these periodicals mimicked continental European views, mostly Spanish and French, regarding the place and role of women in society through certain discursive strategies. The authors point out that the continental European vision stood in opposition to those of England and the United States, and these views were repeated in local newspapers. Moreover, editors, publishers, and contributors, such as Antonio Margil Cortés, Ignacio Martínez, and Desiderio Lagrange promoted the traditional role of Mexican women. Mijares and González further indicate that by the late nineteenth century, positivist discourse was incorporated in the press. Their discussion of the article "Breves consideraciones sobre la educación de la mujer Mexicana" ("Brief considerations on the education of Mexican women") (1897), published in *La Voz de Nuevo León,* demonstrates a positivist viewpoint that justifies denying Mexican women the right to an education because they were considered as inferior beings, not only by men, but also by their counterparts in Europe and the United States.

Francisco Ramos Aguirre's "Mujeres Tamaulipecas: Vida Cotidiana y Literatura en el Siglo XIX" is based on extensive archival research, and provides an historical overview of daily cultural practices during the nineteenth century as well as the literary and jour-

nalistic work produced by Ignacia Padilla de Piña (1838-1912) and
Julia de la Peña de Ballesteros (1855-1928). Through an examination
of travel narratives, archival information, and periodicals he highlights the activism carried out by a number of women in Tamaulipas
during the War of Independence (1810-1821). In this direction
Ramos Aguirre notes the insurgent efforts of brave women, notably
Ysidora Ovalle, who was executed in 1814 and whose head was
exhibited publicly in the Plaza of the town of Santa Barbara (current-
ly Ocampo, Tamaulipas). Ramos Aguirre points out that after the
Mexican War of Independence (1810-1821), foreign and national visitors to Tamaulipas narrated their impressions about women and culture in Tamaulipas. He also mentions Joel R. Poinsett from the United States, during the 1820's, and fashion photographer Louis de
Planque, from Prussia, writer Manuel Payno, Guillermo Prieto, who
served in the administration of President Benito Juárez (1858-1872),
and Manuel Jacinto Guerra, an *hacendado* from the state of Jalisco.
These travelers to Tamaulipas include their impressions in various
types of writings about life in the region. According to Ramos
Aguirre a a literary and journalistic endeavors by women in Tamaulipas during the Nineteenth Century were scarce. He further mentions
his discovery of a note in *El Diario del Hogar* in 1888 that mentions
"El Lirio," a literary weekly published in Ciudad Victoria; unfortunately, the publication has yet to be recovered. Names such as
Albertina G. de González, Dolores G. Barragán, Delfina A. de
Ramírez, and Luz Enríquez, among others, are mentioned as women
contributors to this literary publication. Nevertheless, Ramos Aguirre
stresses that there are only two cases of feminine journalism and literature in Tamaulipas during the nineteenth century: Ignacia Padilla
de Piña (1838-1912) and Julia de la Peña de Ballesteros (1855-1928).

Part 2. The Cultural History of Women and Print Culture

The essays included in Part 2, "Exploring the Archives: The Cultural History of Women and Print Culture," analyze diverse recovered publications that promote ideological and discursive practices
regarding the relationship between cultural history, women, and the

press. In his essay, "The Social Apologetics of *La Revista Católica*: Church, Race, Gender and *Mexicanidad*," A. Gabriel Meléndez makes a case for the significant role played by *La Revista Católica*, during its publication in Las Vegas, Nevada (1875-1919), a magazine originally intended for Mexicans incorporated as US citizens following the US War of Intervention, and the signing of the Treaty of Guadalupe Hidalgo. Meléndez notes that the traits of the Jesuit editors—discipline, order and organization—were of crucial importance in establishing *La Revista Católica*'s prominent position in the press of the region. The editors were strongly in favor of publishing the magazine so as to contribute to the construction of the identity on the Mexican community. The author also analyzes the Catholic-centered views in the periodical in opposition to the secular and Anglo-Saxon Protestant views in terms of the education rights of *mexicanos* making up most of the local electorate and as such, they had decisive power in defining how their children were to be educated. Furthermore, his study draws attention to the numerous articles in *La Revista Católica* condemning Anglo-American racist treatment of Mexicans, Native Americans, and people of African descent. Regarding the role of Mexican women, the author expresses that the magazine portrayed traditional views, highlighting their virtues that stood in opposition to secular values of Anglo America.

In their essay, "Miradas sobre las mujeres prostitutas que se asoman a los archivos Municipal de Saltillo y Generales Estatales de Coahuila y Nuevo León (1890 a 1935)," María de Guadalupe Sánchez and Mixely Martínez examine the cultural history of prostitutes based on a diverse corpus of primary texts. The authors underline the fact that prostitution as a social phenomenon was linked only to women, and there is no mention of the role played by men. Regulations, statutes, and policies were implemented exclusively to control women as prostitutes. Sánchez and Martínez note that documents about prostitution are scarce in historical archives, both in the States of Coahuila and Nuevo León. However, the authors point out that the available documents reflect a brief overview of the regulation of prostitution in the region. They study regulations, registration records of prostitutes, and, interestingly, reports from US authorities (in the case of the State of Coahuila), questionnaires from the Mexican Health Council, and a registry book of prostitutes with their faces (also in the State of Coahuila). Furthermore, Sánchez and Martínez emphasize that the voices in these documents mostly belong to the institutions that had the power to control sex work in the late nineteenth and early twentieth centuries.

In the last essay of this section, "María Luisa Garza (Loreley) y Hortensia Elizondo: mujeres en el diario *El Porvenir* de Monterrey (1929-1933)," Paulo Alvarado presents a theoretical introduction based on theoretical perspectives on New Modernist studies and analyzes the literary voices of these two Mexican writers. Alvarado points out the impressive journalistic and literary career of María Luisa Garza, Loreley, and he includes an analysis of the recovered short story "¿Por qué la maté?", published on May 11, 1929, in the Monterrey newspaper, *El Porvenir*. He posits that in this text the reader can detect an evident antagonism that exists between the narrator, who commits the crime, and Helen, the black woman, which stems from their shared colonial past. The author also examines another story published in *El Porvenir* on April 9, 1933, "La única verdad," written by Hortensia Elizondo, also an accomplished Mexican writer and journalist. Alvarado notes that the literary merit of Ana María, the main character, is that of a woman having broad criteria and who values a mutual understanding of love, but mostly someone who opposes a double bind discourse in bourgeois society.

The essay by Donna Kabalen and Roberto Lozano, "Monterrey Industrialism and the Construction of a 'Community of Knowledge': *Trabajo y Ahorro* (1921-present)," provides an introductory overview of the historical context of Monterrey's industrial expansion as well as background information that focuses on the development of The Sociedad Cooperativa de Ahorros e Inversiones para los Empleados y Operarios de la Cervecería Cuauhtémoc, SA (Cooperative Society of Savings and Investments for Operators and Employees of the Cuauhtémoc Brewery). Furthermore, based on a corpus of archival texts that include topics ranging from local social news, foreign and domestic policy, jokes, literature, hygiene, and sports, Kabalen and Lozano center their analysis on a selection of articles that demonstrate the use of discursive practices evident in the periodical. They also highlight the magazine's emphasis on socio-cultural knowledge that was transmitted on the basis of paternalistic patterns of control. In particular, Kabalen and Lozano examine how *Trabajo y Ahorro* endorsed a dominant "benevolent" ideology, based on certain "virtues and moral attitudes" with the intention of educating factory workers, employees, and the female reader, who was to assume these attitudes and teach them within the realm of the home.

Part 3. A Transcultural View of Women and their Role as Activists and Writers in Northern Mexico and Texas

The essays included in Part 3, "A Transcultural View of Women and their Role as Activists in Northern Mexico and Texas," examine the worldview of three border women who were prolific writers and who assumed their role as activists. Griselda Zárate's, "Poéticas de la identidad narrativa: Subjetividad femenina en los textos de las hermanas Villarreal (1904-1944)," provides a detailed analysis of a corpus of recovered poetic texts, by writers Andrea Villarreal and Teresa Villarreal, some of which have not been published. Drawing on Ricoeur's concept of narrative identity, Zárate explores discursive formations evident in a number of poems that portray a feminine subjectivity that goes beyond the militant point of view of these activists, especially in terms of individual and collective freedom. As Zárate observes, this gave form to a poetics involving the plurality of narrative identities that represent transnational moments punctuated by crossing between diverse spaces and time.

The final essay of this section is contributed by Donna Kabalen, "Writing Transnational Life Experiences on the Border: Leonor Villegas de Magnón and Jovita Idar," and offers a detailed discussion of a selection of texts written by these two writers and activists. The article ventures into questions concerned with the role of these two women writers whose texts present views on other women, the community, and self. Drawing on a selection of unpublished reflections, newspaper articles and the autobiographical narrative created by Villegas de Magnón, Kabalen underscores the notion offered by Clara

Lomas in her description of the borderland as a place of "cultural exchange and creative ferment." In this sense, Kabalen emphasizes that both Villegas de Magnón and Idar, were able to translate their life experiences, express them in their written work, and thereby challenge the regulating social structures that attempted to place limits on women in Mexico and the United States border region.

Dr. Donna M. Kabalen Vanek, *Tecnológico de Monterrery*

Dr. María Teresa Mijares Cervantes, *Tecnológico de Monterrey*

PART I

Exploring the Archives:
Women and Written Culture in
Northeastern Mexico during
the Late Nineteenth Century

La Violeta, 1887-1894: Un espacio para la enunciación femenina en el noreste de México

María Teresa Mijares Cervantes
Tecnológico de Monterrey

El estudio de la prensa periódica femenina del noreste de México representa un reto muy interesante, aún con mucho trabajo por delante, tanto para los interesados en la mujer mexicana y su historia, como para los investigadores de la historia de la prensa. La reciente recuperación de los ejemplares de *La Violeta* constituye, en este sentido, una valiosa oportunidad.[1] Con la información recabada al día de hoy, ésta es la única publicación periódica del siglo XIX dirigida y escrita por mujeres del noreste de México a la que tengamos acceso. La publicación —de la década de los ochenta— constituye un importante eslabón en la historia de la prensa periódica femenina del noreste y de la relación de la mujer con la cultura escrita.

Aunque aparece mencionada en varios textos de historia, hasta el día de hoy, la principal fuente de información sobre *La Violeta* proviene de las menciones que de ella se hacen en otras publicaciones de la época. Por esta razón, el objetivo central de este trabajo es brindar una introducción general a la publicación, que permita conocer los principales rasgos de su materialidad y sus características más destacadas. Creemos que esto puede ser de valiosa utilidad para los investigadores interesados en la prensa periódica y/o en la relación de la mujer del noreste de México con la cultura escrita. No abordaremos en este trabajo ni el discurso, ni las ideas presentes en

La Violeta. Esto y muchos otros aspectos constituyen pendientes para investigaciones futuras.

En la década de los sesentas circularon en Monterrey *La Tertulia* (1864) y *El Faro* (1865). Ambos periódicos fueron dirigidos y escritos por hombres, pero en sus páginas se ofrecieron contenidos de interés para la mujer. De hecho, *La Tertulia* fue la primera publicación en Monterrey que consideró de forma explícita a la mujer lectora en su proyecto y le dedicó expresamente columnas cuyos contenidos eran, desde la óptica de los hombres detrás del proyecto, adecuados y atractivos para la mujer. Así, desde 1864, la mujer regiomontana[2] fue invitada a leer reseñas de teatro, poesía, narraciones literarias, charadas, adivinanzas y chistes (Mijares, en trámites de publicación).

En la década de los setenta, circularon, entre otras publicaciones, *El Jazmín* y *Flores y Frutos*. De ninguna de ellas hemos logrado recuperar ejemplares, ni en las bibliotecas visitadas, ni en acervos familiares. En 1874, *El Jazmín* fue el primer periódico literario redactado por mujeres en Monterrey y dirigido por Miguel F. Martínez. En 1879, en la imprenta de Desiderio Lagrange, se imprimió el semanario literario *Flores y Frutos*, dedicado a la mujer[3]. Así, pues, en la década de los ochenta, *La Violeta* dio continuidad a estos primeros esfuerzos para establecer y fortalecer la relación de la mujer con la palabra escrita.

Al considerar la participación de la mujer mexicana en el desarrollo de la cultura impresa, Lucrecia Infante Vargas propone dos períodos. Uno de 1839 a 1869, en el que la mujer es reconocida por el grupo masculino del negocio de la imprenta y la edición como posible lectora y en el que empieza a colaborar, un poco de manera intermitente, en la producción de cultura escrita con composiciones poéticas y textos de diversa índole. En un segundo período, de 1870 a 1907, además de lectora, la mujer asumirá la responsabilidad de su propia enunciación. Este es el período de las publicaciones fundadas y dirigidas por mujeres (185-193).

Si bien Monterrey y el noreste de México avanzaron más lentamente en el desarrollo de la prensa periódica —detrás de lo que sucedía en la capital y el centro del país—, *La Violeta* fue parte de este segundo período y las mujeres alrededor de ella, sus directoras, sus colaboradoras y sus lectoras, dieron muestra de ser sensibles a las exigencias de la época en que vivieron.

En septiembre de 1887 circuló por primera vez en Monterrey el periódico *La Violeta*. *Quincenal de Literatura, Social, Moral y de Variedades*. *Dedicado a las familias*, dirigido y redactado exclusivamente por mujeres y pensado especialmente para ellas. Aunque con una larga interrupción, el periódico logró la continuidad, rara en muchos proyectos periodísticos de la época, y permaneció en circulación hasta 1894. El 20 de mayo de ese año, en el que vino a ser el último número, la redacción anunció a sus lectoras que el proyecto se interrumpía, pero que continuaría próximamente. Este anunciado regreso nunca se dio.

El *Diccionario Biobibliográfico de Escritoras Nuevoleonesas. Siglos XIX y XX* señala a Ercilia García y Manuela Martínez Hopman[4] como fundadoras, financiadoras y redactoras del proyecto de *La Violeta* (49-53). Es posible que Martínez Hopman además de colaboradora, haya fundado y financiado el periódico junto con Ercilia García. Sin embargo, Martínez Hopman aparece mencionada solamente como colaboradora, nunca como directora, secretaria o responsable de la Redacción. En cambio, Ercilia García está presente en los tres tomos de *La Violeta*. De 1887 a diciembre de 1888, Ercilia se presenta como Directora; y María Garza González aparece como Secretaria. En los números de 1889 solamente aparece Ercilia García, mencionada como Directora propietaria. En el primer número de 1893, después de una larga interrupción en la circulación del periódico, se menciona a Ercilia García de Ramírez y a María Garza González en la Redacción. A partir del número que le siguió, únicamente apareció María Garza González, como Directora. Al final de este trabajo, me detendré brevemente en las mujeres de *La Violeta*, tanto en las que estuvieron al frente del proyecto, como en sus colaboradoras. Por el momento, deseo únicamente señalar que tanto Ercilia García como María Garza González pueden ser reconocidas como las dos cabezas detrás del proyecto de *La Violeta*, independientemente de la responsabilidad formalmente asignada a cada una de ellas —directora, secretaria, directora propietaria o simplemente parte de la redacción—. Ambas, además de su participación en la dirección y manejo del proyecto, colaboraron profusamente con poesía y prosa en casi todos los números que circularon. El primer número del periódico debió aparecer el 15 de septiembre de 1887; el último fue el del 20 de mayo de 1894. Lamentablemente, unos de los pocos números faltantes en el acervo recuperado son los dos primeros del quincenal. A lo largo de su existencia, el periódico tuvo algunos cuantos retrasos en la impresión y una interrupción que se extendió varios años. Después de la edición del 1 de marzo de 1889, *La Violeta* no reapareció sino hasta el 6 de agosto de 1893. Posiblemente la interrupción se debió a algo inesperado, puesto que en ese número de marzo de 1889 el periódico no se despide de sus lectoras ni anuncia una interrupción. Pero, en el número de agosto de 1893, al iniciar de nuevo, en un texto en la primera plana, firmado la Redacción y titulado "Nuestro Periodico"[5], las responsables anuncian su regreso y saludan a sus lectoras: "Volvemos á emprender de nuevo nuestras tareas con la convicción de que seremos acogidas con igual entusiasmo por nuestros favorecedores" (6 de agosto de 1893, tomo III). Por otro lado, la interrupción de mayo de 1894, que pretendía ser pasajera, se anunció explícitamente en el periódico con un texto que apareció también en la primera plana, firmado por la Redacción. En él, el periódico lamenta no haber podido cumplir con el plan propuesto a las lectoras y anuncia el deseo de volver próximamente: "Esto sin embargo no sería un obstáculo insuperable . . . si, por otra parte, el estado de nuestra salud quebrantada y otras atenciones de familia indeclinables, no nos obligase á suspender la publicacion de nuestro semanario…Ojalá que, al continuar nuevamente como lo esperamos, la publicacion de nuestro periódico, encuentre éste una favorable acogida en el público . . ." (20 de mayo de 1894, tomo III).

Considerando que la interrupción de 1889 fue importante por la duración que tuvo y tomando en cuenta que los números, tanto antes como después de ella, tienen características que los separan, propongo, para facilitar la organización y comprensión de la información que expondré, hablar de dos períodos en la circulación de *La Violeta*: el primero, de sus inicios en 1887 hasta 1889; y el segundo, de 1893 a 1894. En el primer período, *La Violeta* apareció quincenalmente. En el segundo, se convirtió en semanario y desapareció del título la palabra "social": *La Violeta. Semanario de Literatura, Moral y de Variedades. Dedicado a las familias.* El periódico se componía de ocho hojas, a dos columnas. Parece que los números del primer período salieron de la imprenta de gobierno. En varios de ellos, en la última hoja, se informa "Imprenta del Gobierno, en Palacio. A cargo de Viviano Flores". En cambio, en varios de los números del segundo período se informa y se hace promoción de la Imprenta de La Violeta —a veces mencionada como Tipografía de La Violeta—, en la Calle de Aramberri, número 121, a cargo de Jesús J. Ramos. Es probable que se tratara de talleres de impresión propios del periódico. Sin embargo, con la información hasta ahora recabada, no es posible confirmarlo.

Aunque el periódico no lo informó en la primera plana, como lo hicieron algunas publicaciones[6], sabemos que contó con un administrador que se encargaba, entre otras cosas, de las suscripciones y de los agentes de distribución en las localidades foráneas. Una pequeña nota aparecida en el número del 1 de mayo de 1888 informa sobre un cambio de administrador: "Habiendo tenido que ausentarse temporalmente de esta ciudad el Sr. Rodolfo L. Conde, que figuraba como administrador de este periódico, queda en su lugar el Sr. Bonifacio Calvillo, con quien se entenderán en lo de adelante nuestros agentes y suscritores foraneos y demás personas que tengan asuntos concernientes á la publicación" (tomo I, no. 14, 112).

La inserción de imágenes, muchas veces litografías, fue durante el siglo XIX un interesante atractivo para aumentar el número de lectores. Por otro lado, la inserción de avisos y anuncios pagados, práctica que se fue consolidando a lo largo del siglo, proporcionó a las publicaciones algo de tranquilidad monetaria. Una de las características de *La Violeta*, como quincenal y como semanario, es que no manejó imágenes, avisos o anuncios publicitarios.[7] Pero, precisamente, varios números antes del último, el periódico ofreció la posibilidad de insertar avisos, a "precios muy baratos", y la imprenta/ tipografía de *La Violeta* anunció sus servicios: "En esta imprenta se hacen toda clase de trabajos concernientes al ramo como: tarjetas, esquelas, etiquetas, recibos, esqueletos, etc." (11 de abril de 1984, tomo III, no. 32, 281).

Aunque tampoco es posible afirmarlo, es probable que las dificultades económicas fuesen importantes y que el periódico buscara, con la inserción de anuncios o avisos, aliviarlas. Si bien al anunciar la interrupción del periódico no se mencionaron razones de este tipo, el esfuerzo para atraer anuncios y la inserción de algunos cuantos de ellos, así como la repetida invitación a los suscriptores morosos a liquidar sus adeudos, hacen pensar en dificultades.

La suscripción fue también una manera de asegurar la vida de una publicación. Si el aumento en el número de publicaciones que circularon en México durante el siglo XIX fue importante, también es un hecho que muchas de ellas no lograron subsistir por largo tiempo. *La Violeta* manejó suscripciones, locales y foráneas. En varios números, la Redacción lamenta el servicio de entrega y se disculpa con los suscriptores. Por respuestas del periódico a suscriptores y agentes o representantes, aparecidas en las últimas planas, sabemos con seguridad que tuvo suscripciones en el estado de Nuevo León y en los estados vecinos de Tamaulipas y Coahuila, además de Texas. Entre las poblaciones que se mencionan, se encuentran Cerralvo, Lampazos, Linares, Cadereyta Jimenez, Salinas Victoria, Sabinas Hidalgo, General Terán y Montemorelos en Nuevo León; Ciudad Camargo, Laredo, Ciudad Victoria y Ciudad Mier en Tamaulipas; Laredo, San Antonio y San Diego en Texas.

A lo largo del siglo XIX se acostumbró coleccionar y encuadernar las publicaciones periódicas, particularmente las de índole literaria y aquellas que incluían grabados, estampas litográficas o partituras. La fecha y enumeración de los números, así como la paginación continua, facilitaban a los lectores saber qué números les faltaban y asegurar así su obtención. Los periódicos ponían a disposición de sus lectores la venta de números faltantes e invitaban a la encuadernación de los números coleccionados. *La Violeta* no fue la excepción y en repetidas ocasiones mencionó y sugirió a sus lectores la posibilidad de la encuadernación.

En la esquina superior izquierda de la portada, el periódico indicó el tomo y en la derecha, el número al interior de dicho tomo. El primer número del que disponemos informa que se trata del número 3 del tomo I, fechado octubre 15 de 1887 (Ver Fig. 1). Por esto, como

Tomo I.   Monterey, Octubre 15 de 1887.   Num. 3.

LA VIOLETA.

QUINCENAL DE LITERATURA, SOCIAL, MORAL Y DE VARIEDA ES.

DEDICADO A LAS FAMILIAS.

DIRECTORA, **Ercilia García.**—SECRETARIA, **María Garza González.**

COLABORADORAS.

Sras. Julia G. de la Peña de Ballesteros, J. A. de Treviño.—Sritas. Edmonia B. Pérez, María M. Browne, Elisa, Catalina, Aurora, Zenaida, Delia.

Sumario:

La Caridad, por Ercilia García.—La Cautiva, poesía por María M. Browne.—La Mujer, por N. N.—La Pasionaria, poesía por Ercilia García.—La Poesía, por María Garza González.—La Calumnia, poesía por Ercilia García.—Una Azucena, poesía por María Garza González.—La Dama de Noche, poesía por Teresa.—Rima, por María Manuela López.—Un Exámen, por Ercilia García.—Opinión de la Prensa.

LA CARIDAD.

¡Feliz quién puede derramar en torno suyo el bálsamo consolador de la caridad! Feliz, quién abriga en su pecho el germen de esa santa virtud; que deshecha el ridículo egoismo que anida en los seres vulgares! En las almas privilegiadas, dotadas de nobles sentimientos que Dios puso en el mundo para consuelo de la humanidad que llora, se encuentra la caridad cristiana, sin mezcla de esa hipocresía con que la cubren los que por mera ostentación dan una limosna, procurando hacerlo siempre donde sean vistos. La verdadera caridad se esconde, enjuga las lágrimas del que sufre, sin alarde, y siempre basada en las santas máximas del cristianismo hace en el mundo todo el bien que puede.

La caridad, simboliza la perfección de los sentimientos; es el emblema que patentiza nuestra fe; es la flor delicada y hermosa que perfuma la existencia, y la egida poderosa que nos conduce al más allá venturoso.

En las horas amargas de la vida, en esas horas de tédio y melancolía en que se apura la acibarada copa del dolor, ¡qué dulce es encontrar una mano cariñosa que benigna enjugue las lágrimas y reanime la fe, que nunca debe abandonar el corazón cristiano!

Hay horas también de inmensa felicidad, en que el espíritu languidece á impulsos de la dicha, y ¡cuán grato es hallar entonces quién

Figura 1. *La Violeta. Quincenal de Literatura, Social, Moral y de Variedades.*

indiqué anteriormente, es muy probable que el primer número de *La Violeta* apareciera un mes antes, y el segundo a finales de septiembre o el primer día de octubre. En cuanto al número de página, este aparecía en la esquina superior izquierda o derecha —según sea el frente o el reverso—, a partir de la segunda plana de cada número. Los tres primeros números se enumeraron de la página uno a la ocho; pero a partir del número 4, del día 1 de noviembre de 1887, se inició la paginación continua, tomando en cuenta las 24 páginas de los tres números anteriores. Es decir, el número 4 abarcó de la página 25 a la 32. Al iniciar el tomo II, se reinició la paginación y en 1893, al regreso de una larga interrupción, se dio continuidad a la paginación del tomo II de 1889, aunque se inició un nuevo tomo, el tercero.

Estos pequeños ajustes, como algunos otros a lo largo de la vida del periódico, nos hablan de las editoras del periódico y de un interés no solamente por mejorar el proyecto, corregir y aprender en la profesión, sino también por un deseo de estar al mismo nivel de profesionalismo que los otros periódicos locales, regionales y nacionales.

De los tres tomos, el II resultó muy reducido, apenas cuatro números, debido a la mencionada interrupción después del 1 de marzo de 1889. El tomo I incluyó 24 números, con un total de 195 páginas.[8] El tomo II tuvo cuatro números, páginas 1 a 33. El tomo III, el más robusto, incluyó 39 números que abarcan de la página 33, repitiéndola, hasta la 331. Además de la división en tomos, la enumeración de los números al interior de cada tomo y la paginación, el periódico enumeró las publicaciones de manera continua, independientemente de los tomos. Bajo el subtítulo y entre paréntesis, aparece a partir del número 3 del tomo II, el número que corresponde a la emisión, contabilizado desde el inicio del periódico. Así, el número de marzo de 1889, después de los 24 periódicos del primer tomo y de los dos primeros del segundo, se presenta como el 27. En total, fueron 65 las emisiones que tuvo *La Violeta*, distribuidas en tres tomos, 526 planas impresas, con paginación continua entre los tomos II y III (Ver Figs. 2 y 3).

Precisamente, la continuidad de la paginación entre los dos últimos tomos y la continuidad de la enumeración total de los ejemplares a lo largo de los tres tomos, es lo que permite afirmar que el vacío

Tomo II.   Monterey, Febrero 15 de 1889.   Num. 3.

LA VIOLETA.

Quincenal de literatura, Social, Moral y de Variedades.

DEDICADO A LAS FAMILIAS

—(27)—

Directora Propietaria, **Ercilia García.**

COLABORADORAS.

Sras. Julia G. de la Peña de Ballesteros, Rosa Barragán de González, J. A. de Treviño, Edmonia B. Pérez de Alexander, María M. Browne, pe Berlanga, Concepción García de Mota Velasco.

Sritas: Doctora Matilde Montoya, Manuela Martínez Hopham, Josefina Campos, Virginia Marto, Josefa Jiménez, Kate Luby.

Sumario.

El dolor, por Manuela Martínez Hopham.—A mi Destino, poesía por Ercilia García. —Sensibilidad, (Escrito para "El Quincenal) por Ercilia García.—Un día sin Sol, poesía por Josefa Jiménez.—Loca, poesía por Camila Vera.—La Calumnia.—Sus Violetas á mi querida hermana Ercilia García, poesía por Alfredo Ramos.—Myra Bell ó el Segundo Amor, novela traducida del inglés para "La Violeta" por Josefina Campos.—Opinion de la Prensa.—Sueltos.

EL DOLOR.

Siempre andan juntos el goce y el dolor. Mientras vivimos sobre la tierra aquél lo buscamos con anhelo y este último. por el contrario, quisiéramos que jamás pudiera caber en nuestra alma. En los momentos más felices de nuestra vida real, idealizados con los tintes más bellos por nuestra imaginación, en medio de ese éxtasis divino que arrebata todos nuestros sentimientos, exclamamos ¡qué hermosa es la vida! Y sin embargo, ¡qué tiranos son los goces y los placeres!, ¡cuán fugaz y cuán débil el bien que producen en nuestra existencia! ¡qué dulces sus primeros momentos, y qué hastío cuando ya nos han embriagado con sus encantos! Distintos son los goces y distintos los placeres que se ambicionan; pero ¡ay! cuanto más fuertes son ellos, más honda es la herida que dejan en el alma!...Bendito sea el dolor que eleva nuestros sentimientos, y que nos manifiesta lo noble de nuestra misión.

Después de las faenas del día, al declinar la tarde, ¿quién no admira con toda la efusión del alma el bello sol que muere en lontananza, los bellos celajes que se ostentan

Figura 2.

TOMO III.   Monterrey, Agosto 6 de 1893   NUM. 1

LA VIOLETA.

Semanario de Literatura, Moral y de Variedades.

DEDICADO A LAS FAMILIAS.

(29)

—— REDACCION ——

ERCILIA GARCIA DE RAMIREZ Y MARIA GARZA GONZALEZ.

COLABORACION.

SEÑORAS:—Julia G. de la Peña de Ballesteros, Isabel Leal de Martínez, María M. Browne de Berlanga, Guadalupe Gómez de Suárez y Agapita Cantú de Cisneros.

SEÑORITAS:—Doctora Matilde Montoya, Sofía Hernández, María Osuna, Tomasa V. Rodríguez, Virginia Marto, Cármen Saldaña, Herminia Ballesteros, M.ª de los Angela Villarreal y Josefina Campos.

SUMARIO.

Nuestro Periódico,—Poesía, por Yolanda.—¡Amame.....!—Composición poétida, por Matilde.—La Calumnia, por María Garza González, —Amor Maternal de los animales, (Cuento) por Fantina.—A mi Padre en su día, composición poética, por María Garza González.—Sueltos.

Nuestro Periodico.

Volvemos á emprender de nuevo nuestras tareas con la convicción de que seremos acogidas con igual entusiasmo por nuestros favorecedores:

no se aparta en lo más mínimo del plan que se trazó al principio, con tendencias á mejorarlo sí por cuantos medios esten á nuertro alcance, seguras de obtener un éxito completo á nuestras aspiraciones, cuales son las de adquirir una buena aceptación.

Niuguna madre podrá tener escrúpulo de que sus hijas lean nuestros escritos, dedicado exclusivamente á las familias ninguno otro punto tocará que el que redunde en provecho de la misma familia. Conocido ya nuestro anterior quincenal, hoy semanario, no vacilamos en recomendarlo como moral é instructivo para la niñez, ameno y variado para la juventud y apropiado á todas las clases sociales.

Al aparecer de nuevo además de ser semanario, nos proponemos publicar una serie de novelas, ya nuestras ó de sábias escritoras, cuando no composiciones literarias en forma de folletín fácil de encuadernarse por separado, además de poderlo hacer también con el periódico.

LA REDACCIÓN.

Figura 3.

entre marzo de 1889 y agosto de 1893 refleja una suspensión en la circulación del periódico, aunque en el último número aparecido en el 89 no se mencionara ni anunciara, como se hizo en la interrupción final de 1894.[9] Cuando los números de una publicación periódica se encuadernaban, resultaba conveniente el listado de los contenidos reunidos en el tomo. Así, en los números 24 y 39, últimos números de los tomos I y III, respectivamente, *La Violeta* incluyó índices de "las composiciones contenidas en este tomo". En ambos índices, la información está organizada en dos partes, aportaciones en prosa y aportaciones en verso. Tanto en una como en la otra, se proporciona el nombre de la autora, la localidad de su residencia —Montemorelos, Monterrey, C. Camargo, etc.—, el título de la aportación y el número y página donde aparece en el tomo. Los listados incluyen mención a los seudónimos, así como los trabajos de "otros autores", algunos de ellos señalados como "copiados" o como "reproducciones".

Fue una práctica común para los nuevos proyectos periodísticos en el siglo XIX el anunciarse con un prospecto, el cual se distribuía por adelantado o se daba a conocer a través de alguna publicación ya existente. Con frecuencia, el primer número del nuevo periódico retomaba el prospecto y se presentaba a sus lectores compartiéndoles la razón de ser del proyecto, así como sus principales características en cuanto a frecuencia, distribución, costos, secciones y contenidos. Es muy probable que este haya sido el caso de *La Violeta* y que sus fundadoras hayan dedicado varias líneas en el primer número para saludar por primera vez a sus lectoras y expresar sus intenciones.[10] Sin embargo, como no tenemos acceso a los dos primeros números del periódico no es posible afirmarlo. Aún así, es posible recuperar en algunos textos de la publicación la voz de las responsables, sus anhelos y objetivos con el proyecto de *La Violeta*.

El regreso a la circulación en 1893, después de la interrupción, y el anuncio de la nueva suspensión en 1894, son circunstancias que motivaron a las redactoras del periódico a externar sus deseos, sus ideales y sus planes, así como su propia visión del periódico. Así, en el texto ya mencionado más arriba, titulado "Nuestro Periodico" firmado por la Redacción, se expresa que el proyecto está "dedicado exclusivamente a las familias", por lo que "ninguno otro punto tocará que el que redunde en provecho de la misma familia". Además, lo proponen para niños, jóvenes y para toda clase social: "no vacilamos en recomendarlo como moral é instructivo para la niñez, ameno y variado para la juventud y apropiado á todas las clases sociales" (tomo III, no. 1, 33).

Aunque *La Violeta* sí incluyó algunas colaboraciones de autoría masculina, fue, como lo anunciaba, un proyecto femenino. La mujer, pilar de la familia, fue la más indicada para colaborar en un periódico "dedicado a las familias". Por ello, en la invitación para el envío de colaboraciones, en un pequeño texto titulado "Llamamiento al sexo débil", las responsables dicen: "Siendo esclusivamente, nuestro periodico dedicado á las familias, nos proponemos llenar sus columnas con producciones de Señoras y Señoritas amantes de la bella literatura, por lo qué ofrecemos á aquellas que estén en disposición de secundar nuestros propósitos, las columnas de nuestro semanario" (tomo III, no. 1, 39).

En el último número, el del 20 de mayo de 1894, la Redacción de *La Violeta* justificó nuevamente el proyecto: "Nosotras hemos creido de trascendental importancia para nuestro Estado, un órgano de esta naturaleza que sirva de campo de ensayo á la juventud femenina para desarrollar sus aptitudes literarias, y esto dió origen á que nos decidiéramos con la mayor buena fé a fundar *La Violeta* que hemos sostenido constantes . . . nuestro semanario, que si bien modesto y sin pretenciones de contribuir en gran parte al nacimiento de la literatura patria, sí representa los esfuerzos que la mujer, principalmente de esta frontera hace por mejorar su condicion intelectual y su amor al estudio" (tomo III, no. 39, 324-25).

Las ocho páginas de *La Violeta* conservaron casi la misma organización y distribución a lo largo de los tres tomos. Los 65 números de la serie manejaron la misma portada, con la excepción del pequeño cambio en el título ya mencionado y de los ajustes en la mención a las responsables. Con cada nuevo tomo se introdujo en el título de la publicación un cambio en los tipos de imprenta utilizados, lo que seguramente resultó más atractivo.

La primera plana no informó sobre el precio del periódico ni sobre lugares de venta, como lo hicieron muchos otros periódicos de la época, pero sí incluyó los nombres del equipo de colaboradoras y el sumario con la lista de los contenidos en cada número, sin indicar página. El resto de la plana lo ocupó normalmente un texto en prosa, algunas veces firmado por la Redacción; otras, por alguna de las colaboradoras. Con mucha frecuencia fueron textos firmados por Ercilia García o María Garza González. Las siguientes páginas del periódico se dedicaron normalmente a los textos de las aportaciones de las colaboradoras, tanto poesía como prosa, sin un aparente criterio organizador. En algunos números la poesía y la prosa se intercalaron, mientras que en otros parece que se buscó organizar por separado los dos tipos de contribuciones.

El espacio de las dos últimas páginas del periódico se manejó con relativa flexibilidad. En ellas se incluyó lo que se integró bajo Sueltos y Opinión de la Prensa. En Sueltos, se compartió correspondencia administrativa del periódico, firmada por el administrador, también se proporcionó información de noticias y acontecimientos, casi siempre de carácter local: decesos, nacimientos, nuevos matrimonios, exámenes escolares, distribución de premios en planteles educativos, agradecimientos y otros. En Opinión de la Prensa se compartieron notas periodísticas sobre *La Violeta* hechas por colegas, tanto locales, como regionales y nacionales. El reconocimiento y las alabanzas de otros periódicos servían también para asegurar a los lectores la calidad de un proyecto y para atraer más suscripciones.

La inserción de las notas de "los apreciables colegas", como frecuentemente los nombraron las responsables de *La Violeta*, nos permite corroborar la buena acogida que tuvo el proyecto de las "Señoras y Señoritas de la capital de Nuevo León". También deseo subrayar que el alto número de periódicos cuyas notas se compartieron en las últimas páginas de *La Violeta* nos habla de una búsqueda importante de interlocución con otros colegas de la profesión, tanto de la ciudad de Monterrey y el estado de Nuevo León, como de otras ciudades del país y de Texas. El canje, como se llamó, fue una práctica común entre publicaciones periódicas a lo largo del siglo XIX. Los periódicos intercambiaban sus números entre sí e iniciaban una relación que facilitaba el intercambio de notas y artículos, los cuales se copiaban, informando a los lectores el espacio de origen.

Al hacer llegar sus primeros números a otros colegas, una nueva publicación se presentaba y buscaba integrarse en la comunidad de la profesión. Muchos periódicos, al recibir los números del nuevo colega, sacaban una nota en alguno de sus próximos números, dándole la bienvenida y deseándole éxito; otros, escribían directamente al nuevo periódico, el cual solía integrar en sus páginas los parabienes y buenos deseos recibidos de parte de los colegas más experimentados. Esta práctica facilitaba, además, el intercambio de notas y artículos. Este deseo de estar en la mesa de redacción de otros periódicos expresa el profesionalismo con el que las mujeres detrás de *La Violeta* enfrentaron el proyecto.

Los números del primer período de *La Violeta*, particularmente los del tomo I, dedican un espacio importante a las palabras de bienvenida que el quincenal recibe de otros periódicos. En cambio, en el segundo período, tomo III, lo que predomina es información sobre periódicos que llegan a la mesa de redacción, buscando el canje o cambio y a los que ahora *La Violeta* saluda: "Damos la bienvenida a tan amables colegas, y establecemos el cambio de ordenanza" (tomo III, no. 9, 103). También, en repetidas ocasiones, *La Violeta* compartió con sus lectoras la satisfacción de aparecer en las páginas de otra publicación: "Gracias. Las damos á 'La Lealtad' de Morelia por las galantes fraces que nos dedica en su No. 45 correspondiente al día 12 del presente mes, en el que tiene la deferencia de reproducir 'Un beso . . . imaginario' de nuestra ilustre colaboradora la Serita. Doctora Matilde Montoya" (tomo III, no. 6, 79). Unos números más adelante: "'El Eco Galeanense' de Galeana se sirvió reproducir el artículo 'La prudencia en la mujer' de la Serita. Tomasa V. Rodríguez, que vió la luz en nuestro semanario. Le agradecemos su amable deferencia, en nombre de nuestra colaboradora" (tomo III, no. 10, 111).

Los siguientes son solamente algunos de los periódicos con los que *La Violeta* estableció el canje y la interlocución. Aunque la lista es un poco extensa, permite apreciar el amplio espacio de difusión que tuvo la publicación. Del estado de Nuevo León: *El Independiente*, de Villaldama; *El Progresista*, de Lampazos de Naranjo; *El Vigía del Norte*, de Sabinas Hidalgo; *El Obrero* y *El Pueblo*, ambos de Monterrey; el *Periódico Oficial del Estado de Nuevo León*. Del estado de Coahuila: *El Comercio*, de Parras; *La Relección, La Sombra de Zarco* y *El Coahuilense*, de Saltillo. Del estado de Tamaulipas: *El Heraldo*, de H. Matamoros; *El Baluarte*, de C. Mier; *El Faro de Tampico*, de Tampico; *El Eco del Centro* y *El Promotor*, de C. Victoria. De otros estados: *La Juventud Liberal*, de Orizaba, Veracruz; *El Imparcial* y *El Espectador*, de Guadalajara, Jalisco; *El Chirrión*, de Aguascalientes, Aguascalientes; *El Observador*, de Guanajuato, Guanajuato; *El Orden*, de Cuernavaca, Morelos; *El Colegio Independiente*, de Mazatlán, Sinaloa; *El Sur de Sinaloa*, de Rosario, Sinaloa; *El Eco de Oaxaca*, de Oaxaca, Oaxaca; *El Zéfiro*, de Taretan, Michoacán; el *Periódico Oficial de San Luis*, de San Luis Potosí; *El Eco de Hidalgo*, de Pachuca, Hidalgo. De la Ciudad de México: *Las Noticias, El Correo de las Doce, La Patria, El Diario del Hogar, La Tribuna, La Familia, El Correo de las Señoras*. Del estado de Texas, en Estados Unidos: *El Cosaco*, de Roma; *Las Dos Repúblicas*, de Brownsville; *El Heraldo* y *El Cronista Mexicano*, de San Antonio; *El Mutualista, La Semana* y *La Colonia Mexicana*, de Laredo.

Lo último que mencionaré acerca de las secciones y el manejo del espacio en *La Violeta* es el uso de la última plana para recetas de cocina en los números del segundo período, es decir, los del tomo III, a partir de la reaparición en 1893. El espacio se tituló Arte Culinario y nunca apareció referido en el Sumario de las primeras planas; tampoco en el índice del tomo. Las recetas, cabe mencionar, aparecieron siempre sin firma. La primera aparición de Arte Culinario anuncia brevemente la nueva sección: "Vamos á ocupar una de las partes de nuestro periódico con algunas recetas útiles del arte culinario, empezando por el almíbar" (tomo III, no. 1, 33). Esta novedad del tercer tomo constituye el único espacio formalmente dedicado a algo relativo a las labores y obligaciones domésticas de la mujer.

Esta inserción de lo doméstico es una de las diferencias entre los dos períodos de la publicación, y es posible que el espacio dedicado a lo culinario haya requerido ajustes en el uso de los otros espacios. Aunque sigue siendo muy abundante también en el segundo período, la poesía ocupó menos columnas en el tomo III y, en cambio, a la prosa se le dio más lugar. El periódico continuó ofreciendo textos reflexivos de carácter moral, pero también ofreció más "composiciones literarias", que en repetidas ocasiones se manejaron a lo largo de varios números.

Este interés por la prosa se reforzó con la entrega de novelas. Al inicio del segundo período, es decir, en 1893, un atractivo que *La Violeta* ofreció a sus lectoras fue la publicación de novelas: "Al aparecer de nuevo además de ser semanario, nos proponemos publicar una serie de novelas, ya nuestras ó de sabias escritoras, cuando no composiciones literarias en forma de folletín fácil de encuadernarse por separado, además de poderlo hacer también con el periódico" (tomo III, no. 1, 33). En el mismo número, más adelante, en Sueltos, las redactoras informaron sobre la primera novela que se publicaría: "Raul es el nombre de la primera novela que vamos á dar publicidad y que regalamos como prima cada quince días de ocho páginas, cada entrega. La que empezará á salir desde el siguiente número, con lo que esperamos complacer á nuestros abonados" (tomo I, no. 1, 39). Parece ser que solamente se publicó esa novela, pues en la despedida, al anunciar la interrupción temporal —que sería definitiva—, la redacción informó: "La novela Raul que está ya para terminarse y la colección de 'La Violeta' pueden pedirlas á esta imprenta, las personas que deseen tenerlas completas, seguras de ser atendidas en su pedido" (tomo III, no. 39, 136). Es posible que al lamentarse en ese último número "que si bien en ella (la publicación) no hemos podido sujetarnos al plan que nos habíamos propuesto seguir desde un principio" (tomo III, no. 39, 133), la Redacción se refiriése a las novelas ofrecidas pero que nunca se publicaron.

En este trabajo no me es posible abordar los contenidos desde el punto de vista de las ideas y perspectivas que en ellos se manejaron, eso requiere de un espacio dedicado exclusivamente a ello.[11] Al considerar los contenidos y las temáticas, hay que señalar que *La Violeta* fue constante a lo largo de los dos períodos. Por el momento, me interesa mencionar los temas que predominaron y los tipos de textos que aparecieron en la publicación. Es necesario recordar que *La Violeta* se ofreció como un periódico de literatura, moral y variedades. Lo "social" desapareció del subtítulo al inicio del segundo período.

Así pues, el quincenal/semanario ofreció en sus columnas poesía, textos de carácter reflexivo, prosa, "alocuciones" o discursos pronunciados en razón de alguna ocasión especial, y algunas cartas. Esto, además de lo ya señalado: diversas notas informativas y administrativas, en Sueltos; palabras de otros periódicos colegas, en Opinión de la Prensa; y Arte Culinario. La mayor parte de lo que *La Violeta* ofreció a sus lectoras es de autoría de sus colaboradoras. Sin embargo, también se insertaron composiciones y textos de otras mujeres, mexicanas y españolas, los cuales se presentaron en el índice respectivo como "Reproducciones" o "Copiados", seguramente de otras publicaciones.[12]

Como observé, la poesía tiene un lugar privilegiado en *La Violeta*. Los primeros veinticuatro números —es decir, el tomo I— ofrecieron a las lectoras más de cien poesías. Todas ellas aparecieron firmadas y, en más de una ocasión, se proporcionó la localidad o población de residencia de su autora, así como la fecha de su creación. Abundan en ellas las dedicatorias, muchas veces a alguna otra de las colaboradoras del periódico, pero también al padre, a la amiga, a la hija, a la maestra, al hombre ilustre.[13] Si bien en el segundo período hay menos poesía, esta sigue siendo la posibilidad de expresión privilegiada y, como propone Susan Kirkpatrick en su estudio sobre escritoras españolas durante el Romanticismo, la subjetividad femenina encontró una puerta abierta en las posibilidades de la palabra poética (Kirkpatrick, 12-20). Las mujeres de *La Violeta* —sus directoras, sus colaboradoras y sus lectoras— reconocieron esta posibilidad expresiva y a través de la voz poética, todavía bajo un fuerte influjo romántico, dieron salida a su subjetividad y abordaron la muerte, el dolor, el amor, la naturaleza. Además de estos, los temas poéticos que predominaron fueron la pérdida y la ausencia; la pasión, el idilio, el gozo, la vida; las aves, las flores, la luna y el paso del tiempo. Algunos cuantos poemas tuvieron tema patriótico y otros exaltaron la figura de la Virgen María.

Lo último que abordaré con respecto a los contenidos y sus temáticas es en relación con los textos en prosa. Por un lado, *La Violeta* ofreció a sus lectoras composiciones literarias, —cuentos, narraciones—, muchas de ellas escritas por las mismas colaboradoras.

Además de estos textos en prosa, ofrecidos como prueba de "los esfuerzos que la mujer, principalmente de esta frontera hace por mejorar su condicion intelectual y su amor al estudio" (tomo III, no. 39, 13), el periódico acercó a sus lectoras a textos de opinión sobre la mujer, su educación, sus capacidades y desarrollo intelectual y su papel en la sociedad. La gran mayoría de estos escritos están firmados por alguna de las colaboradoras o de las directoras. De manera general, observo que estos artículos promueven la preparación y educación de la mujer, de manera que pueda cumplir satisfactoriamente sus obligaciones ante la sociedad: ser la compañera del hombre y formar a los hijos. Si bien defienden las capacidades intelectuales de la mujer, no se aprecia en ellos un cuestionamiento puntual del orden establecido y el confinamiento de la mujer en el espacio de la vida privada.

Otro conjunto importante de los textos en prosa es el de los textos reflexivos con fines moralizantes: la virtud, la hipocresía, la prudencia, la envidia, las pasiones y la razón, son algunos de los temas que se trataron en estas colaboraciones, casi siempre elaboradas expresamente para *La Violeta*. Hay también, a lo largo de los tres tomos, varios textos de historia y otros sobre la música y la poesía, así como los textos de alocuciones o discursos, ya mencionados, leídos por alguna de las colaboradoras en ocasiones especiales, como distribuciones de premios, exámenes escolares, aniversarios de sociedades, etc.

Al considerar en su totalidad los contenidos y las temáticas del quincenal/semanario, deseo elaborar dos pequeñas observaciones, un poco ya a manera de conclusión. La primera de ellas tiene que ver con una ambivalencia discursiva que sutilmente se permea en la publicación, la cual no me es posible abordar a detalle en este trabajo. Pero, resulta particularmente interesante la ausencia de lecciones de economía doméstica, consejos "útiles" u observaciones sobre el vestido y la moda. Porque, si bien las mujeres detrás de *La Violeta* lamentaron en algunas cuantas ocasiones las "atenciones ineludibles" que quitan a la mujer el tiempo para el desarrollo de su intelecto, también las asumieron como una obligación de ser mujer. Por esto, la inserción de los textos culinarios resulta, también, de particular interés. Como lo expresé, esta sección es la única que explícitamente articula a las mujeres de *La Violeta* con los deberes y ocupaciones del espacio doméstico, pero lo hace abordando un arte y no una tarea ineludible.

Otra ausencia que llama la atención en los contenidos es la del texto ligero y divertido. No hay chistes ni anécdotas graciosas, tampoco adivinanzas o charadas. Hay que recordar que el periódico estaba "Dedicado a las familias". Al inicio del segundo período, la Redacción de *La Violeta* afirma "no vacilamos en recomendarlo como moral e instructivo para la niñez, ameno y variado para la juventud y apropiado á todas las clases sociales" (tomo III, no. 1, 33). Si bien *La Violeta* cumplió con su cometido de ser un periódico literario y moral, sus contenidos difícilmente estuvieron al alcance de la niñez.

Para terminar este trabajo, antes de pasar a las conclusiones, haré algunas observaciones acerca de las mujeres de *La Violeta*: sus directoras, sus colaboradoras y sus lectoras. Después de la revisión hecha a la publicación, resulta evidente que tanto Ercilia García como María Garza González —independientemente de que una haya sido propietaria y la otra no— fueron las dos líderes del proyecto, además de ser las dos colaboradoras con más trabajo publicado en el periódico. Tanto una como la otra acostumbraron contribuir con varios trabajos, a veces extensos. Debió de haber sido tarea difícil cumplir con las obligaciones de la responsabilidad de la publicación y asegurar la entrega de sus contribuciones personales. Esto sin considerar las ya mencionadas "atenciones ineludibles". Ambas mujeres merecen ser estudiadas cuidadosamente y ser reconocidas como pioneras en la lucha por una relación de la mujer del noreste con la cultura escrita.

El cuerpo de colaboradoras estuvo integrado por mujeres no solamente de Monterrey o del estado de Nuevo León, sino por "Señoras y Señoritas" de distintas poblaciones del noreste de México y de la capital. Varias de ellas, al igual que Ercilia y María, colaboraron a lo largo de la vida de la publicación: Manuela Martínez Hopman, Julia G. de la Peña de Ballesteros, María M. Browne, Josefina Campos, Virginia Marto. Otras —como Josefa Jiménez y Matilde Montoya— acompañaron al periódico casi en los tres tomos.

Conclusiones

El trabajo realizado me permite elaborar varias conclusiones y proponer espacios de estudio e investigación. La recuperación de los ejemplares de *La Violeta*, próximamente disponibles en formato digital, ofrece numerosas posibilidades para el estudio y la investigación de la historia de la región del noreste de México, en particular de la prensa y de la mujer del noreste, pero también para otros aspectos de la historia social y económica de la región.

Con el subtítulo que manejó, *La Violeta* se comprometió con sus lectoras y suscriptores a ofrecer ciertos contenidos y a desplegar determinadas características. Al manejar poesía y prosa, al abordar la situación de la mujer, al reflexionar moralmente sobre rasgos de la conducta humana, la publicación cumplió con su cometido. Y, aunque, como ya lo expresé, las "variedades" no se dieron realmente y los contenidos son más propios para mujeres jóvenes y adultas que para cualquier miembro de la familia, es importante reconocer que sus responsables dieron muestra de un trabajo profesional que buscó posicionar a *La Violeta* a la par de otras publicaciones del período.

La búsqueda de una amplia distribución y el importante intercambio con muchos otros periódicos de la región, del país y del estado de Texas, evidencia un deseo de profesionalismo que se manifestó también en las mejoras y ajustes que se fueron dando a lo largo del proyecto, inclusive en algunos pequeños detalles. Las aclaraciones hechas sobre errores tipográficos o de otro tipo y los cambios que se aprecian en la publicación son señales no solamente de una labor que buscó ser cuidadosa; sino también de un proyecto que buscó integrarse con los trabajos de los expertos del ramo y la profesión. Los cambios realizados en la paginación y la enumeración de los ejemplares en cada tomo, así como la enumeración en serie de los mismos, son pequeños ejemplos de lo que deseo señalar. Pero, también lo son los cambios y novedades integrados a partir del tomo III: la conversión a semanario, la inclusión de la sección de Arte Culinario, el aumento en las contribuciones en prosa, la propuesta de publicación de novelas y composiciones literarias e, inclusive, el uso de tipos de imprenta diferentes y más atractivos para los títulos de la primera plana. Detrás de cada pequeño ajuste hubo decisiones tomadas, y detrás de cada decisión hubo voluntades orientadas a objetivos. Al poner en perspectiva lo que pudo haber significado la dirección del proyecto y el cumplimiento de las obligaciones "ineludibles" que tanto Ercilia García como María Garza y las colaboradoras asiduas tenían (y mencionaron en varias ocasiones), resulta evidente el valor del esfuerzo y del trabajo realizado.

Si bien *La Violeta* fue impresa en Monterrey y fue un proyecto de "Señoras y Señoritas de Nuevo León", debe ser considerada como representativa del noreste de México. No solamente por la importante distribución e intercambio que tuvo en la región y en el resto del país, sino porque sus colaboradoras —y me refiero especialmente a todas aquellas que colaboraron en varias ocasiones— provenían de múltiples localidades del noreste. Como lo mencioné más arriba en este trabajo, mujeres de los estados de Tamaulipas, Coahuila y Nuevo León, provenientes de pequeñas y medianas localidades, compartieron las columnas de *La Violeta* y formaron una sola voz. La recuperación de los ejemplares de la publicación permitirá dar nuevamente vida a la mayoría de estas mujeres, quienes compartían la experiencia, al menos, de ser mujeres del norte, "de esta frontera", según palabras de María Garza. Este trabajo colaborativo, para el cual *La Violeta* sirvió "como campo de ensayo á la juventud femenina" —como también lo señaló María Garza—, nos habla el día de hoy de una conciencia de género y de pertenencia regional. Para la mujer del noreste de México, *La Violeta* constituyó una entrada a la posibilidad de la enunciación.

Al considerar las publicaciones periódicas fundadas y dirigidas por mujeres en el México del siglo XIX, es necesario reconocer a *La Violeta* como publicación pionera, no solamente en la región del noreste sino en el país. Además de otras posibilidades de investigación, considero necesario estudiar y conocer más a las mujeres de *La Violeta*. Todas ellas merecen ser estudiadas cuidadosamente. Hace falta, también, abordar el discurso de *La Violeta* y articularlo con el acontecimiento económico, político y social del período. Y, por último, me parecen de particular interés para la historia de las mujeres el estudio de los textos de la publicación que abordan y discuten la condición social femenina, así como el análisis de la importante presencia de la poesía y de la relación de las mujeres de *La Violeta* con ella.

Obras Citadas

Braña Rubio, Irma y Ramón Martínez Sáenz. *Diccionario de Escritoras Nuevoleonesas, Siglos XIX y XX*. Monterrey, Ediciones Castillo, 1996.

Garza Guajardo, Celso. *Panorama bibliográfico e historiográfico de Nuevo León*. Monterrey, Comisión de Historia del Patronato Monterrey 400, 1996.

Infante Vargas, Lucrecia. "De lectoras y redactoras. Las publicaciones *femeninas* en México durante el siglo XIX". *La República de las Letras. Asomos a la cultura escrita del México decimonónico*, editado por Belem Clark de Lara y Elisa Speckman Guerra, vol. II, México, Universidad Nacional Autónoma de México, Instituto de Investigaciones Filológicas, 2005, pp. 183-194.

Kirkpatrick, Susan. *Las Románticas. Escritoras y subjetividad en España, 1835-1850*, traducido por Amaia Bárcena, Madrid, Ediciones Cátedra, 1991.

Mijares, María Teresa. "La representación de la mujer en la prensa regiomontana: *La Tertulia*, 1864-1865". Manuscrito en trámites de publicación.

Notas

[1] Expresamos nuestro agradecimiento a Marta Nualart Sánchez por su amable generosidad al brindarnos acceso a más de 482 páginas originales de *La Violeta* que fueron recopiladas por sus bisabuelos. Su bisabuela, Josefa Conrada Eligia Jiménez García, colaboró en varias ocasiones con *La Violeta* y firmó sus contribuciones como Josefa Jiménez o Josefa Jiménez de Sánchez. Es nuestro deseo poner la colección a disposición de la comunidad de investigadores académicos, por lo que su digitalización constituye una tarea urgen-

te. Estamos trabajando en colaboración con dos universidades para brindar y asegurar el acceso a copias digitalizadas de *La Violeta*.

Con la información reunida hasta el día de hoy, *La Violeta* es la única publicación periódica sobreviviente del siglo XIX dirigida y escrita por mujeres del noreste de México.

[2] Al referirme a la mujer regiomontana y a la mujer del noreste, debo aclarar que en este trabajo se trata de un sector del grupo femenino solamente: la mujer que sabía leer y que podía hacerlo, es decir, que disponía del tiempo y los medios para ello. Se trata, en realidad, de mujeres pertenecientes a la clase acomodada.

[3] Celso Garza Guajardo. *Panorama bibliográfico e historiográfico de Nuevo León*, Monterrey, Comisión de Historia del Patronato Monterrey 400, 1996, pp. 24-27.

[4] En el *Diccionario de escritoras* aparece como Martínez Hopman, pero en el periódico, como Martínez Hopham.

[5] En todas las citas tomadas de *La Violeta* o de otra publicación del siglo XIX, se respetará la grafía original.

[6] Por ejemplo, *Las Hijas del Anáhuac*, después *Violetas del Anáhuac*, presentó en su primera plana al señor Ignacio Pujol como director y administrador.

[7] Fue frecuente que los subtítulos de las publicaciones periódicas mencionaran la inclusión de avisos o anuncios. Así lo hizo, por ejemplo, el periódico *El Faro de Monterrey*, de 1865, cuyo subtítulo fue *Periódico comercial, literario y de avisos*. También, el periódico de Lampazos, de Nuevo León, de 1892, *El Lampacense. Semanario independiente de Comercio, Literatura y Anuncios*.

[8] Este tomo incluye los periódicos que aparecieron desde mediados de septiembre de 1887 hasta noviembre de 1888; salvo algunos casos en los que hubo tres y hasta cuatro semanas entre números, la aparición fue quincenal.

[9] Inicialmente, se había pensado en números faltantes por recuperar. Estos detalles confirman que entre los tomos II y III no hay números extraviados. De hecho, con la excepción de algunos cuantos números y de algunas páginas faltantes, la recuperación de *La Violeta* es casi total.

[10] De hecho, el índice del tomo I incluye en el número 1 un texto titulado "Introducción", atribuido a la Redacción. Seguramente en él las responsables explicaron el proyecto que iniciaban.

[11] En otro de los trabajos de este libro se hace un acercamiento analítico de varios de los textos de *La Violeta*. Se trata del texto "Women Writers and Their Place in the History of Northern Mexico: *La Violeta, Quincenal de Literatura, Social, Moral y de Variedades*", de Donna Marie Kabalen.

[12] Algunas de estas escritoras son Dolores Correa y Zapata, Gertrudis Tenorio Zavala, Esther Tapia de Castellanos, Rita Cetina, Refugio Barragán de Toscano y las españolas Emilia Pardo Bazán y Concepción Gimeno.

[13] Los dos primeros números de la publicación —a los que no tenemos acceso— celebraron los logros de Matilde P. Montoya con poesías escritas por Ercilia García y por María Garza González. Sabemos de esto por las cartas de agradecimiento que la nueva doctora envía a *La Violeta* y que aparecen publicadas en la sección Opinión de la Prensa en el ejemplar número 7, del 15 de diciembre de 1887. Varios números después, Matilde Montoya formará parte de la lista de colaboradoras; entre sus contribuciones hubo varios poemas.

Women Writers and their Place in the History of Monterrey, Nuevo León, Mexico: *La Violeta.* *Quincenal de Literatura, Social, Moral* *y de Variedades (1887-1894)*

Donna M. Kabalen Vanek
Tecnológico de Monterrey

The early cultural development of Monterrey, Nuevo León, a northeastern state in Mexico, was very limited, and historians such as Israel Cavazos Garza and Hector González[1] suggest the absence of any cultural and intellectual life even by the end of the eighteenth century (Vizcaya Canales viii-xix). The Texas War of 1836 resulted in certain commercial benefits as Texan merchants began exporting goods to Monterrey. Then, as a result of the U.S. War of Intervention which began in 1846, Monterrey would also again benefit from its position "between mining areas to the south and North American products obtainable at the border" (Saragoza 18-19). By the first half of the nineteenth century, Monterrey had become a major importer and exporter of agricultural goods (xiii). During the period of the Civil War in the United States (1861-1865), and due to the closing of southern ports by Union forces, Confederates were forced to channel their cotton exports through the Mexican border region thus providing important profits that resulted in positive growth in the region of northeastern Mexico, especially Monterrey (Cerruti 74-87). The economic boom would dwindle after the Civil War resulting in a decline in trade that would last almost two decades until the Mexican National Railway was completed in 1888 providing a connection between Laredo, Texas via Monterrey, to Mexico City (Saragoza 24-27). By 1899 Monterrey would become an important center of industrialization, particularly due to the development of iron and steel mills by 1892, and its identity, for the most part, was based on industrial success. Thus, the city became known as the Sultana del Norte (Sultan of the North) and its inhabitants were known as regiomontanos. In spite of its economic development, by 1857, Monterrey had only one theater, Teatro del Progreso (1857-1896), where a number of theater companies were known to have visited the city with productions such as comedies, dramas, Italian operas, and the Spanish form of operetta known as the zarzuela (Vizcaya Canales 58-64).[2] Other than the theater and social clubs, such as the Casino Monterrey founded in 1866, newspapers and magazines would ultimately become a major driving force behind the growth of intellectual life in the city.

Interestingly, however, very little has been written about the history of periodical publications in northeastern Mexico, specifically regarding the states of Nuevo León, Tamaulipas, and Coahuila. To date there are no studies that have focused on the recovery of the history of women and their position within the border region of northeastern Mexico, particularly in terms of their reading and writing practices. Consequently, the examination of archival collections that house copies of periodicals published during the period from 1850 to 1950 in the northeastern cities of Mexico and Texas, has contributed to the recovery of a history of periodicals that included material intended for a female reading audience.[3] With this interest in mind, my discussion begins with a brief overview of some of Monterrey's cultural and literary publications, as well as those magazines and newspapers dedicated to a female reading audience that were published in southern and central Mexico. My center of attention, however, is an analysis of a selection of essays that concern the woman as a writing subject and her quest for education, questions that are addressed in the recently recovered periodical, *La Violeta. Quincenal de Literatura, Social, Moral y de Variedades* (1887, 1888, 1893, 1894),[4] a newspaper published in Monterrey that was directed and written entirely by women.

Monterrey's Periodical Publications and a Focus on Literary Production

The publication of periodicals flourished throughout Mexico during the latter part of the nineteenth century, particularly during the period of the restored republic despite political unrest. Indeed, Lepidus points out that "the year 1868 witnessed an important revival of letters in Mexico, which was closely interwoven, with the development of the press. Newspapers were established, literary societies formed and literary evenings held when poems, prose articles, and addresses were read to enthusiastic listeners" (430-431) ("el año 1868 vio un importante renacimiento literario de México, íntimamente relacionado con el desarrollo de la prensa. Se establecían periódicos, se formaban sociedades literarias y se celebraban sesiones en que se leían poesías, artículos en prosa y discursos, ante un público entusiasta"). Moreover, archival research has revealed that articles, short stories, essays and poetry eventually began to appear in magazines in an attempt to attract a female reading audience as early as 1839.[5] As suggested by Lucrecia Infante Vargas in her article, "De lectoras y redactoras. Las publicaciones femeninas en México durante el siglo XIX," early publications were intended mainly to educate women about moral issues and in areas that were useful to them in the domestic sphere. She further notes that publications that circulated between 1870-1907 began to include short articles, stories, poetry, and other types of texts written by women (185-189). In addition, publishing activity in Mexico during the latter part of nineteenth century in areas such as Mexico City, Mérida, Morelia, and Xalapa,[6] was often related to literary associations created by women. One of these publications was *Siempreviva*, published in Mérida, Yucatán in 1870 (190). Other major publications by women included: *Las Hijas del Anáhuac* (1873-1874), directed by Concepción García y Ontiveros; *El Recreo del Hogar* (1879), published by Cristina Farfán de García Montero; *El Album de la Mujer* (1883-1890), directed by Concepción Gimeno de Flaquer; and *Violetas del Anáhuac* (1887-1889), and later named, *Violetas del Anáhuac: Periódico Literario Redactado por Señoras*, directed by Laureana Wright de Kleinhaus and Mateana Mugía de Aveleyra;

and *El Periódico de las Señoras: Semanario escrito expresamente para el sexo femenino* (1896), directed by Guadalupe F. viuda de Gómez Vergara (189-193).

Monterrey also saw the publication of an important number of newspapers after 1868 that did indeed promote literature as a major focus. In his discussion of the history of Monterrey, Isidro Vizcaya includes the names of over 72 periodicals published between 1860 and the end of the 1880's, many of which focused on literature and cultural topics. *El Jazmín* (1874), for example, was edited by Miguel F. Martínez and directed toward a female reading audience, and a significant number of the articles and literary texts published by Martínez were written by women. Desiderio Lagrange was also an outstanding figure in Monterrey's cultural industry and well known for publishing *El Horario. Órgano de la Sociedad "Florencio del Castillo"* (1878), which is mentioned as one of the major literary publications of its time; *Flores y Frutos* (1879-1881), *La Revista. Semanario Independiente* (1881), and *La Revista. Diario Independiente de Política, Literatura, Comercio, Agricultura y Anuncios* (1881-1886), also known as *La Revista de Monterrey*.[7] Among the names of newspapers published in the 1880's Vizcaya Canales briefly mentions *La Violeta* without providing any further information about the periodical (66-68). However, with the recovery of *La Violeta. Quincenal de Literatura, Social, Moral y de Variedades*, Monterrey, Nuevo León can now take its place among those cities in Mexico where women were actively involved in the publication of a newspaper that offered an alternative space for publishing their own views as writing subjects. *La Violeta* was founded by Ercilia García and Manuela Martínez Hopman; Ericilia García assumed the position of director of the newspaper until 1893 when María Garza González, who initially appeared as secretary of the periodical, assumed the position of director.

Women as Writers

Monterrey's nineteenth-century press provides a window into understanding the city's history, its culture and identity, as well as ideological perspectives. *La Violeta*, which was published during the Porfiriato, was no exception. The periodical was dedicated to women and provided an emphasis on the role of women in society, their education, topics concerning moral virtues, and literary texts written in prose and poetry. As evidence of the extent of its circulation, a section entitled "Opinion de la prensa" ("Opinion of the press") provided reprints of laudatory comments from periodicals published in Mexico's northeastern region, various cities in Texas, as well as Mérida, Culiacan, Guadalajara, Guanajuato, and Mexico City, among others.

A major focus of *La Violeta* was the promotion of education for women, precisely because the historical memory of Nuevo León marks its humble beginnings with education offered for only a small number of young boys by lay teachers during the seventeenth century. By 1741, more formal schooling was provided for young boys under the guidance of Martín de Arrambide. However, young girls generally learned only the basics of domestic chores taught by another woman within the home setting. By 1797 a school for girls of lower economic status was available, and Josefa Niño de Córdoba was assigned as their teacher (Cavazos Garza 103-104). In 1844, the Instituto de Educación opened under the guardianship of José María Gaja y Bayona[8] and in 1888 and 1890 two national education conferences declared that to assure an improved nation, lay education should be uniform, obligatory, and free of charge and both male and female students should be educated equally. Yet in spite of this claim, there was no consensus regarding education for young girls other than teaching those skills considered appropriate for their sex; that is, their learning consisted in preparing them for their domestic role in society, as wives and mothers. In fact, even by the end of the nineteenth century, young girls and young women were still expected to focus their learning on skills such as sewing, washing [clothes] and ironing, and those necessary to care for the home. Instruction in the sciences was reserved for young boys and men, a view that continued to circulate even at the end of the nineteenth century (González y Lobo 53-57). In 1859 Monterrey inaugurated the Colegio Civil, but soon after, due to the French occupation of the city in 1864, the school would be shuttered. The Colegio reopened in 1866, and by 1870 an additional building was added to the original structure. Part of this space housed the Escuela Normal from 1886-1903 together with the Escuela de Artes y Labores Femeniles (Cavazos Garza 183-184) which was dedicated to educating women in domestic activities.[9] However, as I argue, *La Violeta* offers a different perspective to her readers, proposing instead, the right of each woman to enjoy her own process of enlightenment, the development of her intelligence, as she prepares for becoming an active member of society.

The first recovered issue of *La Violeta* was published on October 15, 1887 and can be appreciated in Figure 1.[10] Ercilia García appears as Director and María Garza González appears as Secretary of the newspaper; born in Monterrey, both women were accomplished poet. The first article focuses on the moral issue of charity and is written by Ercilia García. Notable on the front page as well is a list of writers including Julia G. de la Peña de Ballesteros, a poet from Matamoros, Tamaulipas) and María M. Browne from Montemorelos, Nuevo León. Notably, many of the women listed as collaborators used pen names. The list of women who contributed to the periodical would eventually grow to include women writers from Mexico City, Ciudad Camargo,[11] Coahuila, Guadalajara, Oaxaca, Michoacán, Oaxaca, and San Antonio, Texas.

The *La Violeta*, dedicated to the family, focused much of its attention on the question of women, their role in society, and their right to education. A column that appears repetitively throughout the periodical's publication is "La Mujer" ("The Woman"). Of the 65 recovered issues of the newspaper, 27 included the column. In the first recovered issue the writer, N.N., focuses on the woman as an individual:

La Mujer, que animada del sentimiento de su propia dignidad, llega á comprender todos sus deberes sociales y sabe cumplirlos sin jactancia en los casos que ocurran, es un precioso tesoro para el hombre que en el camino de la vida la encuentra y la toma por compañera; rico diamante perfectamente pulido, cuyos destellos iluminaría el alma del hombre, como una antorcha divina de esperanza y de consuelo; flor delicado cuyo perfume suave inundará el corazón de su amante de inefable y celestial ventura . . . (*LV* 1 Nov. 1887, 3)

Tomo I.   Monterey, Octubre 15 de 1887.   Num. 3.

LA VIOLETA.

Quincenal de Literatura, Social, Moral y de Varieda es.

DEDICADO A LAS FAMILIAS.

Directora, **Ercilia García.**—Secretaria, **María Garza González.**

COLABORADORAS.

Sras. Julia G. de la Peña de Ballesteros, J. A. de Treviño.—Sritas. Edmonia B. Pérez, María M. Browne, Elisa, Catalina. Aurora, Zenaida, Delia.

Sumario:

La Caridad, por Ercilia García.—La Cautiva, poesía por María M. Browne.—La Mujer, por N. N.—La Pasionaria, poesía por Ercilia García.—La Poesía, por María Garza González.—La Calumnia, poesía por Ercilia García.—Una Azucena, poesía por María Garza González.—La Dama de Noche, poesía por Teresa.—Rima, por María Manuela López.—Un Exámen, por Ercilia García.—Opinión de la Prensa.

LA CARIDAD.

¡Feliz quién puede derramar en torno suyo el bálsamo consolador de la caridad! Feliz, quién abriga en su pecho el germen de esa santa virtud; que deshecha el ridículo egoismo que anida en los seres vulgares! En las almas privilegiadas, dotadas de nobles sentimientos que Dios puso en el mundo para consuelo de la humanidad que llora, se encuentra la caridad cris-

tiana, sin mezcla de esa hipocresía con que la cubren los que por mera ostentación dan una limosna, procurando hacerlo siempre donde sean vistos. La verdadera caridad se esconde, enjuga las lágrimas del que sufre, sin alarde, y siempre basada en las santas máximas del cristianismo hace en el mundo todo el bien que puede.

La caridad, simboliza la perfección de los sentimientos; es el emblema que patentiza nuestra fe; es la flor delicada y hermosa que perfuma la existencia, y la egida poderosa que nos conduce al más allá venturoso.

En las horas amargas de la vida, en esas horas de tédio y melancolía en que se apura la acibarada copa del dolor, ¡qué dulce es encontrar una mano cariñosa que benigna enjugue las lágrimas y reanime la fe, que nunca debe abandonar el corazón cristiano!

Hay horas también de inmensa felicidad, en que el espíritu languidece á impulsos de la dicha, y ¡cuán grato es hallar entonces quién

Figure 1. First page of the recovered issues of *La Violeta. Quincenal de Literatura, Social, Moral y de Variedades.*

(Woman, who, animated by the feeling of her own dignity, comes to understand all her social duties and knows how to fulfill them without boasting in those cases that occur, is a precious treasure for the man who on the life's journey meets her and takes her for a companion; a rich diamond perfectly polished, whose beam of light would illuminate the soul of man, like a divine torch of hope and comfort; a delicate flower whose soft perfume will flood the heart of her lover with ineffable and heavenly happiness . . .)

Outstanding in the discourse of the text is the concept of the woman and her own sense of dignity. Immediately after, the text takes the reader into the realm of marriage, where the woman is described as a companion of the man, "a beam of light," a "delicate flower." This line of thought corresponds to Susan Kirkpatrick's discussion of women writers in Spain and the conception of "romantic subjectivity" evident in the early nineteenth century, between 1835 and 1850, a concept I believe is relevant for the present discussion. As Kirkpatrick argues, "[a]s 'man's companion' woman was necessarily granted a degree of the inner life that Romanticism began to construct for writer, hero, and reader. Furthermore, the traditional association of women and emotion, an association emphasized and redefined in the domestic angel stereotype, was given a more positive meaning by the Romantic cult of feeling: women could now claim authority as subjects possessing a special sensibility, an expertise in empathy" (61). She later suggests that a number of women ultimately "drew upon the authority of their own subjectivity to produce images of the self" (63) through their writing.[12] I mention Kirkpatrick's study of nineteenth century Spanish women writers because it is valuable for understanding a mindset that corresponds to the decision of a group of women writers from northeastern Mexico who chose to move beyond the confines afforded them by society regarding the limited autonomy afforded to them.

The article, "La Mujer," provides various types of information for a late nineteenth century reader. The writer continues by arguing in favor of instruction for women as the basis for living a virtuous life as a defense against men who would direct their severe admonitions toward them. She questions whether men would justly be able to do so, and then answers: "Nó; sino al contrario, la mujer como reina de la naturaleza, levantaría su frente rodeada de una aureola de virtud y marcaría el hasta aquí á los desórdenes y á la audacia de cierta clase de hombres" ("No; on the contrary, the woman, as queen of nature, would lift her forehead surrounded by an aureole of virtue and would put a stop to the disorder [that has taken place] up to now and to the audacity of a certain class of men") (1 Nov. 1887, 3-4). The writer continues to accentuate the importance of women's instruction in virtuous ways that would ultimately allow them to stand up to the nefarious ways of men who are responsible for life's disorder. The text continues to emphasize that the woman should not underestimate her capacity for learning, and if she has been blessed by Providence with intelligence, she should not waste it, but rather dedicate her time to cultivating her God-given talents. In this sense, the text does not promote an image of the woman as a being who should simply learn to live with her assigned position in life, but instead portrays an image of the woman as a subject capable of taking action, not only in actively rejecting the male who would demean her worth, but also as a dignified being capable of making a choice for knowledge.

Two weeks later, the following issue of the newspaper again includes the column entitled "La Mujer." In this case, the essay is unsigned, and it appears on the front page thereby continuing to discursively promote the way social structures and cultural practice should be understood. That is, the intention of the periodical is based on an ideological project that intends to offer of view of self that emphasizes the woman's position within a particular social reality, especially in terms of how that reality affects her sense of self-identity. Here the writer begins by calling attention to the way women have been categorized: "Gran número de personas y algunos fisiólogos consideran á la mujer como un ser abyecto, degradado, incapaz de aspirar á iluminar su inteligencia con la fulgurante antorcha de la Ilustración, y dicen que debe, humillada, ceder á la superioridad del sexo masculino" ("A great number of people and some physiologists consider woman as an abject, degraded being, incapable of aspiring to illuminate her intelligence with the blazing torch of the Enlightenment, and say that she must, humiliated, yield to the superiority of the male sex") (*LV* 15 Nov. 1887, 1). Here *La Violeta* can be viewed in terms of Michel Foucault's critique of the societal control of discourse production where speaking openly is not an approved option for all members of society (52). Foucault sees western society as one based on procedures of exclusion, prohibiting speech, or the "taboo on the object of speech, and the ritual of the circumstances of speech, and the privileged or exclusive right of the speaking subject" (26). In this sense, the front-page article published in *La Violeta* is in fact projecting an image of the periodical, one established and directed by women, and its right to question, to contest, the prohibitive limits shouldered by women. Here the woman writer claims that those of her sex have been humiliated far too long, they have been deemed incapable of enjoying the truths of the Enlightenment, and instead have been placed under the dominance of men. We can assume that this article would not have been published in any of the newspapers and magazines in Monterrey directed by men, precisely because the writer goes beyond the supposed "right of the speaking subject," a position not to be claimed by women. By questioning why women have been denied access to education, the article then proceeds with a more Romantic claim, that the family is the center of society and "el hogar es el solio de la madre y de la esposa, porque la mujer es el alma del hogar . . . he aquí por qué no se le debe prohibir el estudio de las artes y las ciencias . . ." ("the home is the throne of the mother and wife, because the woman is the soul of the home . . . thus for this reason she should not be barred from the study of the arts and sciences") (1). The final argument of the article is based on the notion of the woman as a "domestic angel," as someone charged with care for the elderly and her children; and this great duty is her claim to the possibility of being enlightened through learning. Although the text initially makes use of a prohibited discourse that affirms that women have suffered under the dominance of men, the statement is ultimately tempered by situating the woman in her assigned space, the home. Yet the final clamor of the article is that women have been denied access to learning.

There are few recovered issues from 1887, but 1888 provides greater access to articles that focus on the woman and education. "El

Profesorado en Nuevo León," written by María Garza González (1858-1925), who graduated as a professor in 1886, (Braña Rubio and Martínez Saénz (18), begins her article by looking back on history when "Once años hace que Nuevo León, no contaba con ninguna Profesora recibida, y apenas sustentó su examen la primera el año de 1877" ("Eleven years ago Nuevo León did not have a single certified Professor, and the first to scarcely pass her exam was in the year of 1877") (*LV* 15 Feb. 1888, 73).[13] The article, more than two pages in length, provides the names and positions of women in various educational institutions in the state, as well as the neighboring state of Tamaulipas. Some of the women mentioned were directors of some of the first five schools in Nuevo León. She also mentions women who received their teaching degrees and took charge of schools in Galeana, Cadereyta Jimenez, Garza García, Cerralvo, Villa de Santiago, Matamoros, and Villaldama, all of which are towns in Nuevo León. She also mentions teachers from the neighboring state of Tamaulipas, Ciudad Mier, and Laredo (most probably Nuevo Laredo) (73-75). It is obvious that the article is intended to highlight the activity of teachers from the region. Notably however, she mentions how these women, all unmarried, have dedicated their lives to teaching young girls, and on several occasions she notes that a teacher would leave her work only, "hasta que fué llamada á desempeñar las tareas del hogar doméstico" ("until she was called to undertake tasks in the domestic home") (74-75). It becomes clear, then, that the teaching profession was open to single women until they were married, whereupon they were expected to leave their positions and remain in the home.

A continued emphasis on women seeking "el campo del saber" ("the field of knowledge") is found in the front-page article, "Escuela Normal de Profesoras" ("Teacher Training College for [Women] Professors")[14] (15 Mar. 1888, 89). Delia, the author of a three-page article paints a positive image of women who choose to study and who eventually will have the option of furthering their studies in the areas of Jurisprudence, Medicine, or Theology. She continues by explaining that "La Ciencia alumbra con su antorcha luminosa al hombre..." ("Science illuminates man with its torch...")

(90), yet she questions, "¿Y para la mujer?" ("And for the woman?") (90). She clearly questions the gender-specific role of man and his sole right to access knowledge, but she continues speaking of how often women desire the possibility of achieving their own intellectual aspirations yet are often faced with closed doors. She then questions whether a woman who studies would be less inclined to tend to her duties in the home and be content with her role in life. She finally argues in favor of the importance of allowing women to study, because "con su inteligencia desarrollada, sabrá buscar en los corazones los gustos y los deseos para mejor complacer a los miembros de la familia" ("having developed her intelligence, she will know how to look into others' hearts and inclinations and desires so as to better please family members" (90). The article is seemingly an argument in favor of women and the positive culmination of their own search for knowledge as they enter the teaching field, yet there is also a final emphasis on eventually becoming a more knowledgeable "domestic angel" expected to serve others. The article, written during the period of the dictatorship of Porfirio Díaz, proclaims with hope that the Nation and its positivist project of order and progress might also include the woman and her desire to reach "el sagrado templo de la sabiduría" ("the sacred temple of knowledge") (91).

The tone and argument of the previous article is subtly presented. However, in "La Mujer y los Enemigos de su Ilustración" ("The Woman and the Enemies of her Enlightenment") (*LV* 1 Apr. 1888, 97-101), signed "La Redacción,"[15] presents a strong attack on the societal limits placed on women. This extensive article can be read as a treatise on why women have been denied the opportunity to study, arguing that they must indeed be permitted to enter into what has been considered the male domain. She begins by stating it is not surprising that there are still those who are bad-humored and intent on setting up obstacles that prevent women from continuing their intellectual journey. The writer then argues against the belief that

> la mujer ha sido considerada como un ser inferior al hombre, propia sólo para proporcionarle deleites y satisfacción de sus caprichos . . . se le concede ya el privilegio de ser la compañera del hombre y se le da el título de cara mitad del género

humano; pero siempre sin que traspase los umbrales del hogar doméstico . . . se quiere que la mujer, lejos de alumbrar su inteligencia con los fulgantes rayos de la ciencia, permanezca encerrada en la cocina, sin apartarse del lavadero, de la costura ó de la plancha, ó arrullando el niño que está en la cuna, y que solo aprende como única ciencia la del *todo fiel cristiano*. (97) (the woman has been considered as a being inferior to men, only worth providing him with the delights and satisfaction of his whims . . . she is granted the privilege of being man's companion and she is given the title of *half the face* of the human race; but always without crossing the threshold of the domestic home . . . It is expected that the woman, far from illuminating her intelligence with the gleaming rays of science, remain locked in the kitchen, without leaving the laundry room, the sewing or ironing, or lulling the child in his cradle, and that she learn only that science of the *totally faithful Christian*).

This passage is presented as a lamentation of the limits endured by women in their subjected position within society. Here the speaking subject calls attention to the woman's prescribed role as man's companion, as someone inferior to man, who should be content to spend her days in the kitchen, in the laundry room, caring for her child, all of which fall within the framework of her Christian duty. However, we must recall that the writer is in reality speaking out against an ideological notion handed down to her from antiquity with the ideas of Aristotle and Plato, through the images of the goddess-mother of ancient pre-Hispanic culture, Coatlicue, Tonanzin, and finally through Catholic Christian teaching and the image of Mary, the Virgin of Guadalupe (Hierro 22). She continues by reflecting on the question of whether the woman, intent on seeking knowledge, is really a woman or simply one trying to act like a man: "olvida sus tareas domésticas, es la usurpadora de los derechos del hombre del titulado rey de la creación . . . ¿Cómo es posible que el ser débil, á quien se ha pretendido desde la antigüedad mantener en la más completa abyección, quiera ahora igualarse al hombre, aunque esto lo haga obedeciendo á las leyes naturales del progreso humano, y probando palmariamente tener una inteligencia tan vasta como el hombre . . . ? (forgets her housework, she is the usurper of the rights of man from the so-called king of creation . . . How is it possible . . . that this weak being, who since antiquity has been maintained in the most complete abjection, now desires to make herself the equal of man, even though she does so in obedience to the natural laws of human progress, and blatantly proving to have an intelligence as vast as man's . . . ?)

At this point in the text, the female reader of the nineteenth century might very well be shocked by the words set before her. Yet the writer(s), conscious of her/their cultural context, present a closing argument that takes a sharp tone, remarking that:

> [u]na mujer que estudia, que raciocina para discernir, que razona para juzgar, no puede, á juicio de algunos, ser buena madre de familia; cuando que está plenamente demostrado por la experiencia, que mientras más ilustrada es la mujer, es más virtuosa, y sólo así puede reputarse como la maestra de la humanidad, porque instruida y educada intelectualmente podrá con mayor facilidad instruirse y educarse é instruir y educar moralmente á sus hijos.

(A woman who studies, who reasons to discern, who reasons to judge, cannot, in the opinion of some, be a good mother to a family; when [in fact] experience has fully demonstrated, that the more enlightened the woman is, the more virtuous she is, and only in this way can she be esteemed as the teacher of humanity, because instructed and educated intellectually, she can more easily instruct and educate herself and morally instruct and educate her children).

According to the text, women have the right to study, to be enlightened. However, the right to intellectual enlightenment responds to a more selfless goal, that of an educator of humanity, and eventually of her children. Indeed, as Anne Staples argues in her discussion of examples of enlightened women in Mexico during the eighteenth and nineteenth century, life was not easy for them. They were expected to shoulder criticism and slander in a world that valued them for their virtues of prudence and humility. Above all, they were aware they should not allow their intellectual activities to displease a husband or get in the way of domestic obligations (144).

The final portion of the text is a defense of women who have chosen to become writers but are stigmatized for crossing a cultural boundary. As part of the argument the writer(s) cite a text written by Laureana Wright de Kleinhans, director of the women's magazine, *Violetas del Anahuac*, in which she addresses society's fear that women will totally forget the practices and traditions assigned to their sex should they attain knowledge in the area of fine arts. De Kleinhans refers to the example of Mrs. Esther Tapia de Castellanos who achieved acclaim as a poet, but is hailed in her biography written by Francisco Sosa, who underscores that in her road to becoming a poet, she also fulfilled her duties as a mother (99). Through this example, the essay sustains its claim by stating that "Sra. Tapia de Castellanos es el tipo genérico de todas las mexicanas que cultivan las bellas artes, y que hoy, no sólo hemos visto ninguna que por ellas abandone las gratas y nobles obligaciones del hogar, sino hemos encontrado verdaderos modelos de abnegación y de constancia en el cumplimiento de los deberes íntimos" (100) ("Mrs. Tapia de Castellanos is the generic type of all Mexican women who cultivate the fine arts, and that today, not only have we not seen that [women] abandon the pleasant and noble obligations of the home, rather we have found [they are] true models of self-denial and perseverance in the fulfillment of intimate duties"). The examples mentioned here demonstrate clearly that women not only want to justify their desire to study and attain knowledge, they are even willing to argue their case in the public sphere of the newspaper as they attempt to claim their own subjectivity.

Of particular interest is the sense of self that is made public on the front page of the March 1, 1889 issue of *La Violeta*: Ercilia García appears as "Directora y Propietaria" ("Director and Owner") of the newspaper.

There are only two recovered editions available from the year 1889, and after a pause in publication until 1893, Ercilia García de Ramírez takes her place alongside María Garza González as editor in the August 6th edition. As of August 20th, María Garza González

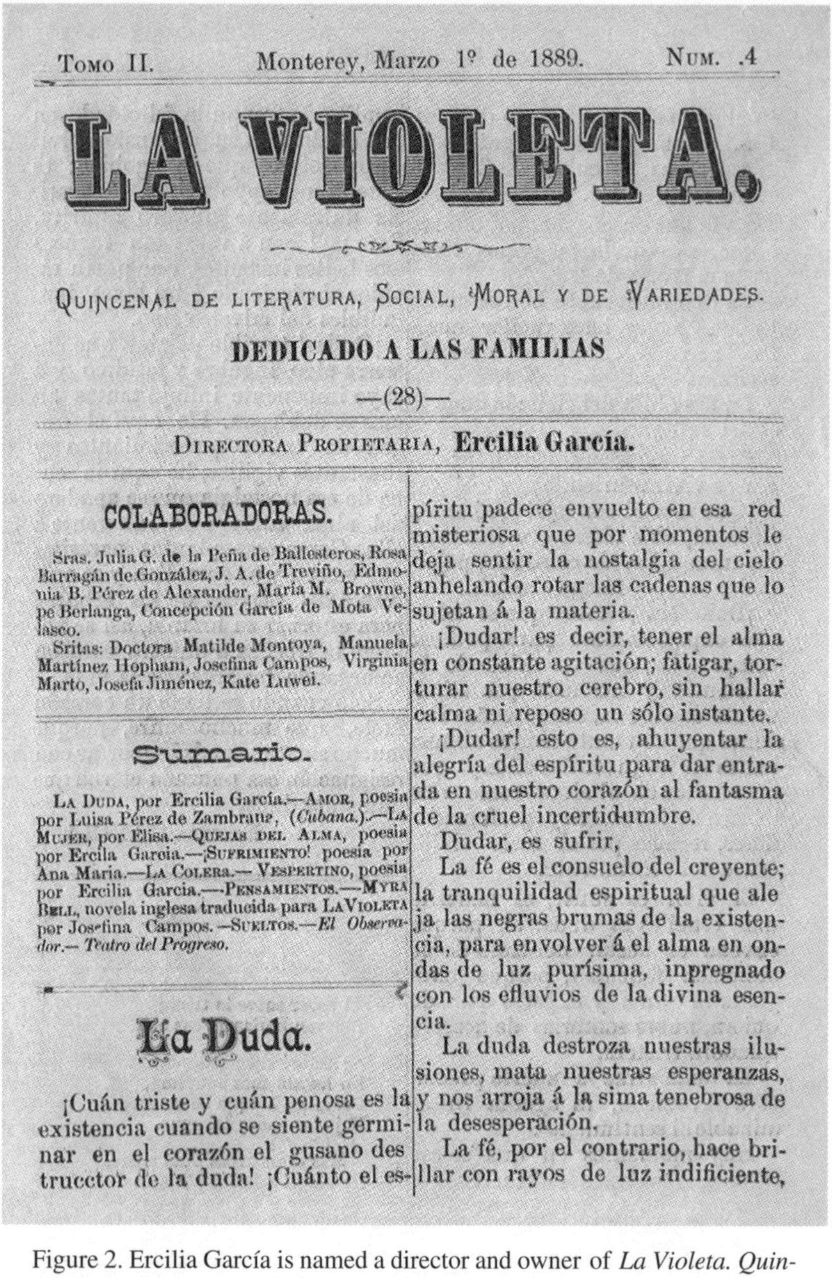

TOMO II.   Monterey, Marzo 1º de 1889.   NUM. .4

LA VIOLETA.

QUINCENAL DE LITERATURA, SOCIAL, MORAL Y DE VARIEDADES.

DEDICADO A LAS FAMILIAS

—(28)—

DIRECTORA PROPIETARIA, **Ercilia García.**

COLABORADORAS.

Sras. Julia G. de la Peña de Ballesteros, Rosa Barragán de González, J. A. de Treviño, Edmonia B. Pérez de Alexander, María M. Browne, pe Berlanga, Concepción García de Mota Velasco.

Sritas: Doctora Matilde Montoya, Manuela Martínez Hopham, Josefina Campos, Virginia Marto, Josefa Jiménez, Kate Luwei.

Sumario.

LA DUDA, por Ercilia García.—AMOR, poesía por Luisa Pérez de Zambrane, (Cubana.).—LA MUJER, por Elisa.—QUEJAS DEL ALMA, poesía por Ercila García.—¡SUFRIMIENTO! poesía por Ana María.—LA COLERA.— VESPERTINO, poesía por Ercilia García.—PENSAMIENTOS.—MYRA BELL, novela inglesa traducida para LAVIOLETA por Josefina Campos.—SUELTOS.—El Observador.— Teatro del Progreso.

La Duda.

¡Cuán triste y cuán penosa es la existencia cuando se siente germinar en el corazón el gusano destrucctor de la duda! ¡Cuánto el espíritu padece envuelto en esa red misteriosa que por momentos le deja sentir la nostalgia del cielo anhelando rotar las cadenas que lo sujetan á la materia.

¡Dudar! es decir, tener el alma en constante agitación; fatigar, torturar nuestro cerebro, sin hallar calma ni reposo un sólo instante.

¡Dudar! esto es, ahuyentar la alegría del espíritu para dar entrada en nuestro corazón al fantasma de la cruel incertidumbre.

Dudar, es sufrir,

La fé es el consuelo del creyente; la tranquilidad espiritual que ale ja las negras brumas de la existencia, para envolver á el alma en ondas de luz purísima, inpregnado con los efluvios de la divina esencia.

La duda destroza nuestras ilusiones, mata nuestras esperanzas, y nos arroja á la sima tenebrosa de la desesperación.

La fé, por el contrario, hace brillar con rayos de luz indificiente,

Figure 2. Ercilia García is named a director and owner of *La Violeta. Quincenal de Literatura, Social, Moral y de Variedades.*

is the only name that appears on the front page of the newspaper—
as Director. By 1894, the article, "Mujer Asociado" presents a seemingly hopeful message: "Día a día va adquiriendo la mujer su per-
feccionamiento intelectual, no queriendo permanecer por más
tiempo sepultado en el abandono y la ignorancia, se ha abierto paso
ante la ignorancia, se ha abierto paso ante la humanidad y ha venido
á tomar parte en los destinos que le estaban vedados tan solo por ser
mujer" (*LV* 14 Jan. 1894. 209) ("Day by day the woman journeys
[toward] acquiring her intellectual perfection, not wishing to remain
buried in abandonment and ignorance any longer, a path has opened
[and] she has made her way beyond ignorance, she has made her
way toward humanity and has come to take part in the destinies that
were forbidden to her simply for being a woman"). She declares, that
"si nos asociamos al sexo femenino" (if we associate with the
feminine sex") (210) it should be for the purpose of protecting each
other. The text ultimately presents a discourse more in keeping with
a traditional cultural view. Because women represent a "débil
asociación" ("weak association") they must not attempt to go
against men, the stronger sex, precisely because they are in need of
the "beneplácito de nuestros padres, esposos ó hermanos"
("approval of our fathers, husbands or brothers") (210). The final
portion of her text calls upon women to cultivate knowledge, to
know their place, and never to use their knowledge maliciously.

Conclusions

*La Violeta. Quincenal de Literatura, Social, Moral y de Var-
iedades* sheds much needed light on a periodical published in Monterrey, Nuevo León, one that highlights the role of women writers
and their contribution to the history of the press in northeastern Mexico. *La Violeta* was a newspaper that assumed a clear social function,
the creation of a space in which women could publish opinion
essays, articles that focused on moral virtues, and various types of
literary texts. At the forefront of this social project, however, was the
publication of opinion essays that vehemently argued in favor of the
woman's right to education during an historical period that espoused
progress for the nation, yet continued to insist on the woman's role

solely within the confines of the home. These essays, written by women, for women, were also meant to bring about a change in the prototype of the domestic angel. This change was based on the project of a periodical focused on the politics of education for women and to promote the means for the rightful production of an image of the self. The essays I mention demonstrate the striking development of this project, but also the sense of defeat the reader perceives with the publication of the final issue on May 20, 1894.

The first years of *La Violeta* present a sense of hopefulness and in the November 1887 issue, this hope is based on a belief in the dignity of each and every woman. Yet ultimately, the woman is described as "a rich diamond perfectly polished, whose beam of light" was intended to cast light on man, her companion. María Garza González's text, published in February,1888 focuses on education, and specifically provides a list of names of those women who had been certified as teachers. The essay includes information regarding women, many of whom held positions as directors of educational institutes. By referring publicly to the histories of women in the teaching field, writers such as Garza González actively promotes the idea that unmarried women should consider stepping outside the confines of the home to become teachers, one of the few professions open to women at the end of the nineteenth century.

As part of a quest to promote education the article, "Woman and the Enemies of her Enlightenment," published in April 1888, projects a combative stance that is certainly daring. The writer(s) proclaim their desire to form part of the positivist project of order and progress set forward during the Porfiriato, especially for the purpose of achieving educational opportunities that are intended to be equally available for women. This is perhaps one of the most outstanding articles of the newspaper, courageously resolute criticism of the abject position of women in society. The intent of the article is bold in its effort to chastise men, and to claim equality with them. Interestingly, in 1889 the publication includes only four issues, and when *La Violeta* resumes publication in 1893, the front page article, "Nuestro Periódico" ("Our Newspaper"), signed by Ercilia García and María Garza González as Editors, states that "ningúna madre podrá tener escrúpulo que sus hijas lean nuestros escritos dedicado exclusivamente a las familias . . ." (LV 6 Aug. 1893, 33). In the following issue, the column, "¡La Mujer!," makes its appearance once more and is signed by Flavia. The writer exalts the woman as mother and as wife, whose origin is that of an angel and man needs her presence to calm his impulses and "moderar las estraviadas facultades del hombre" ("to temper man's disorderly faculties").

Although the women is presented as the domestic angel, the final section of the essay calls upon man to appreciate rather than reproach her as the weaker sex, and cast aside his fears of what might happen should the woman broaden her natural wisdom and remedy her supposed defects through education (LV 20 Aug. 1893, 45-46). This argument continues in columns of seven more issues published in 1893, and the reader would certainly expect the newspaper to continue its effort to insert women in the national project of progress through education. Yet, María Garza González's article published in Januay 1894 offers a surprising shift in tone. She recalls that women have chosen to trace a path different than the one imposed upon them, a path that would lead them toward achieving their intellectual capacity. She then emphasizes the importance of joining together to help each other, but the writer's final assertion is striking: as they journey forward, women should not attempt to fight against men, but instead seek the approval of their fathers, spouses, or brothers, and to be aware of their place in the world. In a sense, this final warning is seemingly a return to a type of discourse that conforms to "the premise that located women outside subjectivity and the production of meaning" (Kirkpatrick 25). However, I believe the words of Garza González are a reminder to her reader that change is a process, and the structuring structures of a society are not that easily dismantled. It is not surprising, then, that the final issue of *La Violeta* (20 May 1894), signed simply as "La Redacción," informs the reader that the newspaper would no longer be published. The reasons offered include financial difficulties and health issues, yet one cannot help but consider other possible reasons, perhaps societal criticism, not revealed in the periodical. The article does offer one final positive message: *La Violeta* did indeed serve its purpose as a testing ground for young women writers who held on to the hope of being able to broaden their horizons intellectually, and to present their views and literary creations as writing subjects.

On a personal note, and having had this marvelous opportunity to review a private collection of this newspaper, it has become clear that *La Violeta* demonstrates that by picking up the pen the directors and all those women from Monterey and surrounding towns who collaborated in the publication chose to cross boundaries and to write themselves into Mexico's history, one that we can now celebrate.

Works Cited

Braña Rubio, Irma and Ramón Martínez Sáenz. Diccionario de Escritoras Nuevoleonesas, Siglos XIX y XX. Monterrey, Edciones Castillo, 1996.

Cavazos Garza, Israel. Breve Historia de Nuevo León. México City, Fondo de Cultura Económica, 1994.

Cerutti, Mario. Burguesía, capitales e industria en el norte de México. Mexico City, Alianza, 1992.

González y Lobo, María Guadalupe. "Educación de la Mujer en el Siglo XIX Mexicana," *Revista Casa del Tiempo*, no. 99, 2007, pp. 53-58.

Hierro, Graciela. *De la domesticación a la educación de las mexicanas*. México, Editorial Torres Asociados, 1990.

Infante Vargas, Lucrecia. "De lectoras y redactoras. Las publicaciones *femeninas* en México durante el siglo XIX." *La República de las Letras. Asomos a la Cultura Escrita del México Decimonónico Volumen II*, edited by Belem Clark de Lara and Elisa Speckman Guerra, Universidad Nacional Autónoma de México, 2005, pp. 183-194.

Lepidus, Henry. *Historia del Periodismo Mexicano*, translated by Manuel Romero Terreros, *Anales Del Instituto Nacional De Antropología E Historia*, pp. 380-471, revistas.inah.gob.mx/index.php/anales/ article/view/6983

___. *The History of Mexican Journalism*. University of Missouri Bulletin, vol. 29, no. 4, 21 Jan. 1928, p. 106.

Lorenzano, Sandra. "Mujeres y escritura a propósito de Otramente. *Debate Feminista*," vol. 20, 1 Oct. 1999, pp. 356-361, doi.org/ https://doi.org/10.22201/cieg.2594066xe.1999.20.515

Saragoza, Alex M. *The Monterrey Elite and the Mexican States, 1880-1940*. Austin, University of Texas Press, 1988.

Schoonover, Thomas. "Mexican Cotton and the American Civil War." *The Americas*, vol. 30, no. 4, 4 Apr. 1974, pp. 429-447, www.jstor.org/stable/980032?read-now=1&refreqid=excelsior%3A64e269c31529820b1fb350aa765171d2&seq=1#page_sc an_tab_contents

Staples, Ann. "Mujeres Ilustradas Mexicanas, Siglo XIX." *Historias de las Mujeres en México*. Ciudad de México, Instituto Nacional de Estudios Históricos de las Revoluciones Mexicanas, 2015.

Vizcaya Canales, Isidro. *Las Orígenes de la Industrialización de Monterrey: Una historia económica y social desde la caída del Segundo Imperio hasta el fin de la Revolución (1867-1920)*. Monterrey, AGENL, 2001.

Notes

[1] See Israel Cavazos Garza, *Breve Historia de Nuevo León* and Héctor González, *Siglo y Medio de Cultura Nuevoleonesa* for an overview of the early challenges met by settlers in Monterrey in the sixteenth century.

[2] After a fire destroyed the Teatro del Progreso in 1896, a second theater, Teatro Independencia, would be inaugurated in 1910.

[3] The recovery of the history of periodical publications in the Mexico-U.S. border region has involved careful exploration and analysis of archival collections in a number of data bases that have contributed to the Conacyt project "La mujer en la cultura transnacional de la frontera norte México-Estados Unidos: las prácticas de lo escrito, 1850-1950". The following data bases have provided access to periodicals published in the United States as well as in Mexico and have contributed to a broader understanding of our transnational understanding of these cultural spaces, especially Nuevo León, Tamaulipas, Coahuila, and Texas. Research focused

on the following archival collections: the Newspaper and Periodicals Collection at the National Autonomous University of Mexico; the Readex Collection of Hispanic Newspapers of the US 1808-1980; the Nettie Lee Benson Library microfilmed collection of nineteenth-century Independent Newspapers; the digital collection of periodicals and magazines from the Capilla Alfonsina Biblioteca Universitaria and the Biblioteca Universitaria Raúl Rangel Frias, at the Universidad Autónoma de Nuevo León; and the EBSCO Arte Público Hispanic Historical Collections Series 1 and 2.

[4] We are greatly indebted to Marta Nualart Sánchez for her generosity in providing access to over 482 original pages of La *Violeta* which was collected by her great-grandparents. Her great-grandmother, Josefa Conrada Eligia Jiménez García contributed a number of articles to *La Violeta* and often signed her contributions as Josefa Jiménez or Josefa Jiménez de Sánchez. Our focus at present is the digitalization of the collection and making it available to the academic research community. We are working closely with two universities in order to provide access to digitized copies of *La Violeta* which we believe to be the sole surviving newspaper directed and written by women of northeastern Mexico.

[5] María Teresa Mijares Cervantes provides an extensive study of the *Semanario de las señoritas mejicanas. Educación científica, moral y literaria del bello sexo*, a magazine for women published from 1841-1842.

[6] See Lucrecia Infante Vargas, "De lectoras y redactoras. Las publicaciones *femeninas* en México durante el siglo XIX" for a more complete discussion of places of publication of various periodicals written by women.

[7] See Felipe Bárcenas García, "Los proyectos periodísticos de Desiderio Lagrange en Monterrey (1881-1886): vestigios del desarrollo editorial regiomontano.

[8] For an extensive discussion of the development of education in Nuevo León and the question of implementing the Lancasterian method in schools throughout the country, see Miguel F. Martínez, *Reseña Histórica de la Instrucción Pública en Nuevo León desde Sus Orígenes hasta 1891.*

[9] Beyond primary and secondary education, "educación superior" was defined by the "Consejo de Instrucción Pública" (Council for Public Instruction") included studies in theology, law, medicine and pedagogy known as the Normal de Profesores which provided for the formation of teachers. *See Consejo de Instrucción Pública en el Estado de Nuevo León* published in 1894.

[10] For an extended discussion and introduction to the materiality, scope, and historical aspects of the newspaper, please see María Teresa Mijares Cervantes' article in this anthology.

[11] Here I would like to mention Josefa Jiménez, Marta Nualart's great-grandmother, from Ciudad Camargo, Nuevo León and who contributed a number of articles to *La Violeta:* "Colaboremos" (no. 18); "A la reina celestial" (no. 20); "A mi hermana de corazón: Ericilia García" (no. 20).

[12] Interestingly, a number of Monterrey periodicals published the writing of women writers from Spain. For example, *La Voz de Nuevo León* published writers such as Condesa de Campoblanco and Baronesa Libet. See the reprint of their articles in the May 9, 1896 issue.

[13] This article is taken from Tomo I, and each issue is numbered consecutively according to its corresponding volume. Here term "profesorado" is most probably used to refer to teachers at the primary or secondary level.

[14] I would like to clarify that the Escuela Normal de Profesores certifies teachers for teaching primary school; the Escuela Normal Superior allows teachers to specialize in science or the arts for teaching at the secondary school level.

[15] Although signed La Redacción, we may assume Ercilia García, perhaps with the support of María Garza González, is the author of this article, which takes up almost all the pages of the nine-page issue.

The Discursive Construction of the Female Figure in Nineteenth-Century Periodical Publications in Northern Mexico

María Teresa Mijares Cervantes and Nora Paola González Solís
Tecnológico de Monterrey

During the nineteenth century, there was no consensus concerning the place that women should occupy in society. Although a democratic era began in Mexico, the rupture generated by the War of Independence gave rise to political instabilities, fueled by foreign interventions and internal wars. This rupture was also seen in the division of social roles, which were reformulated during this period. The discourses that circulated about the Nation State, together with the processes of modernization, directly affected the discussion around the social position of women.

Standpoints were not homogeneous in the Mexican territory and were affected by the social and material characteristics of each region. In the case of Monterrey, the proximity to the United States, as well as the active commercial exchange with American cities, promoted a direct influence of North American discourses of modernity on the perception of how Monterrey's society should look and, at the same time, what image of the woman was deemed acceptable as part of this new social body.

The boom in periodical publications[1] during the second half of the nineteenth century in Monterrey allows us a glimpse of the importance of North America in the lives of Monterrey residents, and how this was reflected in the press. The visualization of the United States as a democratic and social model contributed to an interest in consolidating the idea of Mexican women based on the discursive construction that stood in opposition to that of the North American women.[2] In order to achieve this, various strategies were used in literary pieces to exalt or degrade the qualities of a particular model of woman, in keeping with the position of the enunciator or writer. In this sense, the press reflects intellectual activity that often used oppositional discourses that addressed the characteristics of Mexican women in relation to women of North America.

In the Monterrey newspapers of the second half of the nineteenth century[3] we find a repertoire of essays, opinion columns and poetry that seek, on one hand, to reinforce the idea of a Mexican woman who performs in the domestic space and complies with traditional values, such as virtuousness and abnegation.[4] On the other hand, there are columns that defend women's education and their incorporation into the public sphere, distinctive signs of progress and the idea of the modern woman. The columns are toward bourgeois women, those with access to education and with the means to consume this type of publications.[5] As already mentioned, these texts reference, either positively or negatively, the North American woman, representative of the discourse of Anglo-Saxon modernity.

The purpose of this study is to analyze the use of discursive strategies used to consolidate and strengthen a certain idea of Mexican women, particularly in terms of a comparison with certain qualities of the North American woman. The corpus consists of columns, essays, poems and narratives published in the newspapers *La Tertulia* (1864), *El Faro de Monterrey* (1865), *La Revista de Monterrey* (1883 and 1884) and *La Voz de Nuevo León* (1890-1899). First, we include a brief historical and social overview of Monterrey later providing an analysis of some contents of the previously mentioned newspapers.

Historical and social context

In *Los orígenes de la industrialización de Monterrey,* Isidro Vizcaya reviews the importance of commerce in Monterrey for the subsequent consolidation of the city's industry in the nineties: "la existencia de fuertes capitales formados en el comercio, y capitales ociosos a partir de la decadencia de éste . . . permitió cubrir con extraordinaria rapidez las aportaciones para muchos de los negocios fundados en esta época" ("the existence of strong dormant capital from commerce, during a period of economic decline . . . allowed for extraordinarily quick contributions toward the businesses founded during this period")[6] (78). This, together with other situations such as the consolidation of the Porfirian regime, which provided political stability, laws protecting industry and availability of labor, contributed to the industrial development of Monterrey and the emergence of a new social class (81).

Vizcaya highlights the role played by the United States during this stage: "A Monterrey le ha tocado la privilegiada situación de ser la más importante ciudad mexicana cercana, no sólo a la frontera con los Estados Unidos, sino también a la zona industrial este de la Unión Americana" ("Monterrey has had the privileged situation of being the most important Mexican city close, not only to the border with the United States, but also to the eastern industrial zone of the American Union") (79). Monterrey, unlike some border cities, developed its industry without the need for customs control and also with ample support from the government through tax incentives. However, the proximity to the United States not only resulted in material benefits: "La proximidad de los Estados Unidos ha influido también en otros aspectos, pues muchos regiomontanos han trabajado, visitado con frecuencia o estudiado en el vecino país del norte y, por lo tanto, ha habido una continua afluencia de nuevas ideas . . ." ("The proximity of the United States has also influenced other aspects, since many Monterrey residents have worked, visited frequently or studied in the neighboring country of the North and, therefore, there has been a continuous influx of new ideas . . .") (80). This exchange of ideas is of great relevance to our study because of its effect on public opinion in Monterrey, especially during the last two decades of the nineteenth century. Lee Skinner, in her study *Gender and the Rhetoric of Modernity in Spanish America*, mentions that one part of the sectors in power in Latin America praised the discourse of North American and European modernity, with the expectation that this discourse would promote structural change in their countries:

... Latin American intellectuals consciously looked to North
America, Great Britain and much of Western Europe, mod-
eled their ideas about what their societies should do and how
their inhabitants should act, and drew comparisons between
Latin America and other areas, often to the detriment of their
societies. (8)

This allows us to appreciate that fact that the processes of social
modernization in Latin America are not derived from an organic ideology, but were instead from ideologies that circulated within the
European and North American metropolises. Because some editors
and collaborators of the Monterrey press had an active exchange with
these metropolises or were citizens of these countries, this rhetoric is
reflected early on in the city's newspapers, even before Monterrey
was materially modernized. The perspectives regarding the place of
women in the new society were also based, most often, on visions
that originated in continental Europe, specifically Spain and France,
countries that opposed the Anglo-Saxon discourses of the United
States and England. The discussion generated in Monterrey around
modernity mimics these positions and combines them, at the discursive level, with the ideas that circulated in northeastern Mexico.

The decade of the sixties: *La Tertulia* and *El Faro de Monterrey*

The periodicals, *La Tertulia* and *El Faro de Monterrey*, published
during the 1860s, allow us to appreciate the city's commercial and pre-
industrial era. In these publications, some elements of the discursive
construction of the antagonism between the Mexican woman and the
North American woman, which would give rise to an avid discussion
in the press during the last decades of the century, can be seen early
on. In several issues from 1864 and 1865 there are poems of romantic
influence that highlight physical characteristics, thus exalting the
Mexican woman over her North American counterpart.

La Tertulia: Periódico político y literario was a weekly newspaper that circulated in Monterrey from 1864 to 1865. Its editor and
publisher was Antonio Margil Cortés. In the third issue of this publication, we find the poem "Trigueñas," without a specific author[7] but
with a dedication, "A mi querido amigo d. J. A. Quintero" ("To my

dear friend d. J. A. Quintero"). With a strong romantic influence, the poem exalts the indigenous aspects of the female figure: "De esas vírgenes indianas / que adornan mi patria entera / y que forman el orgullo / De los pintores y poetas"[8] ("Of those Indian virgins / That adorn my whole country, / And that give shape to [our] pride / Of the painters and poets")[9] (5-8). The space that functions as the protagonist of the poem is the homeland. Among the romantic traits highlighted is the construction of a national identity that detaches itself from the foreign, in this case, a North American identity. As such, the poem extols the indigenous and those qualities that, according to the perception of the society and discourse of nineteenth-century Mexico, a Mexican woman should have purity and modesty. In the following lines, the poetic "I" praises the warmth and passion of the Mexican woman by means of an association with the volcanic land—the Mexican territory—: "Y cuando su pecho tierno / pasión alguna alimenta / la lumbre de los volcanes / En su mirada revelan" ("And when her tender chest / Whatever passion feeds, / The fire of volcanoes / In her gaze is revealed")[10] (21-24). The relationship of the Mexican woman with warmth is opposite to the coldness of the foreign woman: "Yo nunca canto a las rubias / De brillante cabellera / Que son bellas, pero frías / Como las estatuas griegas" ("I never sing to blondes / With all their shiny hair / They're beautiful, but cold / Like the statues of Greece") (25-28). This dichotomy is recurrently used to portray the differences between both types of women, thereby privileging the Mexican or Latina over the North American woman.[11]

The poetic "I" continues with an interpellation to his interlocutor, José Agustín Quintero,[12] a Cuban-American diplomat living in Mexico during this period. The poetic voice addresses him and mentions: "Tú, amigo, que en tus cantares / Siempre ensalzas las primeras / A las vírgenes que de oro / Tienen la blonda melena" ("You, friend, that in your songs / You always praise them / Those golden virgins / Who have blond locks") (29-32). The mention of the women of blonde locks and the interlocutor's focus on the North American woman demonstrates an opposition between the conception of what was considered as traditional female beauty, a type of rivalry between the discourses circulating in both countries. The poem continues with a reinforcement of this discursive antagonism: "La justicia es de mi parte, / Y en tan desigual pelea, / Si pierdo, nunca es la culpa / De las vírgenes trigueñas." ("Justice is on my side, / In such unequal fight / If I lose, it's not the fault / Of the brunette virgins") (41-44). Mention of possible defeat for the poetic "I" can be considered as an allusion to the recent end of US intervention in Mexico, and it also provides a glimpse of the ideological oppositions between Anglo-Saxon and Latin societies that would develop and continue to sharpen in the final two decades of the century.

In issue number 2 of the newspaper, *El Faro de Monterrey,*[13] published during 1865, we find the poem "A mi morena" by Ignacio Martínez, a frequent contributor to this publication. As in *La Tertulia*, the poem associates the Mexican woman with warmth: "Que son un cielo tus lindos ojos / Y tus pupilas un sol de fuego / A cuyos rayos quedará ciego / Si no te amara con frenesí" ("That your pretty eyes are like heaven / And your pupils a fiery sun / By whose beaming rays would I be blinded / If not for loving you with frenzy") (17-20). The poem proceeds to exalt the virginal: "Y tú eres ella, cándida virgen / Ser que reanimas con tus amores / Al triste poeta, que en sus dolores / Rompió las cuerdas de su laúd." ("And you are the one, naive virgin / A being that revives with all your loves, / This sad poet, who in his pain / Broke all the strings of his lute") (33-36). This poetic piece with clear romantic traits related to the exaltation of emotions can be appreciated as characteristic of this period of nation building.

In the same issue, in a column entitled "Consejos a las bellas" ("Advice for pretty women"), brunettes are portrayed as a distinct category of women. This attention to the physical characteristics of the brown Mexican woman, symbol of the Mexican homeland, and in contrast to the North American woman, highlights the conflicting views about the women of both countries during the second half of the century.

La Revista de Monterrey

La Revista de Monterrey. Independiente de Política, Artes, Oficios, Ciencias, Literatura, Telegramas, Noticias y Anuncios circulated from 1881 to 1886, and was edited by Desiderio Lagrange.[14]

Considered as the most important publication of the decade, it was published daily. The subtitle of the periodical is indicative of its broad scope: "An Independent Journal of Politics, Arts, Trades, Science, Literature, Telegrams, News and Announcements." This publication pertains to a period of Monterrey's history of growth and transition and reflects the broad intellectual activity of its time. Of particular importance was its emphasis on the position of women and their social role.

The columns in this newspaper demonstrate a general animosity towards North American women. For example, a news item was published in number 591 of *La Revista de Monterrey*, July 25, 1883 entitled "Muerte a los inocentes. Millares de niños asesinados. Un doctor infame. Declaraciones terribles de su cómplice. La gran sensación de Filadelfia. Las mujeres americanas. El aborto en los Estados Unidos" ("Death to the Innocents. Thousands of children murdered. An infamous doctor. Terrible declarations from his accomplice. The great Philadelphia sensation. American women. Abortion in the United States").The text, which is a reprint of an article published in the Mexican newspaper *El Noticioso*[15], uses abortion to give a negative connotation to the idea of the liberal woman, and thus delegitimizes the Anglo-Saxon model of freedom. Below, we include the first lines:

En el número 5, 535 del *Evening Telegram* se notifica que un policía descubre cadáveres de niños en una clínica de abortos clandestina de Filadelfia: "El Jefe de Policía que hizo la aprehensión testificó que la supuesta esposa del doctor le había declarado lisa y llanamente, que la sala en que fueron hallados los esqueletos estaba exclusivamente dedicada a producir abortos a las mujeres embarazadas que querían deshacerse del hijo producto de sus liviandades . . ." ("Issue 5, 535 of the *Evening Telegram* reports that a policeman discovers children's corpses in a clandestine abortion clinic in Philadelphia: 'The Chief of Police who made the arrest testified that the doctor's alleged wife had plainly stated that the room where the skeletons were found was exclusively devoted to performing

abortions on pregnant women who wanted to get rid of the
child that was the product of their frivolity . . .'")

In this fragment, the verb "deshacerse" (to get rid of) is used to
objectify the body of what was supposedly the product of a life of
"liviana" (frivolous) behavior on the part of the American women
who received the abortion. The use of this adjective to define a
behavior alludes to the concept of women's purity, very widespread
in the nineteenth century, and which has to do with the following
idea: "la buena reputación es el bien más frágil que posee y [la
mujer] puede perderlo tanto por una conducta aparentemente ligera
o inconsciente que provoque murmuraciones . . ." ("a good reputa-
tion is the most fragile asset she possesses, and [the woman] can lose
it both by apparent flippant or unmindful conduct that provokes gos-
sip") (Carner 101).

In the article, the message involves two semantic fields that
stand in opposition: on the one hand, the immoral transgression /
freedom / mindlessness of the North American woman versus the
expected morality and virtue of the Mexican woman: "Los hijos del
norte repiten a voz en cuello que la mujer americana es la mujer más
libre del universo. Es verdad ¿pero es al mismo tiempo la mujer más
moral, es la mejor madre de familia, es la mejor esposa, es la más
virtuosa de las mujeres del mundo?" ("The sons of the North repeat
loudly that the American woman is the freest woman in the universe.
True, but is she at the same time the most moral woman, the best
mother, the best wife, the most virtuous woman in the world?")
Hence, the value of freedom for the American woman and all its con-
notations is questioned—freedom can only lead to immorality where
the woman is found lacking as wife and mother.

The text closes with a question that reflects a political stance
against Americanization and, in doing so, reveals the existence of a
sector of society that favors a North American *ethos* in Monterrey:
"¿Qué piensan, pues, de todos estos hechos los mexicanos que se
entusiasman con la idea de americanizar a México?" ("What, then,
do Mexicans who are enthusiastic about the idea of americanizing
Mexico think of all these facts?"). Through these strategies, the purpose of the article is to provoke those who are unbothered by the

Americanization of Mexican society. In a sense, the article implicitly argues that replicating the position that North American women hold in their society is not conducive to the idea of progress in Monterrey, but rather would result in the collapse of civilized society.

In the same column, the issue of education for women in the country is addressed. Theorist Lee Skinner mentions that the arguments in favor of women's education during the nineteenth century revolve around three issues: first, modernity requires the education of women; second, women need education in order to be good mothers; and third, the nation depends on families that have educated mothers (106). The need for education, whether for any of these issues or not, is frequently evidenced in many of the texts of *La Revista*. Advertisements about schools for young ladies and speeches proposing and defending education for women are disseminated. In the case of the column "Death to the Innocent," education is totally removed from the duty of motherhood and is seen as related to American freedom: "Educación [para la mujer] que mata el más noble sentimiento humano, cual es el de la maternidad, como consecuencia de dicha educación" ("Education [for women] that kills the noblest human feeling, which is that of motherhood, as a consequence of such education").

In general, *La Revista* projects a more positive reception of European models than those of North American. This is evident in the case of European texts, especially articles from Spanish newspapers republished in various Monterrey periodicals. The presence of Spanish women writers whose voice is present in the Mexican press stands out, especially during the last two decades of the century (Romero 10). The texts created by Concepción Gimeno de Flaquer[16], Emilia Serrano and Pilar Sinués[17] are of particular importance as texts which, despite giving relevance to the role of women and defending their education, channel in some aspects of male ideology regarding women. These writers address a female audience that has received an education and to some degree present contradictory positions with respect to the ideals of US freedom and modernity.

Concepción Gimeno de Flaquer, a great advocate of women's education during the nineteenth century, makes an apology for the position of women in the home. In a column in number 619 of *La Revista de Monterrey*, August 31, 1883, entitled "La dama Mexicana" ("The Mexican Lady"), Gimeno praises the Catholic qualities espoused by Mexican women and contrasts their values with those of Spanish and other European women. Without mentioning her own nationality, she alludes to a woman as an example of the frivolity of public life that Mexican women should not adopt: "Es inútil buscar a la mujer mexicana fuera de la familia, pues no la encontrarías; mientras las mujeres de otros países deslumbran a una sociedad frívola, que se desliza en vertiginoso aturdimiento, bajo dorados atesores. La mujer [mexicana] es el ángel custodio del hogar y vela en la alcoba de su hijo" ("It is useless to search for the Mexican woman outside the family, for you will not find her; while the women of other countries dazzle a frivolous society, which slips by in a dizzying daze, under golden treasures. The [Mexican] woman is the guardian angel of the home and watches over her child in his room"). Although she does not explicitly refer to North American women, the reference to a frivolous society points to her implicit message. This writer, then, is opposed to the ideal model of the Mexican woman, one that corresponds to that of the "guardian angel of the home."

In two 1883 issues (612 and 613) of *La Revista de Monterrey*, there is a column entitled "La mujer" ("The woman") in which Emilia Serrano de Wilson expresses a position that is in keeping with modern progress: ". . . la mujer tiene no solo que reinar en la familia, no como inferior al hombre, sino que . . . se le debe la ilustración de su inteligencia porque tal es su derecho, necesidad imprescindible de la sociedad moderna" ("Women must not only reign in the family, not as inferior to men, but . . . they the enlightenment is of her intelligence is her right, modern society's indispensable need"). She also comments the Mormon religion: "En el Norte de América, en el país más civilizado del mundo moderno, donde la mujer vale más, mucho más que el hombre por su educación y sus conocimientos, ha surgido una extraña secta religiosa" ("In North America, in the most civilized country of the modern world, where the woman is worth more, much more than man because of her education and knowledge, a strange religious sect has arisen"). While recognizing the outstanding position of women in the United States as examples of a civilized society and their intelligence, she is critical of the Mormon religion as outside civilized norms. The historical link between Spain and Mexico supposed that Mexican women could more easily identify with Spanish women. The latter is frequently presented as a role model and, as is evident in a number of articles, is even defended and held up as a model by Spanish writers. Furthermore, there is also an effort in the press to categorize Mexican women as Hispanic American women. In the article entitled "La mujer Latina" ("The Latin woman"), published originally in the newspaper *El Cosmopolita*[18] and then published in 1884 in issue 82, the reader encounters a text that focuses on generalized belief that: "la mujer norteamericana lleva, como mujer en el Estado, una ventaja inmensa, casi incalculable, a todas las mujeres del resto de América, desde la mexicana a la chilena, desde la ecuatoriana a la argentina" ("the North American woman enjoys, as a woman in the Nation, an immense advantage, almost incalculable, [in relation to] the women of the rest of America, from the Mexican to the Chilean, from the Ecuadorian to the Argentinean"). Once again, the narrative of female emancipation is related to the US model of liberty, and as the center of the discourse of modernity of the nineteenth century. Yet it is the rest of America, Hispanic America, that does not enjoy the liberties of American women. The writer then focuses on the education received by Latin women as he mentions:

> Está la mujer que borda y lee a ratos perdidos poesías y novelas, a veces vidas de santos; que suelen alguna vez discutir de política casera, y que no ha olvidado del todo las nociones generales de historia sagrada que aprendió en el colegio . . . No podemos, pues, quejarnos de que a la mujer de nuestra era le falta instrucción. ("There is the woman who embroiders and reads poetry and novels, sometimes the lives of saints; who sometimes discusses politics of the home, and who has not entirely forgotten the general notions of sacred history that she learned at school . . . We cannot, therefore, complain that the woman of our era lacks instruction.")

This column highlights the idea that the education women receive from poetry and novels or sacred texts is sufficient. Françoise Carner mentions that, during the nineteenth century, the Roman Catholic Church and women were closely associated:

> La iglesia es una de las instancias morales y religiosas que definen el papel de la mujer para las sociedades católicas ... la religión es una actividad en la que las mujeres tienen un gran papel, como monjas o como fieles. En ambas situaciones pueden organizarse y actuar por sí mismas, aunque sea bajo la supervisión masculina, en papeles aceptados como "femeninos" por la sociedad, pero que las acercan a algunos roles generalmente reservados a los hombres. ("The church is one of the moral and religious instances that defines the role of women for Catholic societies ... religion is an activity in which women have a great role, as nuns or as the faithful. In both situations, they can organize and act on their own, albeit under male supervision, in roles accepted by society as "feminine," but which bring them closer to some roles generally reserved for men.") (103-104)

Here, the public exercise of faith is presented as the manifestation of women's participation in the public sphere, that must be guided by what is considered feminine. The main argument is that women are indeed prepared for democracy, however, this preparation is manifested differently from that of men: "La mujer de nuestra raza, si no toma parte en su movimiento democrático, no por eso deja de tener preparación para él: no podemos quejarnos; véase si no, como es afecta hasta la idolatría a los grandes oradores ... y es sabido que la oratoria, como el libro, son el nervio de la libertad." ("The woman of our race, though she does not take part in its democratic movement, does not for that reason cease to be prepared: we cannot complain; just look, how even great speakers are affected by idolatry ... and it is well known that oratory, like the book, are the nerve of freedom.") The freedom of women, then, must necessarily be associated with Catholic belief and teaching as it does not represent a threat to the preponderant moral order, but rather reinforces it.

The same publication mentions a situation in South America that has to do with a public demonstration, also associated with religious morality: "... Iban en procesión ya con la idea de peregrinar o ya con el propósito de solicitar de gobiernos liberales alguna disposición contra la enseñanza pública laica." ("They went in procession either with the idea of making a pilgrimage or for the purpose of requesting from liberal governments some disposition against secular public education"). The issue of secular education was a predominant theme in press, due to the Leyes de Reforma[19] (Reform Laws), enacted between 1855 and 1863. The Mexican State progressively separated from the Church. Although secular public education would not be included in the Constitution until 1917, the Reform caused friction in the most conservative sector of society most of whom were aligned against secularization. Interestingly, the writer extols the supposed "freedom" of Latina women when this supports his arguments, yet he consolidates the conservative ideology that he himself defends in the following portion of the article:

Si pues la mujer latina, tanto la americana como la española, la francesa o italiana, agota ediciones enteras de un libro sagrado, es afecta a los grandes oradores, toma parte en públicas manifestaciones y deja el hogar para congregarse en las calles cantando deliciosas letanías, ¿se nos negará que no esta preparada para la democracia y para rivalizar con la mujer sajona, como mujer no solo en el hogar, sino también en el Estado? ("If then the Latin woman, whether American, Spanish, French or Italian, exhausts whole editions of a sacred book, is partial to great orators, takes part in public demonstrations and leaves the home to congregate in the streets singing delightful litanies, can it be denied that she is not prepared for democracy and to rival the Saxon woman, as a woman not only in the home, but also in the State?")

Public opinion resolves its greatest ambivalence in this column. Women are ready for democracy, as long as they do so through the public exercise of the Catholic faith, associated with conservatism and the archetype of the domestic angel. She is deemed ready for democracy, as long as she continues to read sacred texts and those considered appropriate for her education.

In the column, the opposition between Catholicism and Protestantism becomes relevant as part of the ideological differences between Mexico and the United States, because it raises the possibility of the coexistence of the Catholic Church with the democratization of society, which further implies the incorporation of women in the public sphere. The increase of American women's participation in the *agora* is closely related to Protestant Christianity during the nineteenth century. The desire to reinforce the idea of a Latin— and Catholic—public woman occurs at a time when Catholicism is sought to be strengthened as the one true religion; this also implies the need to silence the echoes of Protestantism, which at that point had reached Monterrey due to the proximity of the city to the United States. Thus, by promoting this idea of women associated with faith, two problems were solved at the same time: The Catholic religion was imposed as the main influence on society, in response to the new secularism promoted in Mexico, and the demands for women to exercise a position in the public sphere were fulfilled. However, the condition for this fulfillment was that this public exercise would contribute to reinforce conservatism.

La Voz de Nuevo León

The newspaper *La Voz de Nuevo León*,[20] published from 1888 to 1907, is representative of the early stages of industry in Monterrey. Considered a semi-official newspaper due to its positive relation to the government of Bernardo Reyes, its content is influenced by positivist discourse, which was characteristic of the Porfiriato. The newspaper allows us to further appreciate the social effects of industrialization in Monterrey, especially in terms of the debates and contradictory discourses regarding North American women and modernity.

In the last decade of the nineteenth century, there was an interest in incorporating positivist discourse in the press. In 1897 issue 429 of *La Voz de Nuevo León* included the column "Breves consideraciones sobre la educación de la mujer mexicana" ("Brief considerations on the education of Mexican women"). This text was also submitted to the Second Mexican Scientific Contest. It shows a change in the discursive mechanisms used to reinforce the position of women in the domestic sphere and justify the decision not to allow them to receive an education. However, in this column it is not Catholic morality that is used to justify their inferiority, but rather science:

Si concedemos, por ser incontrovertible, que la mujer en fuerza física, generalmente considerada, no puede ponerse en paralelo con el hombre; en fuerza intelectual ¿es inferior, igual o superior a este? Tan espinoso es el caso, que hasta hoy la ciencia no ha llegado a decir sobre él la última palabra; pero bien puede asegurarse que casi todas las observaciones demuestran la inferioridad. ("If we concede, as being indisputable, that woman in physical strength, as generally accepted, cannot be placed on an equal plane with man; in intellectual strength is she inferior, equal, or superior to him? So thorny is the case, that to this day science has not given its final word on it; but it may well be assured that almost all observations prove [women's] inferiority").

The column describes the differences between the brains of women and men as follows: "[Charles Robert] Richet dice 'que por disposición más sencilla de las circunvoluciones cerebrales, la mujer europea se aproxima a las razas humanas inferiors.'" ("Richet says 'that due to the simpler disposition of the cerebral convolutions, the European woman approximates the inferior human races'"). Here the text makes use of medical discourse to preserve the order of things and thus deny women's intellectual capacity, without the need to appeal to morality as the main justification but rather adhering to science as the epistemological field. Ana Saloma, in her text *De la mujer ideal a la mujer real. Las contradicciones del estereotipo femenino en el siglo XIX* mentions: "La libertad está sujeta a las leyes naturales, es decir, al orden moral y social, y se ejerce de acuerdo con las facultades superiores o inferiores de cada uno de los sexos" ("Freedom is subject to natural laws, that is, to the moral and social order, and is exercised in accordance with the superior or inferior faculties of each of the sexes") (3). In this sense, and according to the previous fragment, the inferiority of Mexican women is justified on the basis of their biological characteristics, which are seen as immutable by the enunciator.

The column also places Mexican women on a lower level than North American women and European women[21] who are equal in conditions:

> Tampoco a nadie se escapa que entre nuestra mujer mexicana y la del norte o la europea, media infinita distancia . . . la nuestra se ha templado de sobra con el clima, con la mezcla de sangre indígena, formando un verdadero ideal para el hombre que no aspira a que su esposa le resuelva al medio día un problema de matemáticas o le ilustran con una disertación histórica; sino a que cuide solícita del hogar doméstico. ("Nor does it escape anyone's notice that there is an infinite distance between our Mexican women and those of the North or Europe . . . ours has been tempered by the climate, with the mixture of indigenous blood, forming a true ideal for the man who does not aspire to having his wife solve a math problem at noon or enlighten him with a historical dissertation; but rather to have her take solicitous care of the domestic home.")

The positivist discourse is used to reinforce the nineteenth century archetype of the Mexican woman and convince her that her material and cultural conditions, climate and race are what prevent her from reaching the Anglo-Saxon ideal of freedom. The position of the Angel in the Home is reinforced from a supposed scientific hypothesis that has to do, not only with the inferiority of women with respect to men, but the inferiority of Mexican women with respect to North American and European women.

In the last decade of the nineteenth century, the content of the press manifested a more complex idea of the American woman, related to physical attributes. In issue 381 of 1896, the article "La mujer americana" ("The American woman") appears, and for the first time, the American woman is recognized as the model to which Mexican women should aspire:

En los Estados Unidos se propone la transformación
intelectual de la mujer, con un empeño tal, que ha llegado a
temerse para ella el futuro desaparecimiento de los atributos
de la belleza física; pero semejante temor se desvanece
cuando uno observa, por otra parte, el trabajo de la cultura
plástica que aquí va modelando el moderno tipo femenino,
del cual se quiere hacer algo así como una mezcla de Venus,
de Diana y Minerva en una sola pieza. ("In the United States,
the intellectual transformation of women is proposed with
such commitment that it feared that her attributes of physical
beauty may disappear in the future; but such a fear vanishes
when one observes, on the other hand, the work of the plastic culture that models the modern feminine type, of which is
intended to make something like a mixture of Venus, Diana
and Minerva in a single piece.")

Through the incorporation of the Greek models of Venus and
Minerva, and an explanation of plastic and aesthetics, it is argued
that the American woman, in addition to being the ideal of intelligence, is also the ideal of physical beauty. Thus, the traditional
opposition between the two categories is demystified: "A tiempo que
se llena el cerebro de la mujer con buena provisión de ideas, se la
desarrolla, torna y pule como a una estatua en los talleres atenienses.
Y la verdad es que van saliendo ejemplares dignos de una vidriera o
de un rinconcito en el Belvedere" ("While the woman's brain is
filled with a good supply of ideas, she is developed, turned and polished like a statue in the Athenian workshops. And the truth is that
the result is worthy of a stained-glass window or a little corner in the
Belvedere"). This fragment continues to portray the woman as an
ornament; however, although the writer does not deny that women
do have idea, the column ends with the following assertion: "En los
Estados Unidos se está elaborando la mujer ideal del porvenir, según
la estética griega en cuanto a la plástica, y según la norma de beldad
intelectual que el viento de los tiempos condensa" ("In the United
States the ideal woman of the future is being elaborated, according
to the Greek aesthetics in terms of plastic, and according to the standard of intellectual beauty that the wind of the times condenses").

By employing male voices and male desires to extol the attributes of intelligence and beauty of North American woman, these written works reflect an ideal of the woman of the future, as someone the Mexican women can aspire to. Furthermore, they imply full recognition of the arrival of modernity as the root of this change.

Conclusions

Monterrey's proximity to the border and the important cultural and commercial exchange with the United States give visibility to the North American woman in the press as a symbol of progress and modernity, education, intellectual development and freedom. In the journalistic texts reviewed, certain discursive strategies are used to promote the idea of the modern woman. The figure portrayed is almost always identified as the American woman, a figure used to support the particular ideal of women that is being either proposed or rejected.

The conflict between ideas that defend the position of women assigned to the home space and those that argue for incorporation of women into the extra-domestic space implies a replication of North American and European discourses of modernity in Latin America. The rhetoric of modernity, however, was not accompanied by material modernization during most of the nineteenth century in Monterrey. The presence of foreigners from these countries drove the development of the press during the second decade of the century and the debates, to a large extent, revolved around the imposition of foreign discourses on women, which the privileged classes enthusiastically adopted. However, this perspective clashes with the pre-existing conditions in Latin America and the reality of the majority of women who did not belong to the nascent bourgeoisie of the city of Monterrey.

On the other hand, although the figure of the North American woman is used as a motif to talk about issues of public concern— women's education or the prevalence of their position in the home— it is difficult to establish to what extent this attention is a reflection of the renewal of discourse during the nineteenth century. Whether the position of women in US society constituted a real threat to the social body of Monterrey, or this whether interest was part of the

Hispanic American response to the discourses of the world's intellectual centers, cannot be determined with precision.

A possible line of research born from this review of the nineteenth-century Monterrey press is the opinion of Mexican women on the model of the North American woman. In *La Revista* and *La Voz de Nuevo León* there is little content in which Mexican women are the enunciators.

However, in the newspaper *La Violeta*, a publication produced by women and directed a female reading audience, there are columns that refer to how the United States is seen from the perspective of Mexico; however, in the issues explored it is not clear how Mexican women viewed their American contemporaries. Finally, these issues certainly require more in-depth studies regarding the scope of the discourses in the construction of the idea of Mexican women in the border area between Mexico and the United States.

Works cited

Bárcenas García, Felipe. "Los proyectos periodísticos de Desiderio Lagrange en Monterrey (1881-1886): Vestigios del desarrollo editorial regiomontano." *Boletín del IIB* 2016, pp. 80-130.

Bauberot, Jean. "La mujer protestante." *Historia de las mujeres Volumen 4. El siglo XIX.* Madrid, Taurus, Kindle Edition, pp. 240-258.

Carner, Françoise. "Estereotipos femeninos del siglo XIX." *Presencia y transparencia: La mujer en la historia de México.* México, El Colegio de México, 2006, pp. 99-112. "El Noticioso." (1894). Imprenta de El Noticioso, www.repositorio.unam.mx/ 977643

Gómez, Carlos Lejaim. "Las primeras revistas literarias en Monterrey." *Revista Levadura,* 20 de julio de 2017, revistalevadura. mx/2017/07/ 20/las-primeras-revistas-literarias-en-monterrey/

Kirkpatrick, Susan. *Las románticas.* Madrid, Ediciones Cátedra, 1991.

Lagrange, Desiderio, editor. *La Revista de Monterrey.* Monterrey, Capilla Alfonsina, 1883 y 1884.

León-Real Méndez, Nora. "La representación gráfica de la mujer en la prensa de la frontera entre México y Texas a principios del siglo

XX." *YouTube*. Uploaded by 3museosNL, 13 de junio del 2019, www.youtube.com/watch?v=pcnAdWkRQt0

Margil, Antonio, editor. *La Tertulia*. Monterrey, Capilla Alfonsina, 1864-1865.

Mendoza, Ignacio, editor. *La Voz de Nuevo León*. Monterrey, Capilla Alfonsina, 1896-1899.

Ramos Escandón, Carmen. "Género e identidad femenina y nacional en *El Álbum de la Mujer*, de Concepción Gimeno de Flaquer." *La república de las letras. Asomos a la cultura escrita del México decimonónico*. Mexico City, Universidad Nacional Autónoma de México, 2005, pp. 195-208.

Romero Chumacero, Leticia. "Concepción Gimeno, Emilia Serrano y las escritoras mexicanas durante el siglo XIX." *Mitologías hoy*, vol. 13, 2016, pp. 9-24, doi.org/10.5565/rev/mitologias.313

Saloma Gutiérrez, Ana. "De la mujer ideal a la mujer real. Las contradicciones del estereotipo femenino en el siglo XIX." *Cuicuilco*, vol. 7, no. 18, 2000, p. 0. Redalyc. www.redalyc.org/articulo.oa?id=35101813

Skinner, Lee. *Gender and the Rhetoric of Modernity in Spanish America, 1850-1910*. University Press of Florida, Gainesville, 2016.

Swope, John, editor. *El Faro de Monterrey*: Monterrey: Capilla Alfonsina, 1865.

Vizcaya, Isidro. *Los orígenes de la industrialización de Monterrey*. Fondo Editorial de Nuevo León, Mexico City, 2017.

Endnotes

[1] Felipe Bárcenas, in *Los proyectos periodísticos de Desiderio Lagrange en Monterrey (1881-1886): Vestigios del desarrollo editorial regiomontano* states that: "en ese lapso se transitó de una etapa caracterizada por la emergencia de un periodismo literario diseñado para un consumo reducido a otra en la cual los rasgos que definieron los contenidos estuvieron determinados por las demandas de una sociedad cada vez más urbana, mercantil y vinculada con Estados Unidos" ("this period saw a transition from a stage characterized by the emergence of a literary journalism designed

for reduced consumption to one in which the defining features of the content were determined by the demands of an increasingly urban, mercantile society linked to the United States") (79).

[2] In the United States, the struggle for women's political rights came to the forefront in 1825, when Scottish-born Frances Wright brought the ideas of social reform and women's political rights to the United States. By the last decades of the nineteenth century, one of the main goals of the American feminist agenda, the abolition of slavery, was a dream come true. Feminists were, above all, women who had been able to reach the public stage through family fortunes or Protestant Christian organizations and not precisely because the country's legal framework allowed it.

[3] Content from the 1960s, 1980s and 1990s is included. Unfortunately, we do not have access to publications from the 1970s, although we are aware of two publications that directly address the topic of women: *Flores y Frutos* and *El Jazmín*.

[4] The female model corresponds to the angel of the home. Susan Kirkpatrick proposes: "Las principales características del ángel acentuaban su complementariedad subordinada al hombre: mientras que los hombres eran capaces de grandes cometidos, intelectuales, políticos, militares, que vinculaban su interés personal al bien universal, la verdadera mujer se limitaba abnegada y casi exclusivamente a las necesidades y sentimientos de su círculo doméstico" ("The main characteristics of the angel accentuated their subordinate complementarity to men: while men were capable of great tasks, intellectual, political, military, linking their personal interest to the universal good, the true woman was self-sacrificing and almost exclusively limited to the needs and feelings of her domestic circle") (18).

[5] During the nineteenth century there was an incorporation of women from the lower classes as a labor force for industry. In the press, attention to this situation is reflected, however, the content exposed in the newspapers is directed towards men and women who have a level of education and belong to a privileged class.

[6] All translations are mine unless otherwise stated.

[7] We believe that this is Ignacio Martínez, a contributor to *La Tertulia* and who signs the poems next to this one in the same publication.

[8] For the transcription we chose to respect the original spelling, except in those cases where it limits the understanding of the meaning of the text.

[9] The poetry was translated by Diego Alexis Govea González.

[10] In the original publication we read "enando." We believe this is a printing error.

[11] In the issue 21 of the year 1888, in the newspaper *La Violeta*, written by women and addressed to them, we find the poem "Rubias y morenas" ("Blondes and brunettes"). Therefore, this discursive rivalry is sustained until the end of the nineteenth century and the women writers replicate it.

[12] José Agustín Quintero resides in Mexico during the sixties and serves as a spy for the Confederate States of America during the American Civil War, between 1861 and 1865.

[13] It is presented as a commercial, literary and advertising newspaper. It is considered by Carlos Gómez as a continuation of *La Tertulia* in both content and tendency in "Las primeras revistas literarias en Monterrey" (*Revista Levadura*).

[14] Desiderio Lagrange, of French origin, emigrated to Monterrey, where he became a printing entrepreneur. His printing house produced three publications, *Flores y Frutos* (1879*), La Revista* (1881) and *La Revista de Monterrey*, in which he performed "the functions of editing and financing the weekly" (Bárcenas 84). He was the owner of the printing house "Tipografía del Comercio."

[15] It is the newspaper *El noticioso: diario de la mañana*, which in 1894 was managed by Daniel Rodriguez in Mexico City.

[16] Concepción Gimeno de Flaquer lives for almost a decade in Mexico and directs the publication *El Álbum de la Mujer*, of which she is also the owner. Although she is more liberal than Sinúes in recognizing the intellectual role of women, during her stay in Mexico, she: "constructs a double discourse, that of the feminine duty to be and that of the nationalist characteristic of feminine behav-

ior. Mexican women become one more space in which the nationalist narrative is constructed" (Ramos 201).

[17] There are 16 columns written by these three authors in *La Revista de Monterrey* during 1883. A considerable number if we consider that the total of columns written by women in that year was 25.

[18] Periodical publication from Mexico City that presents itself as *El Cosmopolita: weekly newspaper of politics and varieties.* It began publication in 1880 and was directed by I. Piña.

[19] These laws were enacted during the governments of Juan Álvarez, Ignacio Comonfort and Benito Juárez. They were one of the reasons for the fragmentation of public opinion during the following years and gave rise to a series of political instabilities in the second half of the nineteenth century, culminating in the Reform War and the Second French Intervention in Mexico.

[20] The full title is: "La Voz de Nuevo León. Periódico semanario, político y literario. Órgano del gran círculo Unión y Progreso, formado por los cuarenta y ocho clubes que corresponden al mismo número de municipalidades que componen el Estado" ("La Voz de Nuevo León. Weekly, political and literary newspaper. Organ of the great circle Unión y Progreso, formed by the forty-eight clubs that correspond to the same number of municipalities that make up the State"). It began as a weekly newspaper and later became a biweekly in 1903.

[21] The article does not include Spanish women as European women; however, it continues to present Spanish women as superior to Mexican women.

Mujeres tamaulipecas: vida cotidiana y literatura en el siglo XIX

Francisco Ramos Aguirre
Cronista de Ciudad Victoria, México

Si bien nuestro estudio se enfoca en la mujer tamaulipeca, debe reconocerse que en los censos, memorias, registros estadísticos y periódicos del siglo XIX en Tamaulipas, las referencias acerca de la participación de las mujeres en tareas fuera del hogar son muy escasas. La mayoría de las fuentes revisadas centran su atención en la clasificación genérica del total de habitantes —mujeres y hombres—, ranchos, haciendas, agricultura, ganadería, educación y arquitectura. Asimismo, se aprecia que los oficios relacionados con herreros, panaderos, sastres, dulceros, carpinteros, cocheros, relojeros, tejedores y zapateros eran ejercidos exclusivamente por hombres ("Año de 1855. Lista nominal de personas . . ." 2). Encontramos algo similar en la revisión del Cuadro Estadístico del Departamento de Tamaulipas de 1837, emitido durante el gobierno de José Antonio Quintero, donde únicamente se identifica la cantidad de mujeres casadas, solteras y viudas en los municipios de la entidad. Si consideramos el rol limitado de la mujer durante ese período donde el hombre era la figura central de la sociedad, prácticamente la mayoría de quienes se dedicaban al hogar y atención a la familia se perdieron en el anonimato; incluso sus aportaciones como cocineras eran poco valoradas, sin el reconocimiento y relevancia cultural que ahora tiene la mujer en la sociedad. En todo caso, solamente un reducido grupo de mujeres que gozaba de una relación con personajes notables, como esposas de gobernadores y algunas poetas, aparece de manera secundaria en los periódicos; en especial, cuando participaban en bailes, labores de beneficencia o banquetes para fiestas. Por supuesto, existen excepciones, y algunas mujeres tamaulipecas lograron trascender en la historia debido a su posición aristocrática. Encontramos registros que hacen mención a ellas a finales del siglo XVIII y los primeros cincuenta años del siglo XIX. Por ejemplo, en algunos archivos existen referencias a María de la Llera y Bayas, esposa del colonizador José de Escandón y Helguera; María de la Luz Alamán, parienta del acaudalado minero e historiador Lucas Alamán y esposa del gobernador del Nuevo Santander Manuel de Iturbe e Iraeta, radicado en San Carlos; Cecilia Villarreal, propietaria de una fracción de terreno, cercano al río Pánuco, donde logró celebridad y respeto de los hombres por su belleza y audacia. Toribio de la Torre menciona a Ysidora Ovalle, originaria de Santa Bárbara, hoy Ocampo, quien participó en la guerra de independencia en la Colonia del Nuevo Santander, apoyando con provisiones y otros servicios a los insurgentes. En 1814, después de ser acusada por el asesinato de su marido, los realistas la aprehendieron y condenaron a pena de muerte. Después de ser fusilada, la cabeza de esta mujer fue exhibida en la plaza de Santa Bárbara, como escarmiento para los pobladores (70). En el caso específico de esta dama y otras que se unieron a la lucha insurgente, vale decir que, para frenar su participación, las autoridades se apresuraban a girar oficios intimidatorios a las provincias. Por ejemplo, el 6 de diciembre de 1811, Francisco Nava comunicó al comandante Félix María Calleja, desde Acámbaro, Guanajuato, lo siguiente: ". . . nada puede ser más perjudicial a la tropa que el que las mujeres se dediquen a seducir a sus individuos y engañarlos y refiriéndoles hechos fabulosos y cooperando a que abandonando sus banderas aumenten el número de los insensatos traidores, por lo que conviene imponer el condigno castigo a la que olvidada de sus deberes haya cometido este crimen" (García 355).

Concluida la guerra de independencia, empezaron a llegar, por diversos motivos, numerosos viajeros a territorio tamaulipeco. Unos cuantos eran gente ilustrada que dejó constancia de su tránsito por esta apartada región. Destacan de algunos de los textos de archivo revisados la admiración y el impacto seductor expresados por los autores al hacer referencia a aquellas mujeres, tan alejadas de la civilización. Hacia 1822, el norteamericano Joel R. Poinsett, transitó hacia el puerto de Tampico, por el único camino habilitado entre la capital del país y el Golfo de México. A su paso por Tula estableció el primer contacto con las mujeres, aunque a buena distancia. Para este viajero, las damas vestían perfectamente ataviadas, a la usanza de cualquier colonia española: "... parecen limpias y sanas. Su vestido consiste en una camisa, una o más enaguas en tela listada de algodón, y un rebozo que se echan con gracia al hombro, sin el cual nunca se les ve en público" (Poinsett 260). Otro aspecto que despertó el interés de este personaje fue la disposición a las labores del hogar y otras actividades propias del sexo femenino, como la elaboración de rebozos, mientras los maridos pastoreaban cabras y borregos. Este perfil de la mujer sumisa y entregada a su familia era muy propio de las que vivían en el medio rural: "Las he visto lavar y cocinar, muy atareadas para manejar esa parte de su vestimenta, pero insisten en llevarlo no obstante las molestias a que están sujetas" (260). En cambio, gracias a la independencia, las mujeres de Santa Bárbara —hoy Ocampo— parecían más liberadas y atentas a lo que sucedía en Europa, sobre todo en cuestiones de las modas. Por ejemplo, vestían de percal oscuro y de sus cuellos colgaban collares de perlas. Según ellas, la tela había costado dos pesos y medio por yarda: "Al dar la vuelta por el pueblo me detuve a platicar con dos señoras, que estaban paradas en la puerta de una de las casas de mayor tamaño y mejor aspecto. Me invitaron a pasar y parecían estar encantadas de tener la oportunidad de preguntarme acerca de las modas de otros países, y el modo de vestir de las damas de la otra América" (Poinsett 264-265).

Las prácticas de la religión católica y también de supersticiones como el mal de ojo eran comunes entre las mujeres durante este período, sobre todo cuando involucraban a sus hijos. Poinsett relata que llegó a una comunidad rural y conoció a una mujer con un niño entre sus brazos, en un afán de congraciarse, el norteamericano le hizo algunos cariños en el rostro al infante, pero este empezó a llorar con fuerza y sin control durante varios minutos:

> Poniendo en el suelo al niño, me trajo una taza de agua, y con alguna vacilación me pidió por la Virgen que mojara mis dedos en la taza. Cuando lo hice, me pidió muy encarecidamente que le dijera si era la misma mano con la que había tocado el niño, y al asegurarle que sí, obligó a este a tragar el agua. El crío agitado por tanto gritar se durmió, y la mujer quedó encantada por el éxito de su medicamento. (267)

Por otra parte, el escritor, viajero y crítico de arte colonial, J. Beltrami, presenta una perspectiva muy distinta comparada con la de Poinsett al hablar sobre las mujeres tamaulipecas. Este viajero, de origen italiano, llegó a México en 1824 y se dedicó a recorrer algunas ciudades de la naciente república, para después narrar sus experiencias en dos tomos editados en París. En uno de los apartados, manifiesta su admiración por el talentoso pintor Eduardo Tresguerras, a quien califica como "El Miguel Ángel Mexicano". Sobre el estilo de vida de las mujeres tultecas, la narrativa de Beltrami deja entrever una descripción sensual combinada con comentarios sobre la belleza y elegancia que parecen despertar una velada atracción provocativa y erótica, pero sin hacer a un lado la última moda del vestido procedente de Europa y Estados Unidos que llega a Tampico:

> Las mujeres de Tula son muy amables; tienen bellos ojos y una vivacidad muy por encima de esa apagada belleza que se encuentra en otras. Su atuendo de domingo es una mezcla singular de diversas modas . . . Su camisón es muy peligroso; ellas visten simplemente una camisa en la parte superior del cuerpo, y una ligera falda ceñida en los flancos, tanto gana una mujer fresca, tanto pierden las que no lo son. (222)

Esta descripción definitivamente trastoca la hipótesis del fraile franciscano Juan Andrés de Olmos, quien bajo la premisa de los pecados que condena el Santo Oficio de la Inquisición, aborda el tema de las mujeres en su célebre *Tratado de Hechicerías y Sacrile-*

gios, escrito en 1553, poco antes de fundar Tampico cuando se desempeñaba como misionero en el territorio de Tamaholipa, antigua Costa del Seno Mexicano. Olmos dice, categóricamente, que las mujeres son un instrumento del demonio: "... porque quieren saber con gran prisa las cosas que suceden en secreto, porque la vida de las mujeres no es de aprender en los libros ... por ello quieren aprender al lado del diablo" ("De hechiceras y demonios").

Sobra decir que la visión del franciscano es todavía más rigurosa en cuanto a los derechos limitados y la conducta permitida a la mujer en las prácticas de la religión católica y en lo que refiere a alcanzar la salvación eterna. En su obra, Olmos dibuja un perfil psicológico con calificativos machistas que aún persisten:

> Las mujeres se dejan mucho dominar por la ira y el enojo, fácilmente se encolerizan, son celosas, envidiosas; imponiendo tormentos a otros quieren aplacar su corazón y anhelan con facilidad que le pase a la gente cosas tristes y penosas. . . por eso se dice que siguen al diablo para que las ayude a hacer aquello que desean, las maldades que ansía su corazón. ("De hechiceras y demonios")

De cualquier manera, todo indica que los viajeros de esa época, además de describir aspectos de la vida cotidiana tamaulipeca, terminan por fijar su atención en los elementos estéticos femeninos. En 1825, durante una visita de reconocimiento militar a Tamaulipas por el Estado Mayor Divisionario de Xalisco, describe en su informe que los tamaulipecos son:

> . . . personas de constitución física robusta, estatura ordinaria y corpulenta, bien formados, de color blanco, singularmente en las villas del norte, en que sus mujeres de cabello negro son muy hermosas; en las inmediaciones de la costa, por el lado sur del estado, se notan preponderablemente rasgos de la mezcla de los indígenas con la raza africana. El alimento común es el maíz y la carne, ésta abunda mucho y la usan generalmente asada o salada. (Reséndez González 66)

A mediados del siglo XIX, Tampico era uno de los principales puertos de México. En esa época, el comercio empezó a florecer y llegaron al puerto numerosos viajeros, pintores, músicos, cónsules, hombres de negocios, panaderos, sastres y aventureros de origen europeo y estadounidense. Su condición de ciudad cosmopolita contribuyó a que las mujeres en este lugar fueran más visibles, asumiendo un rol más activo en la vida cotidiana. El capitán inglés George Francis Lyon se sorprendió durante su estancia en Tampico en 1826, cuando le comentaron que los hombres y mujeres solteras se regían bajo cierto recato, pues no se les permitía ". . . usar sombrero ni amarrarse un listón alrededor de la cabeza" (Lyon 142). En contraparte, algunas mujeres participaban con los varones en borracheras y juegos de azar, lo cual indica el otorgamiento de ciertas libertades y diversiones, comunes en los puertos a donde constantemente llegaban extranjeros. Durante su estancia en Tampico, Pánuco y Altamira, Lyon describe las manifestaciones musicales entre los nativos de aquellas y otras poblaciones aledañas. Al ritmo de violines, arpas y guitarras, tanto mujeres como hombres interpretaban canciones con falsete. El visitante europeo describe una banda de música para las celebraciones religiosas, bailes, bodas y fandangos populares. Es interesante notar que todavía se conserva una serie de litografías relacionada con la visita de Lyon bajo resguardo de Dorothy Sloan. Una de ellas, *Indios de Pánuco*, muestra una imagen de dos nativos en plena actividad musical, sentados sobre un tronco. Mientras unos ejecutan violín y arpa, una pareja baila con sonajas en sus manos.

Como hemos mencionado, a pocos años de despojarse del yugo español, las mujeres costeñas de Tamaulipas se involucraron en tareas comerciales, religiosas, de música y culinarias. Durante la celebración del santo patrono de los tampiqueños, instalaban toldos de manta o petate: "Debajo de éste, se sientan mujeres indias o criollas moliendo maíz o haciendo tortillas, friendo toda suerte de guisos de olor y sabor a rancio, hirviendo frijoles negros y vendiendo pulque a la multitud." (Lyon 211). Vistas a los ojos europeos de Lyon, las damas de Tampico, aun las mejor posicionadas dentro de la aristocracia social, ". . . no llegaban al refinamiento de ningún tipo de varillas o de guantes, se sentaban en una rígida y formal hilera al final del salón, todas fumando puros muy seriamente" (24). En cambio, a Francisca La Gachupina, su casera, la describe como una dama española rica, de buenos modales, aseada, buena crianza, atractiva, de buen ver y bien vestir. Respecto al vestuario de los costeños de Tampico y lugares cercanos al Río Pánuco en 1826, el viajero de origen francés Mr. Pendreauville —o (SC), como firma las cartas—, procedente de Nueva Orleans, apunta un detallado informe sobre la moda y las mujeres, precisamente en la misma época que Lyon visitó por única vez el puerto tamaulipeco, que en ese entonces tenía cuatro mil habitantes, grandes transacciones de negocios y en donde circulaban considerables cantidades de oro y plata en el muelle y mercado. En cuanto a sus costumbres de diversión pública, generalmente se realizaban en la gran plaza, donde las mujeres bailaban formadas en cadena: "... al son de guitarras y clarinetes" ("Carta 1ª a Mr. M.," 217). Señala también lo siguiente:

El vestido de los hombres es notable por su singularidad, y se puede decir también por su elegancia: consiste en una cotona cargada de muchas hileras de botones de oro o de plata, con cadenillas, que forman en el pecho un adorno tan bizarro como brillante, y una especie de calzón muy largo abierto por el lado exterior, y guarnecido como la cotona con galones y su botonadura, descubriendo por abajo un calzón blanco bien pegado. El calzado se compone de botines cortos, que abiertos desde arriba hasta la suela, se separa del lado de lo interior del pie, formando una especie de alas redondas que le hacen dar el nombre de zapatos a lo Mercurio. El efecto es ciertamente extraordinario, y el forro de cordován rojo, frecuentemente bordado de oro, lo produce más fuerte. Cuando montan a caballo, se ponen unas botas con que envuelven las piernas, y son de cuero grabadas con arte ... Una manga, que es una pieza redonda de paño con una abertura en medio para meter la cabeza, sirve para resistir la lluvia: la abertura está guarnecida de terciopelo de color vivo, bordada de galones con ricas franjas de oro, y la cabeza se cubre con un sombrero redondo de bordos extendidos guarnecidos de un galón de oro. (. . .) En cuanto al pueblo, su

vestido contrasta con el otro por una simplicidad frecuentemente llevada al extremo: una camiseta corta de tela pintada
sobre la camisa llega apenas debajo del pecho; un calzón
abierto como el otro, pero corto y sin adorno, deja descubiertas las piernas; unas suelas afianzadas con cáligas de
correa forman el calzado; una amplia frazada de lana mezclada de colores vivos, echada al lado izquierdo de la espal-
da y cubierta con destreza... Las mujeres llevan una camisa
de mangas cortas, ceñida a la cintura con una faja muy apre-
tada, que se una a una basquiña de mucho vuelo y muy ple-
gada, que les da un aire de embarazado, y un modo tosco y
desprovisto de gracia. Algunas mujeres ricas están vestidas
de seda negra, y sus ropas son más o menos análogas por su
forma a la que llevan nuestras damas. Los cabellos sueltos y
sin rizos están lo mismo que en su cuerpo, cubierto por un
tápalo o chal tejido de azul y blanco, cuyo uso es general, y
no se diferencia en las ricas más que por la mayor o menor
finura del tejido. Jamás las mujeres se dejan ver sin este
rebozo, aún en lo interior de su casa y en sus ocupaciones
domésticas; y este uso causa la negligencia excesiva de su
adorno habitual. ("Carta 1ª a Mr. M.," 214-216)

Desde el punto de vista varonil, la descripción del ideal femenino tamaulipeco se extendió hasta principios del siglo XX. Chas P.
Bretón, profesor de Etnología y Antropología de Filadelfia, va más
allá de la belleza física agregándole a sus cualidades laboriosidad y
sapiencia, de lo cual deja constancia en un ensayo publicado en el
periódico *Monterrey News* (1906). No sin antes realizar una descripción general del temperamento femenino: ". . . en el pueblo de
Tamaulipas, es donde se encuentra mejor delineado el tipo de los
descendientes de criollos y españoles, con excepción de los indios
huastecos. Los compara con los griegos por la regularidad de sus
facciones . . . Son leales en la amistad, apasionados y profundos en
sus amores" (Ruiz 13). El investigador también se introduce en el
mundo de mujeres fronterizas de Tamaulipas con una serie de observaciones a sus ojos forasteros, como lo hicieron Manuel Payno y
Guillermo Prieto medio siglo atrás: "Las mujeres son inteligentes,

piadosas, sin fanatismo y muy trabajadoras, siendo notables por su belleza, las de Tula, H. Matamoros, Ciudad Mier y Tampico" (13).

Aquellas tierras desérticas, lejanas y colindantes con las márgenes del Río Bravo, las recorrió Guillermo Prieto como funcionario del ministerio de Hacienda en tiempos del gobierno de Benito Juárez (1806-1872). Atento a su entorno, recogió con su ágil pluma de periodista y poeta "Las costumbres de la frontera norte", consignadas en un largo poema geográfico que tituló *De Nuevo Laredo a Bagdad*, donde no solamente describe los bailes, música y gastronomía de aquella región, sino también el estilo de vida de las mujeres y los hombres, principalmente en días festivos, cuando salían a pasear con sus mejores trajes. Por ahora no referimos a la rica y variada crónica sobre la masculinidad fronteriza que en el mismo poema destaca puntualmente, pero sí a la descripción de las mujeres de la frontera que ahora llamamos "chica". Primero, la cocinera que sirvió a Prieto y los demás comensales se describen como verdaderos manjares para la ocasión recreativa:

dulces de azúcar y pasas,
panes y aprensados higos,
o sabrosas enchiladas,
o tamales de tocino,
y claro café con dulce,
en la limpia moca hervido. (129-130)

A punto de iniciarse el baile, las sensuales mujeres de buena clase social son las protagonistas de aquel suceso al momento que la orquesta empieza a tocar. Prieto, admirado por aquellos encantos carnales que jamás imaginó, encuentra la oportunidad para describir a las mujeres con lujo de detalles y para hablar sobre las inevitables tentaciones de ser seducido:

Ellas se muestran galantes,
amables se muestran ellas,
y en pie el principio esperando,
podemos ver las bellezas.
Buen busto, breve cintura,

como el tallo de la adelfa,
gentil cuando sosegada,
y remetiéndose esbelta.
Una manita y un brazo,
anuncios de pie y de pierna,
que la malicia adivina,
el recto sospecha,
y a las que dijera un santo,
ne nos inducas, etcétera.
Ancha frente y abultada,
cuello erguido, tez morena,
y unos ojos celestiales,
sonrojo de las estrellas:
son unos ojos con habla,
que ya mandan y ya ruegan,
cuya luz la piel resiente,
como si una mano fueran,
y así son cuando acarician,
y así cuando desesperan,
dando esperanzas al novio,
o desquiciando a las viejas. (129-130)

En cambio, los fronterizos de Matamoros se distinguían por su pulcritud y buen gusto al momento de vestir, sobre todo cuando salían a la calle y en reuniones sociales. Dice Manuel Payno: "No se encuentran como algunas de nuestras ciudades, esos suburbios, llenos de suciedad y de hombres ociosos y vagos envueltos en unas frazadas, sino que la gente pobre si bien habita unos jacales miserables, está vestida con más aseo y propiedad" (Payno 19). En este caso, pantalón de satinete, chaqueta de lienzo, sombrero jarano y zapatos de gamuza. Las mujeres vestían túnicas y calzaban zapatos preferentemente azules, aunque en los bailes usaban prendas de seda. Estos comentarios, publicados en el periódico *El Siglo XIX*, ofendieron a un grupo de mujeres matamorenses, quienes le reclamaron su actitud. El mismo Payno aclaró el asunto en otra versión que apareció en 1844:

... creen que las he calumniado cuando dije que todas vestían de indiana azul y calzado de Mahón de lo mismo. Yo suplico que se lea con cuidado el artículo y se verá que en lo particular hablé de la gente del campo, que en los días ordinarios de trabajo, usa por lo regular un vestido así; más no de las señoritas de Matamoros, a quienes soy deudor de un aprecio y atención que acaso no merezco ...

La frontera tamaulipeca, igual que Tampico, constituye un caso especial. A finales del siglo XIX, la moda europea que llegó a Estados Unidos también hizo acto de presencia en Laredo, Matamoros, Mier y Camargo. El fotógrafo prusiano Louis de Planque dejó un importante testimonio acerca de la manera en que vestían algunas personas de aquella época. La gente adineraba usaba frac, botín de charol, corbata de moño y sombrero de copa. Las mujeres disfrutaban los vestidos largos de colores firmes, adornados con holanes y encajes. Dentro de los atributos intelectuales del viajero Payno, destaca su capacidad de observar todo cuanto le rodea. Acostumbrado a tomar apuntes de viaje a su paso por numerosas regiones del país, la bella Jaumave no pasó desapercibida en su libreta de apuntes, que después publicó en varios periódicos. En una de sus páginas, aborda la legendaria prenda típica que, pensábamos, pertenecía exclusivamente a los tultecos: "Todo estaba en silencio y calma, sólo se veía en las calles algún ranchero, vestido enteramente de gamuza amarilla, y algunas muchachas robustas, de gallardo y airoso cuerpo, con sus enaguas azules que dejaban descubiertas hasta la pantorrilla sus piernas torneadas, lustrosas y blancas". Esta descripción y otras que consigna en su novela *El Fistol del Diablo*, nos hacen pensar que lo que más cautivó a Payno en Tamaulipas fueron las mujeres de la frontera de quienes se enamoró a primera vista, especialmente de las jamauvenses. En cambio, acerca de las mujeres de Ciudad Victoria, afirmaba: "... son extremadamente blancas, aunque por lo común algo pálidas" (69).

Debido al movimiento comercial y a la migración de extranjeros, el baile de la Sandunga se extendió a lo largo del Golfo de México, principalmente en los puertos de Veracruz y Tampico. Este ritmo musical terminó por arraigarse dentro de la cultura cotidiana de los pobladores de nivel social acomodado. A principios de 1858, Manuel Jacinto Guerra, hacendado y comerciante de Jalisco, realizó un viaje a Tampico con el propósito de adquirir mercancías. En su diario de viaje anotó algunos detalles acerca de la comida, arquitectura, fauna y formas de entretenimiento de los lugareños vecinos de los ríos Pánuco y Tamesí: "... al otro día, fuimos a un baile de máscaras que se hace ahí, las vísperas de fiestas, sorprendido quedé yo al ver tan un tan bonito salón, con lucida concurrencia pues como todas las señoras estaba vestidas con albornos o capotillos todo blanco, con guantes blancos, con máscara inglesa y con un gracioso sombrerillo formaban grupos ..." (Hernández Chávez et al. 4). Durante la fiesta, Guerra contabilizó doscientas mujeres enmascaradas de la región, mientras la concurrencia hablaba en forma monótona y fantasiosa: "En esto tocaron Zandunga y se pusieron a bailar muchísimos, pues ya no cupieron más. Y admirado quedé lo bien que bailaban y su precioso modo. Muy divertido estaba yo en este baile, tanto porque no los he frecuentado, como porque me sorprendió muchísimo aquella concurrencia" (Hernández Chávez et al. 4).

Las Damas Cultas

Entrados en el terreno de la cultura, en 1888 un grupo de damas victorenses se organizaron para editar *El Lirio*, un semanario de literatura y variedades del cual no hemos localizado ejemplares. La noticia solamente apareció en el periódico *El Diario del Hogar*, que comentó con beneplácito la nueva publicación: "Felicitamos a la sociedad de Ciudad Victoria por tener en su seno, señoras y señoritas que rinden culto a las letras, y no dudamos que estimulará a ese grupo de inteligencias femeniles a seguir por ese camino, en que son más las flores que las espinas" ("El Lirio" 3). Si consideramos que en ese tiempo el ejercicio periodístico estaba en manos de los hombres, el esfuerzo realizado por las damas Albertina G. de González, Dolores G. Barragán, Delfina A. de Ramírez, Luz Enríquez, Hortensia, Consuelo, Oralia y Flora, representa un ejemplo de las inquietudes culturales femeninas de aquella época para desligarse de las actividades domésticas. Se infiere que el proyecto periodístico no tuvo largo aliento, pues es bastante probable que se editaran apenas algunos números.

De cualquier manera, en el ámbito del periodismo y la literatura, la voz de las mujeres tamaulipecas durante el siglo XIX fue muy modesta. Hasta ahora, únicamente se registran dos casos. El primero corresponde a Ignacia Padilla de Piña, originaria de San Carlos, Tamaulipas (1838-1912). A temprana edad se traslada con su familia a San Luis Potosí, después a Matamoros, Tamaulipas, donde es educada por un matrimonio de profesores alemanes. La Guerra de Invasión Norteamericana fue el motivo para que suspendiera su preparación. En 1854 contrajo matrimonio con el señor Francisco de Paula Piña, quien se convirtió en funcionario de la Secretaría de Relaciones Exteriores ("Personales y sociedad" 3). Al mismo tiempo que brindaba educación y cuidado a sus hijos, en sus ratos libres ejercía el oficio literario, escribiendo poemas y ensayos que publicaba en diversos periódicos de la capital del país:

> Como sucede con todas las señoras verdaderamente instruidas, la literatura no ha interrumpido nunca en nuestra biografiada los nobles deberes de la familia, y la escritora sigue siendo una de las damas que enaltecen las letras mexicanas, sin dejar de ser por esto la digna esposa y la afectuosa madre, cuya irreprochable conducta y reconocida capacidad nos complacemos en celebrar como merece. (Wright de Kleinhans 386)

En 1888 aparece un artículo suyo en la revista *Violetas del Anáhuac*, donde también se publica una breve semblanza de su obra ("Educación" 5-6). En otro de los ensayos habla sobre el origen del café, al que llama "horrible brebaje", y del té. Destacan también sus atributos reparadores del estado de ánimo: "En suma, tiene chas virtudes y se hace necesario a las personas que tiene ocupaciones nocturnas, y a las que se dedican a estudios intelectuales" ("El té y el café" 114-5).

Gracias a que su esposo formó parte del gabinete del presidente Porfirio Díaz, Ignacia Padilla fue convocada para integrar la antología *Poetisas mexicanas: Siglos XVI, XVII, XVIII y XIX*, formada por

Encargo de la Junta de Señoras Correspondiente a la Exposición de Chicago, de José María Vigil y editada por la Secretaría de Fomento en 1893. Este proyecto fue aprobado por doña Carmen Romero Rubio de Díaz, esposa del presidente, quien a su vez delegó su participación en la señora Joaquina Inclán de Zamacona, esposa del diplomático Manuel María de Zamacona. En el concepto romántico del autor de esta obra, la mujer mexicana era considerada "el ángel del hogar"; por tanto, su inclinación hacia la literatura representaba un complemento a sus labores domésticas. El volumen reúne la obra de 95 poetisas, la mayoría de ellas aficionadas a este género literario, quienes tenían una buena presencia en el ambiente social femenino de esa época. Aunque, como dice Vigil, reducido en el campo intelectual:

> Estrechísimo era, sin duda, el círculo donde se encerraba la actividad intelectual de la mujer; ella sin embargo, lejos de resignarse, protestaba contra la supuesta inferioridad de su naturaleza, y se sentía con aliento bastante para disputar a los hombres, los favores de las musas, considerándose en mejor predicamento; porque si a ellos se conceden, ¿Por qué no a las mujeres?/ Y si hay en almas sexos,/A sus influjos tengo más derecho. (VIII)

Ignacia Padilla participa con dos poemas rimados de su inspiración. El primero se titula simplemente "Ayer y hoy", donde manifiesta, con cierto dolor, algunos recuerdos de su lejana juventud que traduce en verso como las sombras del pasado. Dice la poeta en tono melancólico: "¡Mi juventud! ¡Me acuerdo! Entonces no lloraba. /Tan solo encanto y dicha miraba en derredor; /feliz en aquel cielo tranquilo me encontraba" (Vigil 302). Estos versos, seguramente, evocan sus años juveniles en tierras tamaulipecas. En su obra se percibe una mujer de hondas raíces católicas y abnegada, en busca de refugio y consuelo espiritual de Dios: "El fuego en que se abraza mi corazón ardiente, / y toda esa tristeza terrible que se siente, / al contemplar perdida la dicha que se fue. / Porque es triste, muy triste, sentir allá a lo lejos, / las sombras del pasado que tanto adoro yo" (302). Durante los primeros años del siglo XX, y de acuerdo a las fuentes consultadas, la producción literaria de Padilla disminuye notoriamente en cuanto a publicaciones. En cambio, no descuidó su vida social, bailes y tertulias con sus contemporáneas porfirianas. Es posible que sus descendientes guarden entre sus archivos algunos poemas, pensamientos y prosas, correspondientes a la etapa final de su vida, misma que transcurrió en la capital del país, en 1912.

Todo indica que el aliento literario de su contemporánea, Julia de la Peña de Ballesteros, originaria de Matamoros (1855), en aquel tiempo considerada cuna de la intelectualidad tamaulipeca, fue más prolífico y atrevido. Incluso, se trata de una mujer menos abnegada que rebasó el campo de la poesía, incursionando en el periodismo de la época. *El Progreso de Brownsville*, dirigido por Ireneo Paz, abuelo del poeta y ensayista Octavio Paz, la incluyó en el consejo de redacción junto a Guadalupe Mainero y puso a su disposición las páginas del periódico para que publicara sus poemas (Ramos Aguirre 186). Por lo que escriben sus biógrafos, era una mujer de carácter fuerte que tomaba decisiones atípicas para las mujeres de esa época. Probablemente, bajo esa conveniencia contrajo matrimonio con un militar recién llegado a Matamoros. Sobre sus convicciones y temperamento se ha dicho que era un tanto varonil: ". . . y no por falta de feminidad, al contrario, por su valor para enfrentar las reglas sociales impuestas a la mujer en esos años, testigo no mudo de los hechos acontecidos durante la Reforma Juarista y el porfiriato, lo cual, tal vez la inspiró para crear textos patrióticos también" (Piñera citado en Martínez Meráz). Fue admiradora de Ignacio Altamirano, a quien dedicó un himno en 1879, publicado en *El Observador*. Sus poemas aparecieron en los periódicos regionales *El Cronista de Matamoros*, *El Socialista* y *El Correo de Mier*, hasta que, a principios de la última década del siglo XIX, por motivos del traslado de su marido, el teniente del Estado Mayor Manuel Ballesteros, la familia se radica en la capital del país (Piñera citado en Martínez Meráz). En ese momento ingresa a colaborar al periódico *El Porvenir*. En mayo de 1895 fallece su esposo, por lo cual la poetisa recibió un seguro de vida de mil pesos ("La Mutua" 3). La pareja había contraído matrimonio en julio de 1879, mientras él estaba adscrito en una plaza militar en esa ciudad fronteriza. Algunos periódicos llamaron a esa unión La Lira y La Espada, mientras que su amigo Ireneo Paz mencionó el acontecimiento de manera poética: "La tierna y fecunda poetisa matamorense, se ha unido para siempre en los brazos de himeneo con el señor Manuel Ballesteros. Que el sol del primer día de su venturosa unión, la alumbre eternamente radiante de felicidad, de inspiración y de triunfo" ("Julia G. de la Peña" 2). En marzo de 1890, *El Heraldo* de Bogotá, Colombia anunció la aparición de la *Antología de Poetas Hispano-Americanos* de Lázaro María Pérez y José Rivas Groot, la cual recogía la obra de los mejores bardos de esa época, además de incluir mujeres poetisas como Sor Juana Inés de la Cruz, Refugio Argumedo de Ortiz, Julia Pensado y la tamaulipeca Julia G. de la Peña de Ballesteros. ("Poetas Hispano-Americanos" 1). En este caso, la selección fue más rigurosa y no se contempló a su paisana Ignacia Padilla.

Los momentos más importantes en la carrera literaria de Julia G. de la Peña se presentan cuando Vicente Riva Palacio publica sus versos en la revista *El Parnaso Mexicano*, y en 1893, cuando José María Vigil la incluye en la antología *Poetisas mexicanas*, anteriormente mencionada. Para entonces, Julia es una escritora en plena madurez, probablemente no valorada en la dimensión que merecía. De su pluma brotan versos de buena factura que la convierte en una de las poetas más creativas en ese momento. Ya desde 1871 mostró en su natal Matamoros las dimensiones de sus versos:

Tímida, entreabres tu gentil corola,
flor delicada, vaporosa y pura,
y en tu belleza virginal fulgura
la imagen del mar.
¿Por qué el rumor del apacible viento,
por qué al sentir el beso de la brisa,
parece su dibuja una sonrisa,
en tu divina faz? ("A una rosa" 3)

Otro ejemplo de inspiradas letras lo encontramos en el poema "La noche", donde sus remates de verso evocan el estilo de los haikus:

Ya el sol entre las nubes,
vela su frente,
se reclina en las nubes,
resplandeciente,
y sus reflejos pálidos,
se disipan . . .
Todo es un tono, grato,
todo está en calma,
sólo de negro luto,
cubre mi alma.
Y así abatida,
entre tanta hermosura,
corre mi vida,
¡Oh noche esplendorosa,
grata hechicera,
cúbreme con tus alas,
de adormidera,
y haz que mi vida,
recupere en su seno,
la paz perdida! (De la Peña 236-237)

La poetisa tiene un marcado delirio por los elementos de la naturaleza que sirven para su inspiración. En 1931, tres años después de la muerte de Julia G. de la Peña en la capital del país, el profesor Manuel Guajardo Morales publicó una antología de literatura tamaulipeca, donde incluye "Frente al mar", uno de sus poemas mejor acabados:

Empañan densas sombras,
del mar el espejismo,
las olas se recogen,
con grave majestad.
Y los marinos monstruos,
en el profundo abismo,
como conjuro negro,
sepultan su fealdad.
La luna entre las nubes,
su frente melancólica,
sepulta fugitiva,

como una idealidad.
  La playa besa el viento,
  con lánguidos suspiros,
  y el mar, gigante y fiero,
  domina en su heredad.   (De la Peña 8-9)

Conclusiones

Este trabajo aborda una breve reseña o panorama sobre la presencia de la mujer tamaulipeca desde una perspectiva regional. En cierto sentido, podría ser útil para abordar o proporcionar pistas para escribir una historia de mayor alcance sobre el tema. Aunque parezca poco notoria, vale decir que las mujeres norestenses tuvieron una presencia en la vida pública y cotidiana, como lo muestran los testimonios encontrados en periódicos, documentos y otras fuentes. El desempeño de la mujer tamaulipeca en la sociedad restringida del siglo XIX no se circunscribió únicamente al ámbito doméstico. Tenemos desde Josefa Llera, que acompañó a miembros de la jerarquía colonizadora, hasta Francisca La Gachupina, en Tampico, quien se desempeñó en tareas empresariales en un mesón de su propiedad. Si bien fueron esposas, madres y buenas cristianas, no escapó a ellas el buen gusto por las modas, el canto tradicional, los bailes, el juego y la cocina.

Según las fuentes y los testimonios señalados en esta investigación, es necesario mencionar que, de acuerdo al contexto de la época, el enfoque de algunos viajeros sobre la mujer tamaulipeca es machista en cuanto a la observación de sus atributos físicos y belleza. Lo mismo podemos decir sobre las limitaciones de sus derechos legales y civiles, ajena a la participación política, el derecho al voto y el reconocimiento dentro de la sociedad. Fue hasta finales del siglo XIX cuando la apertura de las ideas liberales les permitió participar más activamente en los ámbitos intelectual y educativo. Hemos citado como ejemplo a las poetisas Ignacia Padilla y Julia G. de Peña, quienes colaboraron en periódicos y revistas de la época, logrando involucrarse en el ámbito literario de la misma, donde la hegemonía correspondía a los varones. Evidencia sobre la presencia de las mujeres en los estados de franja fronteriza, y en particular en Tamaulipas, nos ayuda no solamente a tener una visión sobre su actuación histórica, sino también a abrir las puertas para que los académicos de las humanidades y ciencias sociales se interesen sobre el tema. Por tanto, las mujeres del noreste deben convertirse en sujetos de estudio permanente, donde fluirán las ideas para enriquecer cada día sus fecundas aportaciones en los diferentes campos en los que se han desempeñado.

Obras citadas

"Año de 1855. Lista nominal de personas a quienes este Consulado liberó los correspondientes pasaportes...". *El Universal* [México, D.F.] 29 de marzo de 1855, p. 2. Hemeroteca Nacional Digital de México.

"A una rosa". *El Radical* [México, D.F.], 2 de diciembre de 1873.

Beltrami, J.C. *Ensayo panorámico de la literatura en Tamaulipas. Tomo I: De sus orígenes a principios del siglo XIX*, editado por Orlando Ortiz y Tania Ortiz Galicia, México, Gobierno de Tamaulipas, 2015, p. 222.

"Carta 1ª a Mr. M.,". *El Amigo del Pueblo* [México], 14 de mayo de 1828, p. 217.

"De hechiceras y demonios". *WikiMéxico*, Fundación Carlos Slim, wikimexico.com/articulo/de-hechiceras-y-demonios. Consultado el 20 de agosto de 2019.

De la Torre, Toribio. *Historia general de Tamaulipas*. México, Instituto de Investigaciones Históricas, Universidad Autónoma de Tamaulipas, 1986.

"Diario Personal Inédito de Manuel Jacinto Guerra", mecanografiado por Rodolfo H. Hernández Chávez y Juan Frajoza, mayo de 1858, p. 4.

"Educación". *Violetas del Anáhuac* [México, D.F.], 15 de marzo 1888, pp. 5-6.

"El Lirio". *El Diario del Hogar* [México, D.F.], 15 de diciembre de 1888, p. 3.

"El té y el café". *Violetas del Anáhuac* [México, D.F.], 5 de febrero de 1888, pp. 114-115.

Francis Lyon, George. *Residencia en México, 1826*. México, Fondo de Cultura Económica, 1984.

García, Genaro. *Documentos históricos mexicanos: Tomo V*. México, INEHRM, 1985.

"Julia G. de la Peña". *La Patria* [México, D.F.], 30 de julio de 1879, p. 2.

"La Mutua". *El Tiempo* [México, D.F.], 28 de junio de 1895, p. 3.

Martínez Meráz, Ruth. "La Trascendencia de la Escritora Tamaulipeca en México. Julia Guadalupe Peña de Ballesteros". desnuedezdemipalabra.blogspot.com/2011/04/la-trascendencia-de-la-escritora.html.

Payno, Manuel. *Panorama de México, Volume 5*. México: CONACULTA, 1999.

____. *El Puerto de Matamoros*. México: Gobierno de Tamaulipas, Instituto Tamaulipeco para la Cultura y las Artes, Colección Montes Altos, 2013.

"Personales y sociedad". *El País* [México, D.F.], 23 de junio de 1912, p. 3.

"Poetas Hispanoamericanos". *El Tiempo* [México, D.F.], 12 de marzo de 1890, p. 1.

Poinsett, J.R. *Notas sobre México*. México, Editorial JUS, 1973.

Prieto, Guillermo. *Musa callejera*. México, Editorial Porrúa, 1985.

Ramos Aguirre, Francisco. *Ensayo tamaulipeco del siglo XX*, México, Instituto Tamaulipeco para la Cultura y las Artes, 2000.

____. *Poesía romántica tamaulipeca*, México, Instituto Tamaulipeco de Cultura, 1992.

Reséndez González, Tomás. *Noticias del noreste mexicano: Tamaulipas en los siglos XVIII Y XIX)*, México, Ciudad Victoria, Tamaulipas, Museo Regional de Historia de Tamaulipas, 2007.

Ruiz, Francisco. *La Sociedad Mutualista "Alianza Obrera Progresista" de Ciudad Victoria, Tamaulipas*, Tomo I, México, Imprenta Mexicana, S.A., 1951.

Vigil, José María. *Poetisas mexicanas: Siglos XVI, XVII, XVIII y XIX. Antología formada por encargo de la Junta de Señoras Correspondiente a la Exposición de Chicago*, México, Oficina Tipográfica de la Secretaría de Fomento, 1893.

Wright de Kleinhans, Laureana. "Ignacia Padilla". *Violetas del Anáhuac* [México, D.F.], 22 de julio 22 de 1888, p. 386.

PART II

The Cultural History of Women and Print Culture

The Social Apologetics of *La Revista Católica:* Church, Race, Gender and Mexicanidad[1]

A. Gabriel Meléndez
Distinguished Professor of American Studies (retired)
University of New Mexico

Any serious attempt to understand the Spanish-language press that grew out of the experience of Mexicanos as US treaty citizens[2] in the nineteenth century must by necessity account for *La Revista Católica,* arguably the most ambitious and formidable of the publications catering to the native population of former Mexican citizens who were incorporated in the United States following the US-Mexico War of 1846. Regrettably, the role *La Revista Católica* played in daily lives of Mexicanos and later of Latin Americans more generally has yet to be studied in depth. Indeed, the history of *La Revista Católica* is relatively unknown.

Writing in 1996, Doris Meyer dismissed *La Revista Católica* out-of-hand, "because the perspective was that of a Eurocentric Catholic clergy in New Mexico and not of the secular community, and because the concern with local news was minimal, I did not find it that useful" (Meyer 8). As I completed my book *So All is Not Lost* (1997) I reviewed the entire run of *La Revista Católica* housed at the University of New Mexico which made it evident that the press had a decisive impact on Spanish-language journalism and that its founders, who were also teachers and educators, had a major hand in the formation of a generation of young editors. It was readily apparent that the volume and duration of *La Revista Católica* could not be summarized in short order, yet in an initial attempt to list some key points about the journal, I acknowledge its importance in a section of my book called *The Jesuit Imprint*. *La Revista Católica* is impressive given its eighty-eight years of continuous publication. Each volume, consisting of 52 issues, averaged some 630 pages of news print, a sizable yearly output holding a complex and richly populated discourse of theological and political treatises whose impact on successive generations of border Mexicanos has yet to be examined in detail. The history of *La Revista Católica* divides into two distinct periods. The first phase belongs to its establishment as a weekly paper in 1875 and to the first forty-four years of its publication at Las Vegas, New Mexico, a time corresponding to the years New Mexico and Colorado were considered missionary fields of the Catholic Church. The second phase, from 1919 to 1962, corresponds to the years the paper was issued at El Paso, Texas and the period when it was most decidedly focused on hemispheric Catholic identity, with the paper turning much of its attention to Mexico and to hemispheric Pan-Americanism.[3] The focus of this article as a first installment is on the years the paper was published in Las Vegas, New Mexico.

The Jesuit Imprint on the Southwest as a Missionary Field

Not surprisingly, Jesuit scholars themselves have kept the closest tabs on the history of their order and on progress of the press they established in New Mexico.[4] From the outset, *La Revista Católica* editors were adamant that the paper be published in Spanish, insisting, "La publicamos en lengua Española, porque la dirigimos principalmente á nuestras poblaciones Mejicanas"[5] ("We publish in Spanish because it is directed principally to our Mexican population") (Vol. 1, no. 1, 2. Jan. 1875).

A group of five Jesuits recruited by Archbishop Jean Baptiste Lamy from the Province of Naples, Italy arrived in Santa Fe, New Mexico on August 15, 1867 (Vollmar 1938; and Steele 1983). The group of three priests and two brothers was embedded inside a larger caravan of Catholic teachers, missionaries, nuns, priests and religious recruited and escorted across the plains from Kansas to New Mexico by the Archbishop himself.[6]

The Jesuits had been driven into exile by the Italian General, Giuseppe Garibaldi, a staunch anticlerical strongman. The foreign mission Lamy offered the escaping Jesuits appears as the first step in the seemingly mismatched endeavor of a troupe of Italians agreeing to work in the previously Mexican territories that had passed into the possession of the United States at the end of US-Mexico War. Only Fr. Livio Vigilante, the first superior of the group who had been teaching at Holy Cross College in Massachusetts for a time, spoke and understood English. He and the others quickly realized they would need to learn to speak and write in Spanish. Prior to leaving Italy, Donato Gasparri and Raffaele Bianchi began to raise money for their mission under the misguided idea that they were to minister to Native Americans only to discover that their work in New Mexico would involve the Spanish-speaking who formed the largest part of the population of the region (Vollmar 96-102).

Gasparri emerged as the intellectual leader of the group and succeeded to the post of superior of the New Mexico-Colorado Mission after Fr. Vigilante returned to Holy Cross College (Fig. 2). Gasparri and Bianchi and many of the other Italian Jesuits who followed hailed from noble families and had been educated in the best schools in Italy. These talented and highly educated men were trained in theology, philosophy, science, mathematics, music, astronomy and the fine arts. Their national origin, class standing, education, foreignness in general, and the fact that they would be working in rural, underdeveloped communities combined to make their endeavors succeed among the Mexicanos, unlikely.

Archbishop Lamy had hoped the Jesuits would establish a college and a seminary and even before these objectives were realized, the Jesuits with Gasparri in the lead had planned to establish a Catholic press in New Mexico: "We had in mind to start a press in Albuquerque to disseminate books, tending to the improvement of morals, piety and learning" (Steele 1983, 129). Even after obtaining everything required for a print shop, the Jesuits still were in need of training in the art of publishing and so they placed Fr. Enrico Ferrari

under the tutelage of William McGuiness, the editor of the Albuquerque bilingual paper *The Republican Review*.[7] For Gasparri, the
press was a means to extend the work of Jesuits over a vast area
which included the dioceses of Santa Fe, Tucson and Denver. It was
also a way for his small contingent of missionaries to turn back the
assault on the area's Catholics by an increasing number of prosely-
tizing Protestant ministers who had as their aim the wholesale conversion of Mexicanos to Protestantism. Gasparri's program, on the
other hand, rested on a strident defense of the traditional cultural and
religious expressions of the Spanish-speaking majority in the area.
He solicited support for the press venture from Archbishop Lamy,
from parishioners and local civic leaders. These endeavors gave birth
to "La Imprenta del Río Grande" ("The Río Grand Press") which
began publishing by issuing Lamy's Lenten Letter in February of
1872. Other small books were issued as Jesuits continued to grow
the endeavor (Fig. 1).

With Ferrari in command of enough skill to run the press, Steele
notes, "lithography materials arrived in July, a paper cutter in October, two stone composing tables, a scale for weighing packages to be
mailed, and more types of fonts by November" (64). The decision to
move the press permanently to Las Vegas, New Mexico in Septem-

Figure 1. "Carta de Agre-
gación." Lay Society Mem-
bership Form for Doña María
del Carmen Trujillo, example
of work done at the print shop
of "La Imprenta del Río
Grande."

ber 1874 came after major flooding that hit the Albuquerque area earlier in the spring. Once relocated to Las Vegas, *La Revista Católica* was set up in a house offered to the Jesuits by local resident, Francisco López (Vollmar 13). Ferrari (Fig. 3) turned out the first issue of the paper on January 2, 1874 and from the outset *La Revista Católica* plunged into a bitter struggle with Anglo-Americans over the issue of sectarian public education for the largely Mexicano citizenry of New Mexico. The Jesuits saw themselves as defending the Native New Mexican Catholic majority against the political and educational designs of an incoming wave of Anglo public officials, most of whom were Protestants and supported non-sectarian views in education and opposed allowing public monies to be used in support of public schools staffed by priests and nuns. Dianna Everett concludes that over a forty-year period "Anglo-American Protestants and Native New Mexican Catholics had used education as a pawn in the struggle over the political and cultural domination of New Mexico" (134). Donato Gasparri, an untiring defender of Catholicism, equipped with brilliant logic and unparalleled rhetorical skill remained the paper's star polemist saturating the paper with observations on how

Figure 2. Donato Gasparri S. J. (born, Biccari, Italy, 1834—died, Albuquerque, New Mexico, December 18, 1882). Gasparri was with the first group of Jesuits to arrive in New Mexico and went on to be intellectual and founder of *La Revista Católica.*

Mexicanos were under attack by Protestantism and secularization in the American fashion. Enrico Ferrari (born, Sicily, 1839—died, Las Vegas, New Mexico, 1902). Ferrari was of lesser nobility, studied in seminaries in France and came to New Mexico in 1872. He learned to operate printing presses under the tutelage of Charles McGuiness and managed the day-to-day publication of the paper from 1875 to 1902.

Figure 3. Enrico Ferrari (born, Sicily, 1839—died, Las Vegas, New Mexico, 1902).

The yearly output of *La Revista Católica* reflected the Jesuit's adherence to strict regimentation and order. These traits turned out a high quality publication that operated with rigid publishing standards that made for impeccable reliability that was superior to any publication in English or Spanish in the border region.[8] These Jesuits carried over the discipline of keeping fastidious and careful documentation of their pastoral activities to their work in journalism.[9] From the start, the paper included regular columns given over to national news ("Noticias Nacionales"), international news (always headed by news from Rome, "Noticias Extranjeras") and regional-territorial news ("Noticias Territoriales").[10]

At the end of each year of publication, the fifty-two issues of the paper would be bound and indexed as a volume that could then be marketed to parish libraries or to subscribers as a set. At regular intervals, such as the start of a new year or the issuance of an anniversary volume, the editors took time to summarize their achievements and acknowledge the support they received from the community.

Praise and good wishes poured into the paper from residents of nearby towns and villages, as well as from towns in adjacent states and from distant points on the globe. A reader signing "T.M" from a village thirty miles from Las Vegas, wrote to say he did not want to miss the opportunity to acknowledge, "the use and benefit derived from reading your praiseworthy and never sufficiently plumbed weekly. I hope every Catholic will come to understand this and would work to support it with a subscription to such an intrepid defender of our holy faith" (Vol. 13, no. 29, 17 July 1887).[11] Another reader, an Anglo, non-Catholic from Denver back from nine years living in Cuba, wrote to say a friend had shared a copy "del excelente periódico" ("of the excellent periodical"). He went to express his joy "to know that there is at least one publication in this entire region printed in solid Castilian, correct Spanish. If others exist I have not seen them" (Vol. 3, no. 8, 24 Feb. 1877).[12]

It was commonplace for the editors to tally up *La Revista Católica*'s achievements and also to provide clear-eyed diagnostic assessments of how the paper was doing. Reaching the third year of publication the editors noted:

> The people are becoming convinced and persuaded of the benefit and need for us to have begun a religious and Catholic publication in this Territory and in the Spanish language which is universal to its residents. There were many other types of newspapers when we began and there are still many, but some are removed and indifferent to our interests while others, at times, out of ignorance or malice, they are contrary and hostile.[13] (Vol. 3, no. 1, 6 Jan. 1877)

In January of 1887, Jesuits took time to crow about the paper's longevity insisting with a certain amount of well-deserved satisfaction that *La Revista Católica* stood on the wreckage of a number of lesser publications—most particularly those associated with Protestantism—that had come and gone in that period. *La Revista Católi-*

ca, the editors noted, had now reached adolescence and to mark the accomplishment employed the image of a thirteen-year-old, calling itself a "bribona" (a youthful rascal). As was their habit in these summary reports, the editors first gave thanks to God and to their subscribers, "who have given us courage and strength to reach age thirteen." "Thirteen," the editors decried, was not an unlucky number but rather simply one more hurdle the paper needed to surpass if it was to "be an octo or nonagenarian" (Vol. 3, no. 1, 6 Jan. 1887).

At the realization that *La Revista Católica* had managed to last this long, the editors exclaimed ahead of enumerating its achievements, "By gosh, so many years has it lived!" (¡Carambola! ¡Cuántos años ha vivido!). First, *La Revista Católica* editors made it a point to declare the paper had outlived many that were around before it began to publish:

> And how could it not? As of now it has outlived all the newspapers, even those established as citizens of New Mexico before its first issue. It [*La Revista Católica*] had seven or eight colleagues in New Mexico when it was born: to be plain all more or less young, well, in truth, some were feeble and so skinny that all they were was skin and bones, but others, one might have thought had been brimming with life and good health for a couple of centuries. They all died! and *La Revista Católica* lives.[14] (Vol. 13, no. 1, 2 Jan. 1887)

"She lives and is now the dean," the editors proclaimed, and gone too were a few papers that followed:

> *The Evangelical Review,* "cute, precious, thing" was birthed only to cancel out her namesake the *Catholic Review! The New Mexico Herald,* of such pure memory. Her daughter, *The Southwestern Era!* The lavish *Treinta y Cuatro!* The sweet and mellifilous *Christian Advocate!* The Mesilla Valley's intrepid, *El Independiente.* The terse, but shiny *El Espejo!* The very patriotic, *El Nativo,* and overall the valiant and daring, *Sentinel of the Rocky Mountains!* Oh, what sad and painful memories! Such fleeting glory and such frustrated hope! Such wreckage and death. They all, and others with them, succumbed."[15] (Vol. 13, no. 1, 2 Jan. 1887)

The paper's twentieth anniversary provided the editors with another opportunity to consider what had gone well or poorly in the aim of improving and recommitting the paper to its core mission: "What we will admit and deal with are our deficiencies—which we recognize and do not hide. But, we should not be denied forgiveness" (Vol. 20, no. 1, 7 Jan. 1895).[16] Despite the longstanding embroilment of *La Revista Católica* in territorial politics and its unwavering defense of native New Mexicans, the paper had the look and feel of refined publication, filled with eloquent and lofty prose, a legacy no doubt of the classic, European design imparted by the Neapolitan Jesuits. The editors were aware that this high bar put off segments of the community. Some readers accused the paper of lacking variety and of engaging in high moralizing discourse, a diet of ideations far too rich for uninstructed ranchers, farmers, freight movers, cooks and laundry women. The editors acknowledged the problem: "Some would like more variety and less elegance in our weekly, and more plain speaking in the treatment of topics (Vol. 20, no. 1, 7 Jan. 1895).[17]

Catholicentric Views on Race, Gender and Education

The perennial clash between the Catholics and Protestants in New Mexico over public education resembles aspects of the colossal religious struggle in Europe that followed the Reformation. That early schism was followed by the Counter-Reformation that surged out of southern Europe. Not insignificant here is that it is also the period when the Spaniard Ignacio de Loyola founded the Society of Jesus (the Jesuits). Ignatius would fashion his group into an army of intellectual warriors whose mission became to mount a defense of the Roman Catholicism against all rivals. The European context required the Jesuits to be fully conversant in Catholic apologetics, that is, with a whole new theological science/art deployed in the service of explaining and defending Catholic teachings. The term deriving from the Greek apologetikos constitutes a form of apology but retains its primary meaning as a verbal defense against verbal attacks so as to disprove a false accusation or provide a justification of actions or conduct that has wrongly become an object of censure

(Catholic Answers). In the context of nineteenth century American expansion into the border region, a kind of social apologetics came to animate the thinking of the editors of *La Revista Católica* as they squared off with Anglo-America, not solely for reasons of doctrine but additionally for reasons stemming from the imposition of one political order over one formerly accepted by the region's "treaty citizens." Exchanges in the territorial press over this religious combat were heated and echoed the long-ago global conflict with each side hurling ever shaper invective and recrimination against the other.

Donato Gasparri never tired of reminding Mexicanos that they constituted the majority of the voting electorate and should have a deciding voice in determining how their children were to be educated. He argued that the territorial legislature charged with creating public education, tilted in favor of secular, English-language instruction and all manner of ideas that emerged out of "Protestantism." Everett sums up Gasparri's views saying, "The Jesuits had as much right to protect themselves as any other group in democracy. Attempts to prevent them from exercising enlightened self-interest was "tyranny." In New England, Gasparri reminded readers, Protestant ministers had always held public offices, but in New Mexico this privilege was denied to the Catholic clergy (117).

Nowhere were the differences in education more overt than when they concerned the gender, race and class standing of identity groups including, women, Native Americans, mestizos and African Americans. Here the contrasting views and policies between secularists and theists came into stark contrast.

Jesuit Social Justice Views on Race and Ethnicity

When territorial officials took to calling the Jesuits "Neapolitan adventurers" who were attempting to reinstate the repressive power of their dogma, the editors of *La Revista Católica* were quick to point out the hypocrisy of Anglo-American biased and differential treatment of Mexicans, Native Americans and people of African descent.

The Jesuits routinely featured articles describing the mistreatment of Native Americans by American government soldiers, agents and officials in the western territories. Included in "Los Indios y los

Estados Unidos" ("The Indians and the United States") are two letters sent to General William Tucumseh Sherman by Wendell
Phillips, a Boston resident. Phillips's letters decried the punishing
effects of military campaigns against the Sioux in the Dakotas. Wendell, *La Revista Católica* underscored, provided a clear condemnation of these actions in writing, "the Indian has been injured and
sacked without limit and without restitution by white frontiersmen;
he has been the victim of the most brutal butchery, one that has not
distinguished between men, women, children, young, old, sick,
strong and this was done by our soldiers and under our flag" (Vol. 2,
no. 34, 10 Aug. 1876).[18]

Such indictments allowed *La Revista Católica* to turn back
Anglo-Protestant critiques of parochial education, but also to refute
the Spanish Black Legend and particularly the history of encounters
between missionaries and indigenous groups during the three centuries of Spanish colonization of the Americas. The Jesuits held that
there were marked differences in the case of Latin America, Mexico
and the Southwest, arguing in favor of an overall beneficial effect in
the work that Catholic religious orders had done with various tribal
peoples during three centuries of contact.

La Revista Católica felt most vindicated in making the case for
Catholic benefit when noteworthy figures in the Anglo community
stood with them. The Jesuits, for example, delighted in reproducing
the remarks of the well-known journalist and traveler, Charles F.
Lummis taken from a talk he gave to the Newman Club in San Francisco in the summer of 1902. Lummis's comments on the worth of
Catholic schools in Native communities were especially welcomed
since they represented "unsolicited testimony" regarding the value
of parochial education among the Pueblo people of New Mexico.
Lummis held Catholic-run schools in high esteem and said as much:

> I have never known a single Indian boy that has graduated
> from a Catholic school who has forgotten his parents or his
> language. Nor have I known of any girl to leave the Catholic
> schools that went on to live a scandalous life among her peo-
> ple. Not one such case has come to my attention. To the con-
> trary, I have known many of this sort that were educated at

Carlisle or other government schools. I invite you to come with me and visit the immaculately clean and supportive school run by Sister Margarita in Bernalillo [New Mexico]. Come with me too, to the government run school in Albuquerque or the one in Santa Fe and there let a person, widely travel and experienced decide, which of the facilities he would choose for his children."[19] (Vol. 28, no. 11, 16 Mar. 1902)

Declaring he was not a Catholic, Lummis urged his fellow Americans to give money to support the Indian schools run by Catholic nuns in New Mexico. In "Pobres Indios Católicos," a related story picked up from Church Progress in St. Louis, the Mother Superior of an Indian School at St. John's Arizona reports that the parents of Indian students living near the reservation wanted their children to attend her school, but that when enrollments were high, Indian agents would descend on the school and "take away the students to place them in government schools." Convinced that here was another example of the poor treatment of Native Americans coming from the hands of government officials, the editors of *La Revista Católica* condemned the actions at St. John's and those of state legislatures who found in the Indian agency schools another reason to deny funding to Catholic schools, even if they were closer to homes of Indian children, something they argued amounted to a restricting the parents' choice regarding where they should send their children (Vol. 36, no. 28, 13 July 1902).

La Revista Católica pounced on the observable differences between the Anglo-Protestant views on race and miscegenation with those that in their view characterized society in Latin America. An item reflecting their view appeared in July 1876 with the following gloss: "Some time ago in our Revista we censured the conduct of certain Protestants who refuse to gather whites and blacks in the same church."[20] The commentary went on to note that Catholicism had no such prohibitions, pointing out "at present there are seventy black seminarians studying for the priesthood at the College for the Propagation of the faith in Rome" (Vol. 2, no. 29, 15 July 1876).

La Revista Católica ran additional stories regarding the plight of that community. Two items appearing in 1887 also profile concerns in the African American community. The first, "Los negros en Denver," points to the case of a prosperous and well-heeled, middle-class, Black community whose members dress well and are courteous to one another as in the example of Black men who upon encountering Black women on the street, routinely tip their hats with great flair. Offering a perspective seldom voiced at the time the writer argues that scenes of dirty, repugnant, shoeless children with scraggly hair often seen among Whites are hard to find in Denver's black community. Despite these positive attributes, *La Revista Católica* reports that pressure is exerted by the white community to relocate such communities in Denver and that members of the white community engage in the practice of offering money to black pastors to induce them to relocate community churches to outlying parts of the city. The Jesuit editors conclude with a commentary on the residual effects of racism: "The land that spilled the blood of millions of its sons and emptied its treasure in the destructive war between the North and the South in order to give blacks equal rights with whites, was not able to provide equal treatment with empathy, with love" (Vol. 13, no. 39, 23 Oct. 1887).[21]

The Denver story is followed by "Los misioneros entre los negros" ("The missionaries amongst black people") on the establishment in Baltimore of a seminary to honor Peter Clavin, a Jesuit missionary to Africa. The seminary's purpose, notes the article, will be to train priests to minister to the African American community. The seminary will receive any aspiring young men wishing to work in the African American community in the United States, in the further hope that "The benefits of this new institution will be felt not only among American blacks, but in even more remote places, when apostles will emerge to go forth to regenerate their brethren in the maternal land of Africa (Vol. 13, no. 39, 23 Oct. 1887)."[22]

A few years later *La Revista Católica* reprinted "Ni raza, ni color," an item taken from the *Detroit Plain Dealer*. The Detroit paper published by African Americans provides a highly laudatory assessment of Catholic endeavors, saying:

Anything the Catholic Church takes up general ends happily. That is what we see in its history of unbreakable energy topped time and again with new crowning achievements.

This Church has now taken up the work of elevating African people and their descendants in America and rising them above the level assigned to them by the Americans. It is the only real policy of regeneration that points to good success. Catholics, except in isolated instances, do not make any distinctions of race or color among brothers in the faith. They are not cowed by the American straw man and fears of social equality and miscegenation.[23] (Vol. 17, no. 11, 15 Mar. 1891)

There is a kind of Jesuit intersectionality of concern in *La Revista Católica*'s condemnation of the discrimination faced by Mexicanos, Native and blacks in the United States and transnationally. They apply Catholic principles and Jesuit social justice values to condemn the mistreatment of non-White peoples at the hands of an Anglo-Saxon majority in the United States. Judged by current standards the Jesuit view of race and ethnicity seem to nest comfortably with social justice concerns that are recognizable to us today. It is also the case that those views put the Jesuits at odds with the dominant attitudes in US society. As the conflict over the role of the Jesuits and the Catholic clergy in New Mexico in public education peaked, Jesuits became the object of vituperous condemnation and were labeled as "foreign agents" intent on altering the mores of a society they detested and to which they would not lend allegiance.

In other ways, the Catholic philosophy of education that *La Revista Católica* championed also chafed against US sectarian and Protestant views concerning the role of women in society. Certainly, the Jesuits kept to fixed notions concerning gender roles in adherence to Church teaching and their propagation of the moral requirements they expected of both men and women as is evident in the amount of space such matters took up *La Revista Católica*. At the twentieth year of publication, the editors reflected on matters related to their work in the area of moral and religious instruction:

And in all, we have not left off instructing on morality in direct or indirect ways, now with articles, now with novels, always seeking to give wise counsel following the dictums of that great roman poet who advised to teach by entertaining and to entertain by teaching. The serious sermon, especially if written, is heavy and can tire the reader. And so, religious and moral novels, and articles done with a light hand though they touch on serious topics are preferable; since they can be read with joy and with great utility. (Vol. 20, no. 1, 7 Jan. 1895)[24]

While not specifically directed to women readers the considerations on adding variety in the content and style of the publication came along side of the considerable attention the Jesuits gave to the condition and moral health of Catholic women, most especially that of Mexicanas. Surprisingly, a close reading of *La Revista Católica* reveals the presence of women in a paper staffed exclusively by men.

Questions pertaining to women can be found in four areas regularly appearing on the pages of *La Revista Católica*. The first is reflected in writings reprinted in *La Revista Católica* in praise of the virtues and graces of womanhood (providing models and mentorship). Second, in commentaries on the progress being made locally in matters related to the education of girls and young women. Third, in testimonials of female readers, often reflecting the view and voice of female subscribers and fourth in the publication of literary works authored by women.

In their campaign to improve public education in New Mexico, Catholics employed various orders of nuns to run schools for girls in the territory. The Jesuits were aware that criticism of parochial education was voiced at both the local and national levels and they took pains to defend the work of Catholic nuns on both fronts. For example, in June 1890, *La Revista Católica* ran "Calumnias y reparación" ("Calumnies and Restitution") to rebuff attacks circulating in the national press. When the *Syracuse Standard,* cast parochial schools as "unworthy of existing in cultured America, since the system that governs them is deplorable and anti-patriotic. The teachers are incompetent or mind numbing; the students are unruly rubes and the textbooks are prehistoric"[25] (Vol. 16, no. 25, 22 June 1890), *La Revista Católica* informed readers that the Bishop of Syracuse, had masterfully deflated these attacks by inviting reporters to tour schools run by the nuns. The *Syracuse Standard* took up the invitation and

sent a group of examiners, described as "all Protestants and supporters of the grand American system" ("protestantes todos ellos y par-
tidarios del gran sistema Americano") to review the schools. The article closes with "a word-by-word" translation of the reporter's
summary, wherein those "severe critics" were obligated to conclude:

> The major portion of the teaching is in the hands of the Sis-
> ters who instruct the girls and even the boys younger than
> twelve years old. No doubt but what these women know how
> to win over the trust and confidence of their students and the
> major effect of the authority they hold over them shines in the
> gentleness of their disposition and the sweetness of their man-
> ner. If shyness is to be found in the children, so too is joy. The
> stranger who visits these schools, goes away with the impres-
> sion that mutual respect rules the day and that the children are
> delightfully well-mannered."[26] (Vol. 16, no. 25, 22 June 1890)

For years, *La Revista Católica* praised the excellence in education that Sisters of Loreto had built into local parochial schooling in
New Mexico. The Catholic philosophy of education supported and
promoted by *La Revista Católica* opposed mixed classrooms for
boys and girls, a tenet that ran decidedly against the new "model
schools" that Anglo and largely Protestant political class were promoting in New Mexico. Gender expectations for women converged
and divided quite dramatically in debates over public education. In a
lengthy piece titled "Escuelas y los estudios de las mujeres" which
ran in *La Revista Católica* in January 1876, the Jesuits held to the
belief shared in Victorian society that "The mission of the woman, in
general, does not extend beyond the domestic sphere and its care, its
organization and work given over to the family of which she is like
the Queen" (Vol. 2, no. 3, 15, Jan. 1876).[27] These and other views
expressed in the pieces were prompted by measures in the territorial
legislature in favor of mixed gender public schooling which the
Jesuits held, "the question of mixed schools is a pretty strange, that
is to admit in these schools, whether public or private, youth from
both sexes" (Vol. 2, no. 3, 15 Jan. 1876).[28]

The Catholic view did not exclude women from education and acknowledged that some women could excel in fields dominated by men: "This said, we do not deny that some individuals can be found among them, many in fact, who dedicating themselves to training suitable to men, like letters, arts and sciences, can cultivate and develop these areas of study" (Vol. 2, no. 3, 15 Jan. 1876).[29] In "Escuelas y los estudios de las mujeres" ("Schools and the studies of women"), the Jesuit editors brought forth notable examples of women in the Church who had attained great erudition and standing; despite this they continued to oppose mixed schools, arguing there were special domains of learning for males and females that were best imparted to each sex in separate schools. They also were adamant that women should not be admitted to universities as these were then organized.

To support their position and that of the Church in New Mexico, *La Revista Católica* routinely reported on the yearly graduation ceremonies ("la distribución de premios") that were celebrated at schools under their care and those for girls run by the Sisters of Loretto and other teaching orders. Most such events, especially in larger towns, were structured around highly choreographed and formal programs that included keynote speakers, valedictorians, gold and silver medal awards to graduates, recitations of poetry, songs and performances by students and local coral groups.

"Otra brillante página" ("Another Brilliant Page") supplies a stellar illustration of one such program of exercises in June of 1888 at the Immaculate Conception Academy run by the Sisters of Loreto in Las Vegas: "We are completely satisfied by the extraordinary mastery of the graduates in executing the various parts of the program and with their unexpected modesty even as they received just merit for quite special achievements" (Vol.14, no. 27, 1 July 1888). Each of the female members of the class are named with distinction going to those receiving gold and silver medallions. Gregorita Gutierrez, one of the two top students was asked to give the class speech which the paper reported was "an elegant and well sustained allegory" that captivated the audience and received much applause. The piece ends expressing good wishes and blessings to Sister Rosina and the other nuns in charge of the school for "the solid and brilliant education they provide to their students" (Vol.14, no. 27, 1 July 1888).

The same kind of attention to students is reflected in the case of final exams in the lower grades of a small rural village ministered by the Sisters. The example is in many ways more expressive for the simplicity of the setting and for the truly heroic work of bringing learning to the most destitute and impoverish sector of *Nuevomexicano* society. Someone signing "Un Testigo" ("A Witness") writes a letter to *La Revista Católica* to point out the good work that the Parish priest at Mora, New Mexico, Jean Guerín, had undertaken with two local teachers, Sister Margarita and Ignacia Romero. The letter writer is inspired by what he witnessed at the "distribución de premios" at the mountain village of San José de la Cebolla. The school reports Un Testigo has been operating for two years and has up to fifty girls in attendance and has the strong support of the parents who willingly send their girls to the school. Un Testigo notes the graduation program began with the singing of a hymn dedicated to the Holy Spirit and after this the graduates were asked questions on readings in English and Spanish, on World Geography, the History of the United States, Arithmetic and the like. Following the period of questioning Un Testigo confirms, "the girls stood out for their learning"[30] and names each of them ("a saber"): Carmelita González, Juanita Abeyta, Felipita González, Paulita Romero, Crisanta Sánchez, Macedonia Valdez, Magdalena Valdez, Perfecta Trujillo y Maria Guadalupe Garcia" (Vol. 2, no. 38, 16 Sept. 1876). Un Testigo submitted more such reports to *La Revista Católica* but the scene at San José de la Cebolla with its focus on a girls' school is unique among these.

The Virtuous Mexican Woman

La Revista Católica was especially concerned with touting the virtues of la mujer mexicana (the Mexican woman), projecting in this way the idea that womanhood in Latin America was less tainted by the secular values nested in the Americanization that Mexicanas faced with increasing regularity. "Las mujeres mexicanas" picks up the comments of writer, Concepción Gimeono de Flaquer, who praises the special virtues of the Mexican woman in unrestrained terms. She writes, "The home of the Mexican woman is not a boudoir, it is a sanctuary. One should be required to bow one's head and bend a knee when visiting her. Blessed be honorable men. A hundred times over, blessed be the home of the Mexican woman" (Vol. 31, no. 14, 2 Apr. 1905).[31] This writer goes on at length suggesting "The Mexican woman is eminently Catholic, there might be some fanatical women in the Mexican nation, but there are no impious women. The illness of atheism is unknown among these women. The Mexican mother is firm in morality, she does not frequent the lavish temptations of the salon that are commonplace in other countries."[32] Finding common cause with this exuberant view, *La Revista Católica* editors make this testimonial part of their uninterrupted feud with Protestantism by suggesting: "We won't add another word to these beautiful lines. Is it not Catholic learning and education that has made the Mexican woman who she is? And how can the woman formed and being formed in Evangelical learning and education compare to her?" (Vol. 31, no. 14, 2 Apr. 1905).[33]

La Luisa Cedillo

All the former considerations in the Catholic order of things paled when a question of personal salvation was at issue. Being on the right side of history was a far less important matter than was the question of being on the right side of matters eternal. Nowhere is this better illustrated then in the case of the Peralta, New Mexico woman, Luisa Cedillo. In her story, matters spiritual collided directly with earthly struggles in what had otherwise been an unheralded life in a small, rural village.

"La Luisa Cedillo" is how *La Revista Católica* titled the story of the Peralta woman, adding the comment: "Such a headline for such a story! Just who is Luisa Cedillo?" Here was the same person; the editors reminded readers mentioned two issues back when the Protestant paper, *El Abogado Cristiano* (The Christian Lawyer), reported that she had died in Peralta but not before converting to Protestantism. "That's the same Luisa Cedillo," continued *La Revista Católica*, "who we now return to, but not to recount her life story or to disturb her eternal rest, but to settle a score with El Abogado."

The score rested on whether El Abogado and protestant missionaries had a basis to claim Luisa as one of their own. As evidence of Luisa's conversion, El Abogado claimed that on her deathbed she had been bothered by the sight of a crucifix and other images that the neighbors brought to her bedside. By contrast, Luisa was said to have expressed joy when several Protestants read to her from the Bible, sang hymns and prayed for her. *La Revista Católica* probed the report to determine if the story put forth by *El Abogado* about Luisa's apostasy was "chismografía" (rumor) or the serious and verifiable case of an abandonment of Catholicism.

In refutation, *La Revista Católica* brought forth a letter from, Jean Ralliere, the parish priest at Tomé wherein he wrote that Luisa's brother Pablo had called on him on July 25, 1880 to administer the last rites of the Church and to hear the young woman's confession. Ralliere reported that he, indeed, heard her confession, administered the last rites of the Church and comforted Luisa's mother, Gregoria, who was thankful for the priest's visit. Ralliere further reports that Luisa was fatherless and had been living for about eight years in the household of Ambrosio Gonzales, one of the first Mexican Protestant preachers in the area. Turning to Ralliere's letter, the *La Revista Católica* scoffed at the idea that it was on her deathbed and after eight years of resisting Ambrosio and his wife Viviana's charms and inducements that Luisa would still desire the rites of the Church days before her death.

When El Abogado admitted that Luisa's story had come from a Ms. Hilton, a missionary working in Peralta, the editors of *La Revista Católica* were quick to inquire:

> All this is fine and good, but isn't [it] true that fifteen days before the young Cedillo girl died, her brother Pablo went on her behalf to summon her confessor? Isn't [it] true that indeed, the confessor went and that the sick woman confessed? Was she then Protestant or Catholic? And if Catholic, when and how was it she converted? When? Why? Who exactly converted her? El Abogado does not answer any of these questions.[34] (Vol. 7, no. 2, 8 Jan. 1880)

La Revista Católica continued to pepper *El Abogado,* first by presenting a kind of theological conundrum asking rhetorically if Luisa was on "her deathbed" or on "her eternal life bed?"; persisting for answers as to the real nature of Luisa's religious identity, fearing that unanswered questions could leave Luisa open to the charge of having been: "A hypocrite, a prude or a sanctimonious liar when she sent for her priest and confessed or that the poor woman was a victim of devilish deceit and swindle on the part of her fanatical guests or visitors or lastly that her supposed conversion was a ridiculous conspiracy" (Vol. 7, no. 2, 8 Jan. 1880).[35]

Doña Refugio and Comadre Lolita

La Revista Católica found innovative ways to introduce female or pseudo-female perspectives onto the pages of the newspaper and if these instances are not altogether *reportaje vérité,* they are a reflection of the idea that the paper's editors did not render invisible or take the role of women in Catholic society for granted. The following examples suggest an awareness of women's experiences as woven into the everyday life ways of Nuevomexicano and Mexicano families. The examples emerge from the marketing logic of the paper in attempting to meet the ever-present need to build up the subscription base of the paper.

The first example, "Para algunos de mis suscriptores," ("For some of my subscribers") from September 25, 1880 is delivered in the voice and guise of a woman. A conceit permitted by the grammatical occasion that "revista," is an "a-set" noun in Spanish and categorized linguistically as a feminine name and by this logic *La Revista Católica*'s refers to itself with the preferred pronouns: ella/she/her and mía/mine. The piece amounts to an advertisement for *La Revista Católica* much like the publicity used in our own day in annual fund drives for public radio and television to remind subscribers of the need to support the mission of these endeavors.

The editors begin by having the narrator address skeptical readers directly: "My good and most esteemed Sirs. My appreciation and kindness: You may find it strange that *La Revista* is delivering this letter to you in person. What a foolish thing you might say!"[36] (Vol. 6. no. 39,

25 Sept. 1880). And then she explains how the text should not be considered a letter but an account of the paper's struggle in territorial politics. It is, she continues, "un memorial de pura confianza" ("a memorial of complete trust") that only she can hand deliver to subscribers. In the conceit of amplifying personhood, *La Revista* explains that her mother was "La imprenta del Río Grande" ("The Río Grande Press") and her father one of those "Neapolitan adventures." She has gone through trials, tribulations and faced challenges of every sort. "Tengo recuerdos de color rosa y de color oscuro" ("I have rose-colored and dark memories"), she exclaims, for example, "how can we forget the rough row we had with governors and secretaries, with locals and strangers and with journalists who were bought and paid for!" Then she catches herself boasting, "Now, now it's best that I stop here, the past is past" (Vol. 6. no. 39, 25 Sept. 1880).[37]

La Revista remarks that she has heard it said readers would like for her to do miracles on a global scale, only to turn about to criticize her as they would any other female saying, "God, I've never seen you this fat! ("¡Válgame Dios, que nunca la vi tan gorda!") *La Revista* hits back just as quickly:

> Dear readers, you all know that la revista is not a gossip, nor have I engaged in giving false witness and bringing out rumors. I am not a simpleton, tilting at windmills, as is often said, I am not flighty, but rather I am serious, not rambunctious, not skittish, but rather I am peaceful. Oh, but what am I saying? You'd think I'm writing my own paean.[38] (Vol. 6. no. 39, 25 Sept. 1880)

The piece ends by entreating readers and subscribers to support *La Revista* reminding them as would PBS today that "any work adding to public good asks that in fairness the public support it so it can keep going" (Vol. 6. no. 39, 25 Sept. 1880).[39]

In a second text, "Ojalá solo fuera un cuento" ("If it were only a story!"), the editors script out the supposed conversation between two neighborhood comadres: Doña Refugio and Doña Lolita. Doña Lolita comes upon her friend Doña Refugio wiping away tears and with her eyes swollen from crying. When she asks what's wrong,

Refugio says she has just come away from an argument with her husband. Refugio's explains the disagreement was not because she has asked him to buy her elegant clothes or give her money to spend on parties and trips but because she insists that he take a subscription to *La Revista* just as Lolita's husband does.

Doña Lolita can't understand the problem since in her mind Refugio's husband does all the right things. He goes to church, speaks kindly to all and takes care of his children. She believes him to be el hombre cabal (the complete man). Doña Refugio replies that he is not all that. His defect, she says, is that he spends all his money on secular, political newspapers and magazines the kind that talk about, "what his S.M. the Sultan of Turkey is doing, or what happens in China or Japan or the misdeeds done by 'Tom, Dick and Harry' or reports that provide the excruciating last breath of someone expiating there guilt in the gallows. 'That is all he lives for'," Refugio blurts out, and that's what he "goes on and on about and gets everybody riled up over."

Doña Lolita can now see where Refugio's husband gets his strange ideas and she counsels her comadre to insist that *La Revista* come into her home as antidote to the frivolous and secular ideas the papers he reads put in his head. Comadre Lolita makes one final pitch, "Well, well Refugio! Put away your incense burner and grab onto La Revista right now![40] (Vol. 30, no. 1, 3 Jan. 1904).

"Ojalá solo fuera un cuento" ("Hopefully it was just a story") is the fanciful version of Mexican women pressuring their husbands not only to subscribe to *La Revista Católica,* but to see that they follow its moral and spiritual counsel; it points to a number of cases of women writing as subscribers or readers offering praise and support for the paper. These unsolicited testimonials provide evidence that *La Revista Católica* was present in the day-to-day life of Nuevomexicanas and other Spanish-speaking women, who like the fictitious, Refugio and Lolita, considered *La Revista Católica* a godsend.

In research for this article, David F. García came upon a receipt in tome 25 (1900) made out to Manuela R. de Delgado a Las Vegas, New Mexico resident who showed up at the offices of *La Revista Católica* to pay her subscription. These and other letters from women to the editors provide the touchstones that suggest that Doña Refugio and Doña Lolita are sketched from the lives and concerns of real women. In May of 1890, *La Revista Católica* received a letter from a young woman in Abiquiú, New Mexico asking that she be continued as a subscriber even though she is unable to pay her subscription for the year. She pleads her case saying, "I am a poor woman and support my parents with my work: I take such pleasure in reading your so welcomed weekly that I simply just can't withdraw my name from it" (Vol.16, no. 19, 11 May 1890).[41] *La Revista Católica* editors were so moved they titled the piece "No puede retirar su nombre" ("She cannot remove her name") and observe "a poor young lady who with her hard work clothes and feeds her elderly parents, and has the means to take in wholesome and beneficial reading" (Vol.16, no. 19, 11 May 1890).[42] They close the piece with a citation from scripture and a blessing for the subscriber. Several more testimonials from women subscribers appear, for example "Una doncella, nada frívola" ("An Unfrivolous Young Lady") from María del Carmen Acevedo of Silao, Mexico writing: "Dear Sirs, Permit me to give you my complete thanks for the regular delivery you make to me of *La Revista Católica,* a paper you so skillfully and diligently edit. Its reading pleases me and provides me with such great joy that I am not completely sure I am able to explain" (Vol. 16, no. 27, 6 July 1890).[43]

The Published Voice of Women in *La Revista Católica*

The Jesuits often cited St. Paul's pronouncements on the question of women preaching in the Church and referenced the same passages that Sor Juana Inés de la Cruz took up in her famous "Reply to Sor Philotea" arguing that, while St. Paul had admonished women to be silent in the Church, his pronouncement did not cordon off women from other domains of learning and expression. Sor Juana argued that St. Paul's admonishment was simply a kind of house rule meant to keep decorum in a place of worship and not a proscription of the role of women in Christianity. *La Revista Católica*'s practice of publishing Catholic women poets, novelists and essays is a reflection of how in practice the long-standing debate over what St. Paul meant by saying "the women must be silent in the Church," was tended to in the paper. The Jesuit editors did over the course of many years publish women writers whose work circulated in Mexico, Latin America and Spain. Some examples include "Fe, Esperanza y Caridad" ("Faith, Hope and Charity"), a multiple-part series by Aurora Lista that began in January of 1890 or the equally moralizing tracts "No hurtarás y no codiciarás los bienes ajenos" ("You shall not steal nor covet your neighbor's goods") that appear in 1895. "Los ángeles se van: historia para niños y mamás" ("The Angels Leave: Story for Children and Mothers"), another series by a writer identified only as Raquel, deals with the generation gap found in the views of a young brother and sister who look upon the religious devotions of their mother as woefully old-fashioned and pointless. The series began in April of 1895 and ran for several issues.

The presence of women in *La Revista Católica* sits alongside of *La Revista Católica*'s defense of Nuevomexicanos, Mexicanos, African Americans, Native Americans and other populations, but as can be observed, none of these groups are completely analogous in the view these Jesuit editors offered to their readership. That readership by and large over the course of *La Revista Católica*'s eighty-eight years was overwhelmingly comprised of people of Mexican and Latin American descent. Future assessments should account for how the tenets expressed in *La Revista Católica* were shared by readers and how readers applied such ideas in their own lives. Lastly researchers need to determine if any themes, ideas or concerns expressed in the publication continue to have any force in our present day and time.

Works Cited

Catholic Answers. www.catholic.com/encyclopedia/apologetics.

Everret, Dianna. "The Public School Debate in New Mexico: 1850-1891." *Arizona and the West,* vol. 26, no. 2, 1984, pp. 107-134.

Gonzales, Phillip B. *Política: Nuevomexicano and American Political Incorporation.* Omaha, University of Nebraska, 2018.

Kabalen de Bichara, Donna M. "Introduction" to *The Construction of Latino/a Literary Imaginaries: Essays on Alternative World Views.* Newcastle, UK, Cambridge Scholars Publishing, 2018.

Kanellos, Nicolás and Helvetia Martell. *Hispanic Periodicals in the United States: Origins to 1960*. Houston, Arte Público Press, 2000.

Lozano, Rosina. *An American Language: The History of Spanish in the United States*. Berkeley, University of California Press, 2018.

Meléndez, A. Gabriel. *So All Is Not Lost: The Poetics of Print in Nuevomexicano Communities, 1834-1958*. Albuquerque, University of New Mexico Press, 1997.

Meyer, Doris. *Speaking for Themselves*. Albuquerque, University of New Mexico Press, 1996.

Nieto-Phillips, John. *The Language of Blood: The Making of Spanish American Identity in New Mexico, 1880s-1930s*. Albuquerque, University of New Mexico Press, 2004.

Steele, Thomas, J. *Works and Days: A History of San Felipe Neri Church 1867-1895*. Albuquerque, The Albuquerque Museum, 1983.

Vollmar, Edward R. "Donato Gasparri, New Mexico-Colorado Mission Founder" Mid-America, n.s. IX,1938, pp. 96-102.

_____. "First Jesuit School in New Mexico." *New Mexico Historical Review*, vol. XXVII, 1952, pp. 296-299.

_____. "History of the Jesuit Colleges of New Mexico and Colorado, 1967-1919." MA Thesis. St. Louis University, 1939.

Archival Collections

University of New Mexico, Center for Regional Studies, *El Veliz: The Pedro Ribera-Ortega Digital Archive*. Volume 25 (1899), 28 (1902), 31 (1905), 32 (1906), 33 (1907), 34 (1908), 36 (1910), 37 (1911), 38 (1912) and 39 (1913) (Portable Document Files).

University of New Mexico, Zimmerman Library, Special Collections: "Revista Católica," Volume 1 (1875) to Volume 88 (1962) (broken series).

Regis University Library Special Collections: "Revista Católica," Volume 1 (1875) to Volume 29 (1900) (broken series). epublications.regis.edu/revistacatolica.

Endnotes

[1] I wish to acknowledge the assistance of Dr. David F. García, a Research Associate at the Center for Regional Studies (CRS), and thank him for assisting me with the background research for this article. David brought to my attention the receipt made out to Manuela R. de Delgado, discussed here. The receipt was found in one of the ten volumes of *La Revista Católica* that had been at one time in the private library of local historian Pedro Ribera Ortega. The digitization of the volumes spanning the years 1899 to 1913 is work David is conducting for "El Veliz: The Pedro Ribera-Ortega Digital Archive," underway at CRS. In addition to the LRC volumes, the larger project involves ethnographic fieldwork, additional archival research and oral history to recover Ribera-Ortega's work as the last editor of the Santa Fe weekly *El Nuevo Mexicano* and as a teacher and researcher. I also want to thank David for providing me with transcriptions to "Mr. Lummis y nuestras escuelas indias" and "Pobres indios católicos." I also thank Professor Emeritus in Sociology, Dr. Phillip B. Gonzales, for reading the text and for his insightful and valuable comments on the subject. A special thanks to Samuel Cisneros, Archivist at the Center for Southwest Research, Zimmerman Library for the high-resolution scans of the illustrations appearing in this article.

[2] I borrow the term "treaty citizens" from Rosina Lozano's masterful work on Spanish language use and policy in the United States. Lozano defines treaty citizens as people residing in New Mexico and California who were former Mexican nationals prior to being incorporated into the United States under provisions in the Treaty of Guadalupe-Hidalgo. Two points raised by Lozano have particular bearing on this article. First, such people had legal citizenship that allowed them "to claim belonging as an American" and second, though it is the case that the Treaty of Guadalupe-Hidalgo does not refer to their language rights, "over time former Mexican citizens used the treaty to advocate for their right to access their own language (2018, 5). Both these conditions are true for the readership of *La Revista Católica*.

[3] Prior to relocating to El Paso the *La Revista Católica* editors were regularly including an "América Latina" section in their words, "to foment the unity of all Spanish-speaking peoples and add our part to this grand and praise-worthy movement" ["Para fomenter la unión de todos los pueblos de habla castellana y contribuir nuestra parte a un grande y laudable movimiento de unión"] (Vol. 42, no. 53, 31 de diciembre de 1916, Las Vegas, New Mexico).

[4] Edward R. Vollmar completed a Master's thesis at St. Louis University (a Jesuit university and seminary) in 1939 on the history of the colleges founded by the Jesuits in Colorado and New Mexico during the first phase of the society's work in these areas. Vollmar continued to document the history of these early institutions paying homage to early Italian Jesuits that founded them. Nearer to our own time, Thomas J. Steele maintained a scholarly interest in Jesuit history and subjects related to the Society's work among Hispanic New Mexicans. Steele's pursuit of the ties between the Italian Jesuits and the Mexicano residents of these territories is reasonable considering the stated commitment of the Society to assist the area's Mexicano population.

[5] Again, from the very start, the editors of *La Revista Católica* preferred to describe the Spanish-speaking residents they work with as "Mexicanos" whether spelled with a "j" or "x". Over time they were also apt to employ the term Nuevomexicano or Tejano. In this way they avoid the later pitfalls ushered in by other terms ascribed to the group and the conundrum of identity labels that sprung from other uses and designations.

[6] Crowds of people, brass bands and Protestant military officers greeted the caravan outside of Santa Fe with great fanfare. Upon entering Santa Fe, the Jesuits and others were made to process through twelve triumphal arches and over flowers tossed over their pathway into the city.

[7] McGuiness was Irish, born in Dublin, and came West with the military. He was married a first time to Leonor Serna, a local woman who it is believed to have assisted in the translation of material from *La Revista Católica* to be reprinted in her husband's Albuquerque paper. Both William and Leonor were parishioners at San

Felipe Church in Old Albuquerque and maintained close ties to the Jesuits who often made use of his presses to publish parish bulletins and pastoral letters (Steele 64).

[8] During its time in Las Vegas, the paper was suspended only once for four weeks in the summer of 1887 due to staff overwork and fatigue. Even at that, the editors offered their subscribers an apology in saying that the suspension of the paper had been ordered by their superiors, "Our superiors have now imposed a period of rest on us. We didn't request it and we would not accept it if up to us. But when is imposed and also does not harm our subscribers we obey." ("Nuestros superiores al fin nos imponen un rato de descanso. No lo hemos pedido, ni tampoco lo hubiéramos aceptado si hubiese sido dejado a nuestra libertad. Pero cuando se impone y por otra parte se nos proporciona el medio de no perjudicar á nuestros suscritores obedecemos.") (Vol. 13, no. 29, 17 de julio de 1887).

[9] Thomas Steele points out that Jesuits were required to maintain a "house diary" of their activities in the language of the country where they resided. They entered information in notes and reports on the New Mexico-Colorado Mission into several ledger books now housed at the New Orleans Provincial Archive of the Order" (1983, x). In addition, they were required to send a comprehensive report in Latin every three years to the headquarters of the society in Rome.

[10] Over the years, it would add other sections such as Sección Piadosa (on pious devotions); Documentos Eclesiásticos (for papal encyclicals and other Church letters and documents; Actualidades (listed by month); Asuntos Doctrinales (doctrinal matters); Movimiento Católico (Catholic Action) Movimiento AntiCatólico (Anti-Catholicism); Polémica (polemics); Cosas de Protestantes (Protestant World); Historia (history); Variedades (miscellanea) and Poesía (poetry).

[11] "No prescindiré de lograr esta ocasión para mostrar mi reconocimiento de la utilidad y provecho que se deriva de la lectura de su loable y nunca bien ponderado semanario. Ojalá que todo Católico pudiese comprenderlo y empañara en sostener con su subscrición, tan intrépido defensor de nuestra sacrosanta religión." (Vol. 13, no. 29, 17 de julio de 1887).

[12] "De saber que por lo menos hay una publicación en toda esta región impresa en buen castellano, Español castizo. Si hay otras no las he visto." (Vol. 3, no. 8, 24 de febrero de 1877).

[13] "Las gentes se están convenciendo, y se irán persaudiendo siempre más de cuanta utilidad y hasta necesidad era haber principiado una publicación religiosa y católica en este Territorio, y escrita en lengua castellana, que es la de universalidad de sus habitantes. De otros periódicos había muchos cuando principiamos, y hay muchos todavía, pero unos extraños ó indiferentes a nuestros intereses y, otros a veces ó por ignorancia ó por malicia, contrarios y hostiles." (Vol. 3, no. 1, 6 de enero de 1877).

[14] "¿Y porqué nó? Por de pronto ha sobrevivido á todos los periódicos que tenían ciudadanía neo-mexicana antes que ella hiciese su primera comparsa. Siete ú ocho *colegas* halló en Nuevo México cuando ella nació: todos más o menos jóvenes, á la verdad, y algunos de ellos enclenques y tan flacos que no precian tener más que el pellejo; pero otros, hubiérais dicho que rebosaban salud y vida por un par de siglos. ¡Todos murieron!" (Vol. 13, no. 1, 2 de enero de 1887).

[15] "La *Revista Evangélica* "chiquirritina guapa" nacida únicamente para anonadar esta sus tocaya la *Católica!* El *Nuevo México Heraldo,* de castiza memoria! Su hija la *Era Southwestern!* El rumboso *Treinta y Cuatro!* El dulce y melifluo *Abogado Cristiano!* El intrépido *Independiente* del Valle de Mesilla! *El Espejo* tan reluciente y terso! *El Nativo* tan patriótico! y sobre todos el valiente y arrojado *Centinela de las Montañas Peñascosas!* ¡Qué de fúnebres y lastimeras memorias! ¡Qué de efímeras glorias y frustradas esperanzas! ¡Qué destrozos y mortandad! Todos perecieron, y varios otros con ellos." (Vol. 13, no. 1, 2 de enero de 1887).

[16] "Lo que, sí debemos atribuirnos a nosotros mismos son tan solamente nuestros defectos. Lo reconocemos y no lo ocultamos. Pero no se nos debe negar indulgencia." (Vol. 20, no. 1, 7 de enero de 1895).

[17] "Algunos quisieran más variedad y menos elegancia en el semanario, como tambien más sencillez en el modo de tratar asuntos." (Vol. 13, no. 1, 2 de enero de 1887).

[18] "Porque el indio ha sido ultrajado y saqueado por sus fronterizos los

blancos sin limite y sin reparación; ha sido víctima de la carnicería más atroz, sin distinccion alguna de hombres, mujeres, y niños, de jóvenes y ancianos, enfermos y fuertes, y esto por nuestros soldados y bajo nuestra bandera." (Vol. 2, no. 34, 10 de agosto 1876).

[19] "Nunca he conocido un solo muchacho *(indio)* salido de una escuela católica que haya olvidado á sus padres ó su idioma. Tampoco he conocido que saliera de escuelas católicas alguna de las muchachas que viven escandalosamente entre su gente. Ni una sola ha llegado á mi conocimiento. Al contrario, muchas de este jaez he conocido yo que habían sido educadas en Carlisle ú otras escuelas del gobierno. Venid conmigo a la escuela tan exquisitamente limpia y maternal de la hermana Margarita en Bernalillo. Venid conmigo también á la escuela *(del gobierno)* de Albuquerque, ó á la de Santa Fe, y juzgue el hombre de mundo cuál de esos planteles él escogería para sus hijos." (Vol. 28, no. 1, 16 de marzo 1902).

[20] "Tiempo atrás se censuraba en nuestra Revista la conducta de ciertos Protestantes que rehusan juntar blancos y negros en una misma iglesia." (Vol. 13, no. 39, 23 de octubre de 1887).

[21] "De manera que la tierra que vertió la sangre de millones de sus hijos y derramó sus tesoros en la desastroza Guerra entre Norte y Sur, á fin de dar a los negros *igualdad de derechos* con los blancos, no les pudo dar *igualdad de afecto* de simpatía, de amor." (Vol. 13, no. 39, 23 de octubre de 1887).

[22] "Los beneficios de este nuevo establecimiento se hará sentir no solamente entre los negros Americanos, sino en más remotas regiones aun, cuando salgan apóstoles par air a regenerar sus hermanos del suelo matero en Africa." (Vol. 13, no. 39, 23 de octubre, de 1887).

[23] "Cualquier cosa que emprenda la Iglesia Católica surte generalmente feliz resultado. Así nos lo enseña su historia de indomable energía coronada de siempre nuevos triunfos. Esta Iglesia ha emprendido ahora la tarea de elevar al africano y á su descendiente en América arriba del nivel que le han señalado comunmente los Americanos. Esta es la única política de regeneración y explica el buen éxito que la acompaña. Los católicos, excepto en casos aislados, no ponen ninguna distinción de raza o color entre sus her-

manos en la fe. A ellos no les amedrenta el grande espantajo Americano de la igualdad social y del cruzamiento de sangre." (Vol. 17, no. 11, 15 de marzo de 1891).

[24] "Y con todo, no hemos dejado de instruirlo en la parte moral directa o indirectamente, ora [*sic*] con artículos, ora con novelas, procurando seguir el sabio consejo del gran lírico romano de instruir deleitando y deleitar instruyendo. El estilo grave del sermón , sobre todo por escrito, es pesado y luego cansa al lector. Por eso las novelas morales y religiosas, como los artículos de estilo ligero sobre materias graves son preferibles; porque se leen con gusto y con gran utilidad." (Vol. 20, no. 1, 7 de enero de 1895).

[25] "Dichas escuelas eran indignas de existir en la culta América; es el sistema que los regia en ellas era deplorable y antipatriótico; los maestros incompetentes y los libros de texto prehistóricos." (Vol. 16, no. 25, 22 de junio de 1890).

[26] "La mayor parte de la enseñanza está en manos de Hermanas, que instruyen á las niñas y hasta á los niños de menos de doces años. Es indudable que estas mujeres saben granjearse el afecto y la confianza de sus discípulos, y los principales factores de autoridad de su carácter y la dulzura de sus modales. Si la timidez es uno de los distintivos de los niños son deliciosamente finos." (Vol. 16, no. 25, 22 de junio de 1890).

[27] "La misión de la mujer, hablando en general, no se extiende á fuera del hogar domestico y sus cuidados, organizciones y quehaceres versan sobre la familia, de la cual llega a ser Reina." (Vol. 2, no. 3, 15 de enero de 1876).

[28] "Es una idea bastanta rara, esto de, admitir en las mismas escuelas, sea privada or pública, á jóvenes de uno y otro sexo." (Vol. 2, no. 3, 15 de enero de 1876).

[29] "Con esto no negamos que puede hallarse entre ellas algunas y aun muchas, que aplicadas á estudios, propios de los hombres, como letras, artes y ciencias, las pueden cultivar y desarollar en ellas." (Vol. 2, no. 3, 15 de enero de 1876).

[30] "Las niñas que se han distinguido por su ciencia." (Vol. 2, No, 38, 16 de septiembre de 1876).

³¹ "El hogar de la dama mexicana no tiene *boudoir,* tiene santuario; Para visitarla se debe inclinar la cabeza y doblar la rodilla. ¡Benditos sean los hombres honrados! ¡Cien veces bendito el hogar de la mujer mexicana! (Vol. 31, no. 14, 2 de abril de 1905).

³² "La dama mexicana es eminentemente católica; podrán existir en la gran nación mexicana mujeres fanáticas; Pero en cambio no hay mujeres impías. entre las mujeres no se conoce la *enfermedad* del ateísmo. La madre mexicana es rigurosa en la moral; ella no conoce las distintas coqueterías de salón que se permiten en otros países." (Vol. 31, no. 14, 2 de abril de 1905).

³³ "A estas hermosas líneas no añadimos más que una palabra; ¿No es acaso la ilustración y educación católica lo que ha hecho de la mujer mexicana lo que es? ¿Y se puede comparar con ella la mujer que ha formado y está formando en Ilustración y educación *evangélica?*" (Vol. 31, no. 14, 2 de abril de 1905).

³⁴ "Todo eso está muy bien, pero ¿es verdad que quince días antes que se muriera la joven Cedillo, fue su hermano Pablo á llamar por ella á su confesor? Es verdad que efectivamente fué el confesor, y la enferma se confesó? ¿Era entonces Católica ó Protestante? Y, si Católica, ¿cómo, pues, se *convirtió*? ¿cuándo? ¿porqué? quién la convirtió? A todo eso el *Abogado* no contesta ni una palabra; á no ser que sea contestación el decirnos que la Luisa "no era la primera Cristiana protestante que ha dado evidencia de la verdad que Jesús puede hacer la cama de muerte, la puerta de gloria," y siguen cuatro versos." (Vol. 7, no. 2, 8 de enero de 1880).

³⁵ "Una hipócrita, mojigata, y santurrona fementida cuando envió por su párroco y se confesó, ó que la infeliz fué víctima de engaños y embaucamientos demoníacos de la parte de sus fanáticos huéspedes ó visitas, ó finalmente que la pretendida conversión fué un ridículo complot." (Vol. 7, no. 2, 8 de enero de 1880).

³⁶ "Muy Señores míos, y de mi mayor estima, aprecio y cariño: Extraño os parecerá que la misma *Revista Católica* en persona os lleve una carta con sus propias manos. ¡Qué simpleza! Diréis." (Vol. 6, no. 39, 25 de septiembre de 1880).

³⁷ "¡Cómo podremos olvidar la ruda campaña, que tuvimos con Gobernadores y Secretarios, con paisanos y con extraños, y con

periodistas comprados y vendidos! Vaya, vaya . . . más vale callar,
y lo pasado, pasado." (Vol. 6, no. 39, 25 de septiembre de 1880).

[38] "Bien sabéis, benévolos lectores, que la Revista no es novelera,
esto es, no le ha dado por levantar falsos testimonios y salir con
chismes: no es simplona, comulgando, como suele decirse, con
ruedas de molino: no es ligera, sino más bien seria: no es traviesa,
ni inquieta, sino pacífica: no es. . . pero ¿qué estoy haciendo?
Dirán que estoy haciéndome el panegírico." (Vol. 6, no. 39, 25 de
septiembre de 1880).

[39] "Cualquiera obra de público beneficio pide de justicia la pública
cooperación para sostenerse." (Vol. 6, no. 39, 25 de septiembre de
1880).

[40] ". . . ¡Bien, bien, Doña Refugio! Quítese Vd. el incensario de la
mano, y agarre cuanto antes la *Revista*." (Vol. 30, no. 1, 3 de enero
de 1904)

[41] "Pues soy una pobre muchacha de cuyo trabajo viven mis padres,
y siento tanto gusto en leer su apreciable semanario que no puedo
retirar mi nombre." (Vol.16, no. 19, 11 de mayo de 1890).

[42] "Una pobre niña con su puro trabajo viste y alimenta á sus ancianos padres, y tiene también para proporcionarse amena y prove-
chosa lectura." (Vol.16, no. 19, 11 de mayo de 1890).

[43] "Permítanme Vds. que les dé las más cumplidas gracias por la
regularidad con que me han estado enviando la Revista Católica,
que tan digna y acertadamente redactan. Su lectura me deleita y
me proporciona un gozo tan grande, que me considero incapaz
para explicarlo." (Vol. 16, no. 27, 6 de julio de 1890).

Miradas sobre las mujeres prostitutas que se asoman a los archivos Municipal de Saltillo y Generales Estatales de Coahuila y Nuevo León (1890 a 1935)

María de Guadalupe Sánchez de la O y Mixely Martínez Mata
Universidad Autónoma de Coahuila

En los estudios que se han realizado en México sobre la historia de la prostitución existe una dicotomía persistente. Por una parte, los nuevos profesionales de la historia tratan de buscar una visión desde las mujeres que ejercían la prostitución, su organización y sus clientes, y se encuentran con que estos últimos son los grandes ausentes. Queda claro que la prostitución como institución se asimila sólo a la prostituta, y es en ella —y sobre ella— que los documentos en los archivos históricos fijan su interés. Por otra parte, aparecen en los archivos múltiples miradas de los sujetos que, desde el poder político, judicial, sanitario o policial, han dedicado sus esfuerzos para controlar el oficio de la mujer prostituta a través de reglamentos, normas, multas y sanciones; y a estas miradas se les ha dado mayor atención por los estudiosos.

Distintas sociedades históricas le han atribuido al intercambio de servicios sexuales por prestaciones económicas un papel específico en los procesos culturales. En este sentido, la intervención que ha tenido el Estado se ha traducido en medidas que responden a las exigencias de la ciudadanía para proteger la moral sexual a través de las normas dictadas para tener el control. Esta concepción ha permeado en el tiempo. Jeffrey Weeks afirma que es a través de la cultura que se conforman estas relaciones, tanto la diversidad de las prácticas sexuales, como los códigos morales que se imponen, los mitos y tabúes que aparecen y la legislación que se aplica para normalizarlos, para prevenir enfermedades y castigar a quienes incurran en desviaciones (21-46). Robles Maloof agrega que:

> es en este contexto que la aportación fundamental del feminismo, que apareció en nuestro país durante el siglo XX, nos conduce al entendimiento de la prostitución como una institución más de sometimiento del patriarcado que garantiza a los hombres el acceso a servicios sexuales sin mayor compromiso que el pago, mientras que la sexualidad femenina es restringida solo a la función de procreación. De esta forma, las mujeres que se adaptan a la norma son consideradas como "buenas", por el contrario, quien siendo mujer mantiene relaciones fuera del estándar, carga con el estigma de la "prostituta". (11-41)

Es innegable que un estudio sobre el fenómeno de la prostitución es muy complejo.

Lo deseable, según lo señala Robles Maloof, sería empezar por cuestionar esa categoría e incorporar el análisis que se hace desde las ciencias sociales, recuperando la voz de las directamente involucradas (18), lo que, reconocemos, es un proceso difícil desde una perspectiva histórica.

El Archivo General del Estado de Coahuila, el Archivo Municipal de Saltillo y el Archivo General del Estado de Nuevo León

El archivo "atrapa" es una declaración de la historiadora Arlette Farge[1], quien agrega que la visita a este espacio nos enfrenta a "un mundo desconocido . . . en donde los miserables y los malos sujetos interpretan su papel en una sociedad viva e inestable"[2]. En ese mundo se encuentran las prostitutas, que aparecen en papeles, expedientes, documentos que intentan anunciar y crear un pensamiento particular, modificar un estado de cosas, suscitar una reflexión, o establecer normas que cumplir a través de reglamentos estrictos.

El archivo del siglo XIX y principios del siglo XX es interesante porque los pobres (entre los que se encuentran las prostitutas) normalmente no suelen escribir. Por supuesto que no tenemos la ilusión de encontrar "un diario". Entre los papeles localizados solo vemos pequeñas infracciones, minúsculos incidentes que marcan la vida de las más desfavorecidas. Estos papeles muestran, sobre todo, cómo la policía sanitaria vigilaba y reprimía a este segmento de la población. Al visitar el archivo se rasga un velo, se atraviesa y se tiene la sensación de que después de un largo viaje incierto se llega a lo esencial de los seres y de las cosas. En el caso de los historiadores, lo dice Natalie Zemon Davis: "La búsqueda obstinada de fuentes directas es la constante del historiador. . . el deseo de contar una buena historia conlleva siempre la contrapartida de la pasión por saber"[3].

Los archivos tienen en su acervo diversos fondos documentales muy bien catalogados. Los que hemos revisado para efecto de este estudio corresponden a los Fondos del Siglo XIX y del Siglo XX. En relación con la prostitución, veremos qué nos muestran estos documentos.

El tema de la prostitución es escaso en los estantes de los Archivos General del Estado de Coahuila[4] (AGEC) y el General del Estado de Nuevo León (AGENL)[5]. Además, las voces que resuenan en ellos, en su mayoría, pertenecen a las instituciones que tenían el poder para controlar el trabajo sexual a finales del siglo XIX y principios del siglo XX. Entre reglamentos, registros de inscripción de las prostitutas, informes de autoridades estadounidenses (en el caso del Estatal de Coahuila), cuestionarios del Consejo de Salubridad de México y un libro de registro de las prostitutas con sus rostros (también en el Estatal de Coahuila), podemos encontrar los documentos que reflejan un breve panorama sobre la reglamentación de la prostitución en Coahuila y en Nuevo León.

En estos estados se identificó un manuscrito fechado en 1894 (Coahuila) y un cuadernillo publicado en 1896 (Nuevo León), que corresponden a los reglamentos de prostitución de ambas entidades federativas. En el caso de Coahuila, la expedición fue realizada por personal de Salubridad y en sus primeras cinco fojas se menciona que fue en vano la lucha histórica por "destruir" la prostitución; por ello, los gobiernos ilustrados optaron por reglamentar dicho acto con "el fin de controlar los estragos de las sociedades viciadas"[6].

También se describen las adiciones a tres artículos del Reglamento de Prostitución de 1886 de Coahuila y enseguida se desarrolla la Primera sección sanitaria sobre la prostitución, que se divide en ocho capítulos: Sección sanitaria; de las mujeres públicas; clases de mujeres; de los burdeles; de las casas de asignación; de las clandestinas; separación de la prostitución; de las inscripciones; y se agrega un párrafo dedicado a las observaciones sobre los lugares públicos donde se permitía la prostitución. La segunda parte corresponde a la sección sanitaria y trata sobre el personal que estaría a cargo de inspeccionar a las mujeres prostitutas. Más adelante analizamos los Reglamentos de Prostitución de 1890 encontrados en el Archivo Municipal de Saltillo (AMS) y el correspondiente de Nuevo León, con fecha de 1896.

El documento que más intriga y deja ver rostros de la prostitución es el Libro de registro de mujeres prostitutas de Monclova, Coahuila, de 1901[7]. En él encontramos diecisiete registros con los datos generales de las meretrices: nombre, procedencia, cuotas a pagar por derechos de inscripción, libreta y lo correspondiente a su categoría. En la mayoría, se establece que vivían sobre la calle de Ildefonso Fuentes, pero se deja en blanco el número de las casas. Todas las mujeres que aceptaron su registro manifestaron ser originarias de otros estados o ciudades de la república mexicana, Nuevo León, Guanajuato y Guadalajara, por mencionar algunos. De los diecisiete registros, tres carecen de fotografía y en cuatro registros fue desprendida la imagen de su lugar, lo que ocasionó daños en la hoja y se pierde la redacción del registro número dos. Las fotografías son en blanco y negro, con buena calidad para observar los rasgos de las mujeres y su vestimenta a partir del tórax.

Otro documento localizado en el Archivo General del Estado de Coahuila, que tiene como temática la prostitución, es una correspondencia entre autoridades municipales de Coahuila en 1907[8]. Las primeras dos fojas del documento corresponden a un oficio emitido por el Consejo Superior de Salubridad de México al gobernador del estado de Coahuila, el cuatro de noviembre de 1907, en donde este se le solicita responder un cuestionario de diecisiete preguntas para conocer las condiciones de la prostitución en el territorio coahuilense; el gobernador de Coahuila pidió a cada presidencia municipal contestar el mencionado cuestionario. Las siguientes cinco fojas corresponden a las respuestas de los presidentes municipales de las poblaciones de Torreón, Múzquiz, Sabinas, Porfirio Díaz (hoy Piedras Negras) y Zaragoza, en donde envían el cuestionario debidamente requisitado. Desafortunadamente, estos no se encuentran en el expediente, por lo que desconocemos las respuestas a los mismos.

Es interesante también un oficio escrito a máquina y en inglés que contiene la respectiva traducción, dicho documento deja interrogantes por resolver; es enviado por Gro Walker, presidente de la State Wide Commission of Maryland, dirigido al presidente municipal de Saltillo, el 23 de julio de 1913[9]. En él, Mr. Walker explica que el gobernador del estado de Maryland, Phillips Lee Goldsborough, formó una comisión de quince personas para que se dedicaran a estudiar la prostitución en Coahuila. Enseguida, le solicita amablemente responder un cuestionario sobre la prostitución y le pide, de ser posible, otorgar todo dato relativo sobre el tema con el objetivo de realizar "un estudio inteligente y cuidadoso para no convertir la mala situación en peor" (AGEC). Después se anexan veintiséis preguntas sin respuesta, muy puntuales, referentes al tema de la prostitución en Coahuila. En algunas de ellas se tenían que abordar temas de educación sexual para poder ser respondidas, por ejemplo: ¿Se enseña en las escuelas la higiene del sexo? Tampoco conocemos las respuestas, si es que las hubo.

El último documento que llamó nuestra atención se refiere al Reglamento para la Prostitución, enviado por el Consejo Superior de Salubridad al gobernador de Coahuila, con fecha del 8 de octubre de 1919. Está escrito en máquina, pero la tinta está borrosa en la mayor parte del documento. Ahí mismo encontramos el Reglamento para la Tolerancia de la Prostitución en el Municipio de Saltillo, Estado de Coahuila, que está dividido en nueve capítulos: Obligaciones del inspector; obligaciones de jefe de la policía sanitaria y sus ayudantes; de las prostitutas; de la inscripción; de (ilegible) los burdeles; de (ilegible) las encargadas de ellos; de las casas de asignación, de las clandestinas; y de las cuotas. Al final se establecen los artículos transitorios, lo fechan en Saltillo, el 20 de septiembre de 1919 y lo remiten el presidente municipal, doctor Jesús Valdés Sánchez y el secretario del ayuntamiento, Adalberto García. Este documente merece un análisis profundo, Pamela J. Fuentes afirma que, en relación con los reglamentos de la prostitución en México, "durante las décadas inmediatas a 1910, el vocabulario entre regulacionistas y abolicionistas cambió, pues se incorporaron a las discusiones tanto la retórica revolucionaria como las conclusiones dictadas por la Liga de Naciones, que durante el período de entreguerras concentró muchos de sus esfuerzos en la lucha contra la entonces llamada trata de blancas" (227-228).

En el Archivo Municipal de Saltillo, encontramos el Reglamento de 1890 y en el mismo expediente varios oficios y pequeños recortes de papel en los que están escritos nombres de mujeres, algunos están firmados por el médico municipal, otros no tienen signatura ni membrete alguno[10].

Pocas veces encontramos documentos en los cuales podamos advertir la presencia de las mujeres prostitutas, su escritura, su voz. Fue una verdadera sorpresa para nosotros encontrarnos en los Archivos Municipal de Saltillo y el General del Estado de Nuevo León algunos destellos de las voces de prostitutas que se alzaron para hacer varias solicitudes. Estos documentos los analizaremos más adelante.

Los reglamentos para normar la prostitución

El primer reglamento sobre la prostitución que aparece en México tiene fecha del 20 de abril de 1862[11]. Posteriormente, en 1865, vería la luz un segundo reglamento durante el período de gobierno de Maximiliano de Habsburgo[12]. Y un tercero fue publicado en 1867[13]; de esta manera, las instituciones responsables de la disciplina moral, promovidas por la sociedad decimonónica, influyeron en una sistemática y rigurosa vigilancia, regulación y control de las prostitutas para la realización de su oficio.

La prostitución empezó a ser considerada como un problema social en el último tercio del siglo XIX en México, en un afán tanto higiénico como moralizante, la posible solución pasó a manos de los portadores de un conocimiento especializado (abogados y médicos), encargados de proteger al cuerpo social de los efectos de tal fenómeno; es a través de ellos que conocemos las normas que tenían que cumplir las prostitutas. De esta manera, los gobiernos liberales decidieron legalizar el sexo comercial, así como sus secuelas de explotación. En la élite gobernante se instaló, con resignación, la convicción de que lo mejor era aplicar la tolerancia reglamentada de una práctica que a partir de la década del 1860 pasó a ser tema obligado no solo de los médicos, sino también de periodistas, intelectuales, abogados y políticos (Núñez Becerra 8-32).

Para corroborar lo anterior, Pamela J. Fuentes destaca que:

> Durante las últimas décadas del siglo XIX y las primeras del XX, médicos especialistas se dividieron en dos grupos para discutir la pertinencia del sistema de reglamentación francés, instaurado en México hacia 1865. Las leyes de dicho sistema ordenaban el registro, la inspección y el internamiento —en caso de ser necesario— de las mujeres que estuvieran contagiadas de algún mal venéreo. (227)

Para Michel Foucault, el que las instituciones actuaran sobre el cuerpo, en este caso el de las prostitutas, mediante modos de dominación y de poder, limitándolo y cubriéndolo de órdenes y de conminaciones que estaban destinadas a transformarlo y volverlo dócil, hacían posible una visión particular para abordar la historia del cuerpo. Abrían el camino para estudiarlo (75-173).

Núñez Becerra reconstruye la historia de la reglamentación a este oficio desde diversos enfoques y épocas a través de varias miradas, entre ellas la "reglamentarista" de los higienistas, quienes pretendían identificar, clasificar y controlar a las prostitutas, mientras condenaban del todo otras sexualidades "periféricas y peligrosas" como la homosexualidad, el pecado nefando y la masturbación (40-50).

El Reglamento de la Prostitución: Saltillo, 1890 y Monterrey, 1896

Según Trujillo Bretón, en su obra sobre la Penitenciaría de Jalisco, el propósito de los reglamentos que aparecieron en México a finales del siglo XIX era "romper el viejo esquema de insalubridad, hambre, enfermedades, violencia, suplicio y vicios heredados desde la época colonial" (46-47). Se trataba de moralizar, educar las costumbres de los pobres, cambiar sus formas de sociabilidad; si bien, excluían las cuestiones religiosas o las relaciones con el pecado, lo justificaban en términos del mejoramiento moral de la sociedad dentro de una laicidad cada vez más acentuada.

El primer reglamento sobre la prostitución del que se tiene noticia en Saltillo data de 1886 y otro posterior publicado en 1890[14]. En Nuevo León, el reglamento para la ciudad de Monterrey está fechado en 1896[15]. En ellos se dibujan con claridad las pretensiones de las autoridades que, al asumir el control, delimitan sus espacios, sus horarios y características; identifican y llevan un registro puntual de la oferta a través de las licencias y de las credenciales emitidas. De esta forma, van perfilándose las bases para dar respuesta a un modelo de moralidad, sanidad e higiene y a partir del reconocimiento del riesgo de transmisión de infecciones de transmisión sexual, se ejerce un sistema de control médico obligatorio, que incluye la hospitalización de la mujer prostituta cuando así lo consideren necesaria, además de una supervisión constante y estricta por parte de los médicos e inspectores que tendrán, como un objetivo más, el perseguir los lugares clandestinos de comercio sexual.

Los reglamentos de la prostitución aparecen durante el siglo XIX en las sociedades que la consideran como "un mal necesario", pero que es imprescindible controlar por la marginalidad del sector que practica este oficio. Duchatelet, higienista francés decimonónico, propone dos principios básicos para realizar ese control: la tolerancia y la vigilancia (Estrada Urroz 21).

El reglamento de Saltillo está inserto en un cuadernillo que consta de 19 páginas[16]. En la portada se advierte el nombre, se señala que tiene la aprobación del Superior Gobierno de Estado, expedido en Saltillo en 1890 y editado por la Tipografía del Gobierno en Palacio. El de Nuevo León tiene dieciséis páginas[17]. Su nombre: Reglamento de la Prostitución en Monterrey, Tipografía del Comercio dirigida por Vicente Martínez, calle Hidalgo 15, año 1896. En ambos documentos se inserta la Patente de Tolerancia o la Libreta de Tolerancia, que incluye como parte importante la filiación específica e individual de cada mujer prostituta, con espacios para llenar con los datos de su: "Patria, Vecindad, Profesión, Edad, Estado, Estatura, Complexión, Color, Pelo, Ojos, Nariz, Boca, Señas Particulares." También se agrega: "Ha sido registrada en la clase de . . . y pagará mensualmente la cuota de $ . . ."[18]

Las mujeres aisladas y las públicas

En los dos reglamentos se establecen los procedimientos, jerarquías y obligaciones a las que se comprometen las mujeres que seguirán estas normas, con el propósito de que se repitan las acciones para alcanzar la perfección, así como de lograr el control del Estado.

Los apartados en cada reglamento están dispuestos en diferente orden, en general, abordan que son las prostitutas quienes deben respetar y someterse a la inspección no solo de salubridad, sino de la policía o de los particulares que requieran sus servicios. Según Pamela J. Fuentes, "el cumplimiento del reglamento por parte de las prostitutas recayó en las dueñas de las casas de citas, casas de asignación, burdeles y accesorias que existían en la ciudad, mismas que debían pagar contribuciones al Estado" (227).

La regulación de las actividades, la marca de los tiempos y las obligaciones están presentes en todo, desde la forma de portarse o vestirse con decencia, hasta abstenerse de hacer escándalo, ya sea en su casa, en la calle u otros lugares públicos. Se les prohibía pasear por las calles en grupos que llamaran la atención, estaba claramente establecido que no podían saludar ni interpelar en la calle a los hombres; mucho menos provocar la prostitución con señas o palabras. No les estaba permitido permanecer en las puertas ni ventanas de los burdeles; tampoco podían pasear en las plazas principales. Otra limitante consistía en que debían vivir distante de los establecimientos de instrucción y de los templos de cualquier culto; y tenían obligación de avisar a las autoridades sanitarias cuando cambiaran de domicilio, así como cuando desearan variar de clase. No les estaba permitido ocupar localidades principales en caso de que llegaran a ir al teatro, por ejemplo.

Pagos y multas

Las mujeres que se dedicaban a la prostitución tenían que realizar los pagos obligatoriamente en la Tesorería Municipal: un peso por el costo de la libreta que se les expedía y que se renovaba anualmente; y la cuota, que fluctuaba entre 2 y 5 pesos, según la clase a la que pertenecían y debía ser liquidada en forma adelantada, según el reglamento de Monterrey. En el reglamento de Saltillo, estas cuotas eran de tres pesos para la primera clase y dos para la segunda, estas dos categorías pertenecían a las aisladas (individual), las que vivían solas y necesitaban más vigilancia; y un peso para la tercera clase, que eran las públicas, las que vivían en reunión[19].

De los burdeles y matronas

¿Qué condiciones se tenían que cumplir para llamarle "burdel" a cierto espacio? Si estaban reunidas dos o más prostitutas en una casa, tenían que estar bajo la vigilancia inmediata de una mujer mayor de treinta y cinco años, llamada matrona, y entonces se configuraba un burdel. La tolerancia para establecer un burdel la acordaba la autoridad política, previa solicitud por escrito donde se indicaba la calle y número; una vez autorizada, se daba parte al inspector de Salubridad. No podía ser establecido "en casa de vecindad" y no tendría ninguna señal exterior que indicara lo que en realidad era, la puerta debía permanecer cerrada, lo mismo las ventanas y balcones cuyos vidrios serían opacados[20].

Las matronas pagaban derechos de patente: primera clase, seis pesos; segunda, cuatro y tercera, dos; y mensualmente se pagaban cuatro pesos, dos pesos y un peso, respectivamente. No sólo no podían recibir mujeres no sometidas o clandestinas, sino que tenían que denunciarlas en un plazo de veinticuatro horas; en algunos casos, las matronas debían recoger las cuotas para la tesorería municipal. Las mujeres del burdel, las prostitutas, debían vestir con aseo y decencia, no eran maltratadas y les daban bien de comer; además, les proveían los artículos necesarios para preservarlas del contagio e impedían el escándalo dentro y fuera de sus instalaciones. En el caso del reglamento neolonés, nos llama la atención que la fracción V del artículo 19, correspondiente a que "las prostitutas deben vestir con aseo y decencia, no serán maltratadas y se les dará bien de comer", tiene escrito, con tinta roja la palabra "suprimido", abarcando toda la redacción, lo que nos indica que tal vez, posteriormente, esta fracción fue desaparecida, en detrimento del bienestar de las mujeres asiladas en los burdeles[21].

Si las matronas cooperaran para prostituir doncellas, casadas, viudas o niños, se les clausuraría la casa. En los burdeles no se les permitía vivir a los afeminados, ni a las niñas mayores de tres años. Los burdeles clandestinos se cerrarían de inmediato y la matrona sería arrestada. En los reglamentos no se habla de lenones o proxenetas, pareciera que este tipo de personas no estuvieran a cargo de los burdeles. Sin embargo, sí se trata el tema de casas de asignación, una figura en la que no se habla de matrona como responsable, sino de las obligaciones de personas que quisieran abrir una casa de este tipo. Las casas de asignación son las que no están habitadas por mujeres públicas, sino que sólo son frecuentadas por ellas para entregarse a la prostitución. La cuota mensual de este tipo de establecimientos ascendía a diez pesos y tenían las mismas obligaciones que cumplían los burdeles y las matronas, la multa por infringir el reglamento era más cara, ascendía a 25 pesos. Los hoteles, mesones, fondas y sus especuladores que se dedicaran a este oficio, también tenían que registrarse y pagar por adelantado, y mensualmente entre 20 y hasta 30 pesos según la categoría.

Cuando se daban casos de separación de la prostitución, la mujer involucrada tenía que manifestar ante las autoridades los elementos con que contaba para vivir honestamente y dar una fianza para garantizar su conducta ulterior, la cual sería vigilada durante seis meses. Si al cabo de ese tiempo todo resultaba satisfactorio, se le devolvía la fianza y hasta entonces se inutilizaba la libreta. Si fallecía una prostituta se borraba del registro, lo mismo se hacía si ella justificaba haberse casado y ser económicamente dependiente de un hombre.

Estos reglamentos, en forma por demás clara y detallada, señalan los procedimientos para realizar la inscripción, el registro y la inspección semanal de las mujeres que ejercían la prostitución. En la propia libreta se iban firmando y sellando los formatos en los que se establecía que X mujer había sido reconocida por el inspector de sanidad (lugar, fecha, hora), semana a semana; este cargo era ocupado casi siempre por un médico municipal, anotándose si se encontraba apta (sana) para ejercer su oficio.

De esta forma, las mujeres prostitutas se encontraban totalmente sometidas a lo establecido en el reglamento de la prostitución, el control de sus gestos, sus miradas, la expresión corporal y la conminación al encierro estaban establecidos por las autoridades y las élites. Esto era el reflejo de una sociedad que se preocupaba por moldear los usos del decoro, las maneras de comportarse en sociedad y determinaba los lugares por dónde caminar, cómo, dónde, cuándo o con quién conversar (Elías 310)[22].

Las mujeres prostitutas se asoman a los archivos de Nuevo León y Saltillo

¿Cómo aproximarnos al ejercicio de recuperar la invisibilizada existencia de estas mujeres marginales, tanto en las sociedades del pasado como en el escaso relato historiográfico que se ha hecho de estas en la región noreste del país? Consideramos que la prostitución y las redes que se tejen a su alrededor desde el siglo XIX conllevan un estudio de la marginalidad en un doble sentido, tal y como lo proponen los estudiosos de los grupos subalternos:

Así, el prostíbulo concentra en su espacio dinámicas de construcción cultural y políticas que implican entenderlo como un espacio de sociabilidad; este espacio, por su carácter de prohibido y transgresor de normas morales, conforma un subgrupo dentro de la propia marginalidad. Estamos conscientes de que la prostitución no es un fenómeno homogéneo y que los casos previstos en los reglamentos no están dirigidos a controlar al prostíbulo elegante y discreto en el que día a día se recibían visitas permanentes de personajes ilustres de una ciudad principal, sino a los que atendían, en su mayoría, a clientes con recursos limitados. (Guha 69)

Por su parte, Pilar Gonzalbo afirma que para que el historiador penetre en lo cotidiano tiene que aproximarse a las personas, hombres y mujeres, en su individualidad, con sus sentimientos y creencias abandonando modelos, perfiles y tipos promedio y analizando los documentos con miradas diferentes. Lo que ha sido un reto porque no tenemos documentos suficientes que nos permitan hacerlo, sin embargo, hay que considerar la relevancia que supone el conocimiento de estos grupos, como el de las prostitutas, de manera más detallada, por el solo hecho de poseer lógicas propias de poder y de autoconstrucción (26-31).

¿A qué otros obstáculos nos tenemos que enfrentar cuando pretendemos aproximarnos a las mujeres prostitutas del pasado? Debido a los bajos niveles de alfabetización y escolaridad de aquellos años, es reducida la existencia de material que entregue un testimonio escrito emanado directamente de las prostitutas, que conserve el relato de sus propios discursos, actitudes, sentimientos y valores; sin embargo, los documentos del Archivo General del Estado de Nuevo León se refieren a un problema suscitado en el año de 1920[23]. Primero, vecinos de la Calzada Francisco I. Madero de Monterrey se quejan de que han aparecido casas de citas en su comunidad, mencionando que ya se habían presentado escándalos, por lo que solicitan que se tomen las medidas necesarias para que se cumpla con lo establecido en los ordenamientos generados para la operación de ese tipo de negocios. Las autoridades estatales remiten esta petición a la Presidencia Municipal. La "Corporación" realiza la investigación y firman un acuerdo por el cual determinan que se establezca la "Colonia Roja", la cual estaría ubicada a lo largo de la calle de Terán. Esta calle sería dividida en tres: de la calle Zuazua a la de Diego de Montemayor, para que ejerzan las prostitutas de primera clase; de esta a la de González Ortega, para las de segunda clase; y de la de González Ortega hasta el Río Santa Catarina para las de tercera clase, determinándose, además, que los prostíbulos estarían ubicados a todo lo largo de la mencionada calle Terán.

Según se desprende de esta documentación, ese espacio ya había sido señalado por la autoridad estatal para que fuera utilizado por las casas de asignación establecidas en la ciudad de Monterrey. Sin embargo, tal vez el tiempo había relajado la orden, o, decían los quejosos, "la autoridad sanitaria había dejado de hacer su labor de supervisión"[24].

¿Cuál es la participación de las dueñas de las casas de asignación de Monterrey en este problema? ¿Cómo es que escuchamos su voz? En 1921, un año después de publicado el Acuerdo en cuestión, las dueñas solicitan al Ayuntamiento que se dé estricto cumplimiento al contenido del mencionado Acuerdo, ya que sus negocios se están viendo afectados económicamente porque todavía existen casas de asignación que funcionan fuera del espacio autorizado como "Colonia Roja". Para corroborar su dicho, presentan una lista que contiene el nombre de las responsables infractoras y las direcciones en donde se encuentran ubicadas: calle 15 de mayo, Washington, Reforma, Mina, Ruperto Martínez, Puebla, M.M. del Llano, Aramberri, Isaac Garza, una cantina y burdel en la Calzada Francisco I. Madero y otra cantina llamada "El Rorro". Las que firman este documento aseguran haber cumplido con las recomendaciones del Ayuntamiento. Señalan que la infracción al citado Acuerdo "importa un ultraje no solo a las disposiciones emanadas de esa H. Corporación, sino también, con perjuicio de la moralidad que se ha pretendido implantar". Destacan la desobediencia manifiesta, piden un eficaz correctivo y afirman que todo esto es un grave perjuicio de la sociedad en general, repitiendo que es "un ultraje a la moral"[25].

El interés de las quejosas es solamente por cuestiones económicas, sin embargo, es preciso establecer que la prostitución está inmersa en un extenso tejido mercantil que une algunas actividades realmente productivas, como son la venta de alcoholes con la promoción de juegos de azar, corrupción, entre otros. Realmente, el "ultraje a la moral" que pregonan no lo relacionan con el oficio que desempeñan, sino con la desobediencia al confinamiento y con la pena o correctivo que exigen para las que no han dado cumplimiento al mencionado Acuerdo. Esta queja las visibiliza porque firman con su nombre completo.

El caso que hemos encontrado en el Archivo Municipal de Saltillo se refiere a la aparición de una prostituta de nombre Marina Ramírez. En un expediente que contiene el Reglamento de 1890[26], cuya signatura señala que consta de ochenta y cinco fojas, la mayoría sin fecha, también nos encontramos con pequeños reportes elaborados en papel, sin membrete, signados por el médico municipal, sin destinatario específico. Hay oficios de diversas autoridades, listados de mujeres prostitutas que cumplen con lo establecido en el reglamento y otras que están clasificadas como clandestinas; informes sobre la supervisión practicada por los inspectores de sanidad, entre otros. Entre todos estos recados, destacan dos pequeños trozos de papel; en uno de ellos, leemos lo siguiente, aunque con sus muchos errores de estilo que respetamos aquí:

Sr. Dotor Cardenas Tengo a bien notisiarle que me callo un parte de uno de mi casa que Esta muy grabe de enfermedad y me fue presiso el ir a verlo Si seme dificulta el benir para el sabado que es el día de la bisita en el ospital ágame Ud. fabor de perdonarme la falta señor Dotor Marina Ramírez[27].

El segundo está dirigido al:

Señor Presidente [municipal] Melchor [ilegible] S. Tengo el onor de notisiarle [a] Ud. que no bine a cumplir con sus ordenes por motibo que no están toda bía los rretratos Perdone Ud mis faltas tan luego como me los tengan llo pasare paraca a cumplir con sus ordenes Marina Ramírez.

Son las únicas huellas que ha dejado de su puño y letra una mujer prostituta entre 1890 y 1896, estos indicios dan cuenta de la sumisión de la mujer y del temor a ser reprendida por incumplir con el reglamento que comentamos en párrafos anteriores. ¿Cómo analizar estas huellas? En el caso de la prostitución, los círculos de sometimiento y la subordinación se daban dentro de un mismo ámbito social, es decir, se estructuraban sobre la base de relaciones de poder que no se pueden entender bajo la lógica de dominación entre clases sociales, sino que deben leerse desde la reconstrucción de las redes sociales que configuraron una variada gama de espacios de sociabilidad, dentro de los cuales se encuentra el prostíbulo. Si la mujer prostituta estaba sometida de forma permanente a cualquier tipo de autoridad, su comportamiento se mantenía y se normalizaba. De esta persona conocemos su nombre: Marina Ramírez; sabía leer y escribir, aunque su escritura era deficiente, por otros documentos que se encuentran en el expediente sabemos que era la responsable de una casa de asignación. Se puede tener la certeza de que abrió un burdel de segunda clase en el callejón de la Palma, en octubre de 1894. En él se asilaban María Guerrero, Ángeles E(ilegible) y María Rodríguez. Por lo que pagaba, su burdel estaba incluido en las más altas cuotas, en una lista aparece con $4.00 y en otra, como dueña, con $18.00.

Son todos los datos que hemos podido identificar, sin embargo, teníamos la responsabilidad de presentar la voz, aunque muy débil, de una mujer prostituta de Saltillo a finales del siglo XIX. Esta mujer participó como actora en un campo en el que, por definición, había sido marginada tanto en lo político como en el discurso historiográfico. Ella, desde su pequeño mundo, fue autoconstructora de su realidad y de su destino.

Conclusiones

En el México porfiriano y en las primeras décadas del siglo XX, el silencio sobre el sexo y la sexualidad al interior de la familia adquirió un significado particular para defender el propósito fundamental de las relaciones sexuales conyugales, que era el de procrear. Por otra parte, el temor o pánico moral que se generaba sobre los supuestos peligros que esto conllevaba —sobre todo la prostitución y el adulterio—, hizo que la sociedad construyera una codificación más propia para sus deseos de orden y progreso, que había sido delineada con años de antelación por el deber ser del discurso religioso. El pueblo, en su mayoría analfabeta, se quedó con lo pregonado a través del púlpito de la Iglesia católica y con la transmisión oral que se realizaba desde la familia y que alertaba a toda la sociedad de las asechanzas de ciertos peligros, aunque empleando, casi siempre, un lenguaje encubierto. La codificación que hemos analizado estaba encaminada a normalizar a esos seres "anormales" (como los nombra Foucault), a los que la sociedad burguesa temía, en este caso, las prostitutas. Había que conocerlas, catalogarlas y controlarlas, o bien, enviarlas al lugar más ad hoc, al prostíbulo; ahí, encerrarlas, y no permitirles ni que asomaran la nariz. Pretendían hacerlas invisibles, aunque muchos eran testigos de su existencia. Es innegable que la prostitución tuvo en el burdel su lugar de tolerancia. En ese lugar se encontraban mujeres públicas, matronas, lenones y clientes; estos dos últimos personajes no aparecen hasta bien entrado el siglo XX. No había represión o prohibiciones tajantes, había "tolerancia". En el burdel, el sexo tenía derecho a formas reales, pero como si este se produjera en una ínsula, con discursos clandestinos, circunscritos, cifrados. A las mujeres ahí confinadas ni siquiera se les llamaba prostitutas (su nombre más universal), sino que la sociedad pudorosa de la segunda mitad del siglo XIX y principios del XX las llamaba con nombres que consideraba menos ofensivos como: hetairas, mujeres públicas, pécoras, mesalinas y mujeres de la vida alegre. Todos y cada uno de estos nombres proporcionan información social, pero encubren una realidad que la sociedad procuraba negar o invisibilizar.

Si bien hemos analizado algunos reglamentos acerca del control que las autoridades ejercían sobre ellas, tenemos que seguir nuestro estudio en este sentido y buscar los cambios que se realizaron hasta 1940 y los que siguieron, porque todavía estas normas están en discusión actualmente. Por otra parte, nos quedaba un gran pendiente: buscar y estudiar a las verdaderas protagonistas, niñas, adolescentes y jóvenes, que eran la carta fuerte para hacer frente a las pulsiones sexuales de quienes lo demandaban; a ellas, a estas mujeres, apenas empezamos a historiarlas. En este estudio apareció tímidamente en los papeles de los archivos de Saltillo Marina Ramírez, dueña de un burdel; hicieron su entrada triunfal, meretrices de Monclova con algunas imágenes, que se encuentran en espera de un estudio especial; y, en Nuevo León, identificamos a Mdme. Bessiles, Evarista Castillo, Isabel Espinosa, Gudelia Márquez, Luz Mejía, María Martínez y Ángeles G. García. Por fin, podemos nombrarlas, tienen cuerpo, muestran sus sentimientos, todavía no podemos decir que las conocemos completamente. Seguiremos intentando otras aproximaciones, otros acercamientos.

Obras citadas

Elías, Norbert. La société de cour [1969] Prefacio de Robert Char-
tier. Paris, Calmann-Lévy, 1974.

Farge, Arlette. La atracción del Archivo. Ediciones Alfons el Magnànim, Institució Valenciana d'Estudis i d'Investigación: España.
1991.

___. Efusión y tormento. El relato de los cuerpos. Historia del
pueblo en el siglo XVIII. Traducido por Julia Bucci, Madrid, Katz
Editores. 2008.

Foucault, Michel. II. El gran encierro y III. El mundo correccional.
Historia de la locura en la época clásica. I, traducido por Juan José
Utrilla, México, FCE, 1976.

Fuentes, Pamela J. "Burdeles, prostitución y género a través de los
procesos de lenocinio. Ciudad de México, década de 1940".
Vicio, prostitución y delito. Mujeres transgresoras en los siglos
XIX y XX, coordinado por Elisa Speckman Guerra y Fabiola
Bailón V., México, UNAM. Instituto de Investigaciones Históric-
as, 2016, pp. 227-228.

Gonzalbo, Pilar. Introducción a la Historia de la Vida Cotidiana.
Ciudad de México, COLMEX, Serie Colección Tramas, 2006.

Guha, Ranahit. "Prefacio de los estudios subalternos". La (re)vuelta
de los estudios subalternos, una cartografía a (des)tiempo, editado por Raúl Rodríguez, Santiago de Chile, Editorial Quillca,
2011.

Núñez Becerra, Fernanda. La prostitución y su represión en la ciudad de México, siglo XIX: prácticas y representaciones,
Barcelona, Gedisa Editorial, 2002.

Reglamento de mugeres públicas. Reglamento para la Prostitución
en México, 1867. Archivo Histórico de la Secretaría de Salud
(AHSS). Cd. de México.Fondo: Salubridad Pública, Secc.:
Inspección Antivenérea, Caja 2, Exp. 1, 1867, 22f.

Reglamento de la Prostitución, 1865. Archivo General de la Nación
(AGN). México, Ramo Gobernación, Legajo 1790 (1), Caja 1,
Expediente 2, 21 f.

Reglamento sobre la Prostitución en México, 20 de abril de 1862.
Gutiérrez Flores, A. Leyes de Reforma: Colección de las disposi-

ciones que se conocen con este nombre publicadas desde el año de 1855 al de 1868. México, Editorial Constitucional, 1870.

Robles Maloof, Jesús Roberto. "Derechos de la Mujer, Moral Sexual y Prostitución". Tercer Certamen de Ensayos en Derechos Humanos. Los Derechos Humanos de la Mujer. Comisión de Derechos Humanos del Estado de México, 2000. pp. 11-41.

Trujillo Bretón, Jorge Alberto. Entre la celda y el muro: rehabilitación social y prácticas carcelarias en la penitenciaría jalisciense Antonio Escobedo (1877-1911). El Colegio de Michoacán, A.C., Zamora, Mich. México, 2007, Tesis de Maestría.

____. "Princesas rusas. El fenómeno de la prostitución en la Guadalajara Porfiriana Miradas en la noche. Estudios sobre la prostitución en Puebla, coordinado por Gloria Tirado Villegas, Puebla, Benemérita Universidad Autónoma de Puebla, 2007.

Urroz, Rosalina Estrada. "Entre la tolerancia y la prohibición de la prostitución: el pensamiento del higienista Parent Duchatelet". México Francia: Memoria de una sensibilidad común siglos XIX-XX. Tomo I [en línea], Mexico: Centro de estudios mexicanos y centroamericanos, 1998, books.openedition.org/cemca/4079, doi.org/10.4000/books.cemca.4079

Weeks, Jeffrey. "La invención de la sexualidad". Sexualidad. México, Paidós, PUEG, UNAM, 1998, pp. 21-46.

Zemon Davis, Natalie. "Postfacio. Los silencios de los archivos, la celebridad de una historia". El regreso de Martin Guerre, traducido por Helena Rotés. México, Ed. Akal, 2013. 157-178.

Archivos consultados

Archivo General del Estado de Coahuila. (AGEC) (FSXIX y XX). (Base de datos) (consultado el 23 de agosto de 2020), ahc.sfp-coahuila.gob.mx/modulo23.php?opcion=1

Archivo General del Estado de Nuevo León, Fondos SALUD, PROSTITUCIÓN, c1, e3, 1878-1935.

Archivo Municipal de Saltillo (AMS), Fondo Jefatura Política (JP), caja 16, expediente 3, 85 fojas. 1890.

Notas

[1] Arlette Farge (1941-). Historiadora francesa, estudió Derecho e Historia del derecho. Especialista en la historia del siglo XVIII en París, se ha ocupado de estudiar los comportamientos populares (opinión pública, familia, sensibilidades) a partir de los archivos policiales.

[2] Arlette Farge, *La atracción del Archivo,* ediciones Alfons el Magnànim, Institució Valenciana d'Estudis i Investigació. España, 1991.

[3] Natalie Zemon Davis, "Postfacio. Los silencios de los archivos, la celebridad de una historia". *El regreso de Martin Guerre,* traducido por Helena Rotés, Ed. Akal, 2013, pp. 157-178

[4] Archivo General del Estado de Coahuila. (Base de datos), ahc.sfpcoahuila.gob.mx/modulo23.php?opcion=1

[5] Archivo General del Estado de Nuevo León (AGENL), SALUD, PROSTITUCIÓN, c1, e3, 1878-1935.

[6] Archivo General del Estado de Coahuila (AGEC), FSXIX, C29, F15, E10, 14F. Reglamento sobre la prostitución. 1894.

[7] AGEC, FSXIX, C20, F1, E10, 8F. Libro de registro de prostitutas de Monclova de 1901 (contiene fotografías): Salazar, María; López, Modesta; Reyes, María; Pérez, María; Aguirre, Juana; Niño, Leonor; Pérez, Clara; González, Natalia; Rodríguez, María Paula; González, Adela; García, Refugio; Blanco, Concepción; Vázquez, Guadalupe; Carrero, Refugio.

[8] AGEC, FSXX, C34, F6, E5, 7F. El Consejo de Salubridad de México envía al gobernador del estado de Coahuila, un cuestionario para ser contestado y devuelto, referente a la prostitución en toda la entidad.

[9] AGEC, SXX, C19, F1, E6, 6F. State Wide Commission of Maryland informó al Presidente Municipal de Saltillo, algunos meses antes, que el Hon. Phillips Lee Goldsborough, Gobernador del Estado de Maryland, nombró una comisión de quince individuos para que estudiasen las condiciones de la prostitución en el estado de Coahuila.

[10] Archivo Municipal de Saltillo (AMS), Fondo Jefatura Política, (JP), caja 16, (c16), expediente 3, (e3), 85 fojas. (85f) 1890. Se encuentran en este expediente la lista de mujeres inscritas en la Sala de Sanidad 1884.

[11] Reglamento sobre la Prostitución en México, 20 de abril de 1862. Gutiérrez Flores, A. Leyes de Reforma: Colección de las disposiciones que se conocen con este nombre publicadas desde el año de 1855 al de 1868. México, Ed. Constitucional, 1870.

[12] Reglamento de la Prostitución, 1865. Archivo General de la Nación (AGN), México, Ramo Gobernación, Legajo 1790 (1), Caja 1, Expediente 2, 21 f. Este reglamento está inspirado en las normas francesas para controlar el ejercicio de la prostitución, implantadas por el higienista Parent Duchatelet. Véase: Urroz, Rosalina Estrada. "Entre la tolerancia y la prohibición de la prostitución . . ."

[13] Reglamento de mugeres [sic] públicas. Reglamento para la Prostitución en México, 1867. Archivo Histórico de la Secretaría de Salud (AHSS). Cd. de México. Fondo: Salubridad Pública, Secc.: Inspección Antivenérea, Caja 2, Exp. 1, 1867, 22f.

[14] AMS, JP, c16, e3, 85 f. 1884. El Reglamento tiene 19 páginas.

[15] AGENL, SALUD, PROSTITUCIÓN, caja 1, expediente 3, 1878-1935. En el mismo expediente se encuentra resguardado otro reglamento de la prostitución, perteneciente al estado de Yucatán, del año de 1915.

[16] AMS, JP, c16, e3, 85 f. 1884.

[17] AGENL, SALUD, PROSTITUCIÓN, c1, e3, 1878-1935.

[18] AMS, JP, C16, e3, 85 f. 1884, aparece en la sexta hoja del cuadernillo sin paginado que contiene el "Reglamento de la Prostitución. expedido por el R. Ayuntamiento de esta capital y aprobado por el Superior Gobierno del Estado. Saltillo. 1890. Tip. del Gobierno en Palacio".

[19] AMS, JP, c16, e3, 85 f. 1884 y AGENL, SALUD, PROSTITUCIÓN, c1, e3, 1878-1935. En estos expedientes ver lo relacionado con los Reglamentos de la Prostitución para Saltillo y Monterrey, respectivamente.

[20] AMS, JP, c16, e3, 85 f. 1884. El contenido que se describe pertenece al Reglamento de Saltillo. "Vidrios opacados" significa que los vidrios de ventanas o puertas que dieran a la calle deberían ser tallados con arena para que no se permitiera la visibilidad o, en su defecto, en los cristales se pegaría papel de color (con pegamento utilizado por los carpinteros), para evitar que las personas de la calle pudieran asomarse y ver lo que sucedía en el interior del burdel.

[21] AGENL, SALUD, PROSTITUCIÓN, c1, e3, 1878-1935. Ver el Reglamento de la Prostitución para Monterrey.

[22] Norbert Elías, en su obra *La Societé de Cour*, señala que en un sistema de rivalidades (monarquía, nobleza, burguesía) las tensiones son constantes, por lo que es necesario cultivar "ciertas cualidades": el arte de observar a sus semejantes y de observarse a sí mismo a fin de disimular sus pasiones, sus sentimientos, de reprimir su ira, el arte de "moldear" a los hombres. Según Elías, así se manifestaba "el proceso de civilización" en el cual "la sociedad de la corte es una escuela de disciplina y [buen] comportamiento, es el crisol del hombre moderno y Versalles es un espacio creador de normas".

[23] AGENL, SALUD, PROSTITUCIÓN, c1, e3, 1878-1935.

[24] AGENL, SALUD, PROSTITUCIÓN, c1, e3, 1878-1935.

[25] AGENL, SALUD, PROSTITUCIÓN, c1, e3, 1878-1935. En este expediente ver la carta firmada por las mujeres a que se hace referencia en el presente texto.

[26] AMS, JP, c16, e3, 85f. 1884.

[27] Para mayor claridad se moderniza el recado, corrigiendo las faltas de ortografía y de redacción: "Señor Doctor Cárdenas, Tengo a bien notificarle que me cayó un parte de uno de mi casa que está muy grave de enfermedad y me fue preciso el ir a verlo. Si se me dificulta el venir para el sábado que es el día de la visita en el hospital, hágame usted el favor de perdonarme la falta, señor Doctor. Marina Ramírez".

María Luisa Garza (Loreley) y Hortensia Elizondo: Modernismo y naturalismo escrito por mujeres en el diario *El Porvenir* de Monterrey, 1929-1933

Paulo de la Cruz Alvarado
Universidad de Monterrey

Los estudios sobre la modernidad y el naturalismo literario están todavía lejos de ser agotados. Deuda similar encontramos al momento de abarcar la narrativa mexicana del norte; un tono acorde aparece en el camino al hablar de la mujer y la cultura escrita. Este estudio pone en punto de cruce estos tres temas. Bajo un enfoque transnacional que mira y expone el tránsito de formas y temas del modernismo y el naturalismo, de lo europeo a la frontera norte mexicana, después de observar el caso hispanoamericano, este texto busca valorar la cultura escrita por mujeres de principios del siglo XX. Esta investigación se concentra en las obras literarias de María Luisa Garza y Hortensia Elizondo, publicadas en el diario *El Porvenir* en 1929 y 1933, respectivamente, a fin de enunciar algunas adopciones, adaptaciones o abandonos de los elementos constitutivos del modernismo y naturalismo.

En el noreste mexicano todavía está en deuda el rescate de los textos escritos por mujeres del siglo XIX y de principios del XX. En Nuevo León, el primer libro escrito por una mujer fue publicado hacia 1898 (Braña y Martínez IX), pues las redes de acceso a las letras estaban vedadas para ellas y no fue sino hasta 1865 que una

mujer, María Josefa Niño de Córdoba, funda "el primer plantel oficial de instrucción primaria para niñas en Monterrey" (XIII)[1]. La formación magisterial ofreció a las mujeres de la época herramientas
para el manejo de las palabras y, mediante su uso, transgredir por
medio del lenguaje. "Ávidas por espacios dónde difundir su obra,
encontraron en el ejercicio periodístico el medio idóneo, acaso el
único, para expresarse" (XIV). Así, en 1874, bajo la dirección del
educador Miguel F. Martínez[2], se fundó el semanario *El jazmín.* "Su
redacción estaba formada casi totalmente por mujeres. Por sus características femeniles fue el precursor de *La violeta*" (González
180). Actualmente, Donna Marie Kabalen Vanek, María Teresa
Mijares y Nora Marisa León-Real Méndez, investigadoras del
proyecto Conacyt La mujer en la cultura transnacional de la frontera
norte México-Estados Unidos: las prácticas de lo escrito, 1850-
1950, han recuperado 482 páginas de *La violeta: Quincenal de Literatura, Social, Moral y Variedades,* un periódico del noreste de
México escrito por mujeres. Sus años de circulación abarcan 1887,
1888, 1889, 1893, 1894. La primera directora fue Ercilia García y la
primera redactora, María Garza González (Kabalen).

Acerca del periodismo en Nuevo León, los historiadores Israel
Cavazos Garza y César Morado Macías apuntan que fue hasta el
periodo republicano cuando apareció gradualmente la libertad de
expresión. "En 1919, en plena revolución apareció *El Porvenir*
primer periódico moderno de Monterrey, si acaso precedido por
The Monterrey News diario bilingüe publicado durante el porfiriato"
(Cavazos y Morado 122). Entre las mujeres de Nuevo León que han
escrito para *El Porvenir,* desde su fundación y hasta 1950, podemos
contar a María Luisa Garza, Hortensia Elizondo Cisneros, Adriana
García Roel[3], Esperanza Castillón, Herlinda Alardín Rosas[4], Catalina D'Erzell y María Elena Espejo. El mismo diario ha registrado
noticia de las mujeres escritoras del norte mexicano, como la labor
magisterial de la violinista Celia Treviño (7 de septiembre de 1948,
p. 12), quien en 1958 publicó su extensa autobiografía *Mi atormen-
tada vida;* así como un perfil biobibliográfico para Josefina Niggli[5]
(27 de junio 1937, p. 1); y las amplias felicitaciones para Adriana
García Roel, bajo un formato editorial (14 de noviembre 1943, p.

13), tras la obtención del nacional premio "Lanz Duret", convocado por el diario *El Universal,* con su novela *El hombre de barro.* Esta breve exposición del contexto sociocultural sobre las prácticas educativas y de escritura para las mujeres de Nuevo León ayudará a comprender los contenidos y las formas que autoras como María Luisa Garza y Hortensia Elizondo presentaron para *El Porvenir,* a fin de apuntar algunas novedades literarias para los estudios sobre el modernismo y el naturalismo, respectivamente.

Modernismo y la pregunta por lo poscolonial en María Luisa Garza, Loreley

Los "New Modernist Studies", al menos desde 2005, han estado liderados por académicos como Laura Doyle y Laura Winkiel, quienes en *Geomodernisms. Race, Modernism, Modernity* reenfocan la atención hacia "a locational approach to 'modernisms' engagement with cultural and political discourses of global modernity" (Doyle y Winkiel 3). La impronta fue continuada por autores como Susan Stanford Friedman, Patricia Novillo-Corvalán, Ivan A. Schulman y Dominic Davies, entre otros. Desde entonces, estos New Modernist Studies "have called for the implementation of new spatial and temporal paradigms to reflect the multiplicity of modernisms in geographical regions hithero ommited from the prevailing Anglo-European canon, it has become paramount to reconceptualise modernisms and modernities across new global contexts" (Novillo-Corvalán 6).

Susan Stanford Friedman, por ejemplo, ofrece una teoría de los modernismos policéntricos, a fin de "locate many centers of modernity across the globe, to focus on the cultural traffic linking them, and to interpret the circuits of reciprocal influence and transformation" (429). Por su parte, Ivan A. Schulman se ha sumado a las nuevas aproximaciones que buscan un valor nuevo en los trabajos de José Martí, Rubén Darío y Manuel Gutiérrez Nájera. Si bien el foco que presenta en Painting Modernism es suscribirse "to a revisionist notion of the nature and development of modernism that eschews micro in favor of macro discursive conceptualizations and produces a discourse that is visionary" (XI), la propuesta de Schulman alcanza a advertir los límites del discurso crítico tradicional sobre el modernismo latinoamericano que "has preferred to emphasize a normative modernism viewed in terms of self-referentiality, fragmentation, elitist or escapist concepts, as well as subjective notions of cultural and aesthetic authenticity" (XI).

Hay en los New Modernism Studies una motivación para ejercer aquello que los mismos escritores modernistas buscaban, a saber, "the new horizons for alternatives to status quo; their longings for release or change were expressed through transgressive, often daring discursive practices" (Schulman 9). Una de estas alternativas no estudiadas es la que han ofrecido las escritoras modernistas mexicanas, y una de estas escritoras ha sido Loreley, seudónimo de María Luisa Garza. Loreley ejerció ampliamente el periodismo, la práctica y administración docente, así como labores humanísticas y humanitarias en una época y en un lugar en el que la mujer ha sido relegada. María Luisa Garza nació en Cadereyta[6], en el Estado de Nuevo León, México, el 25 de agosto de 1887, muy lejos de la capital mexicana, pero muy cerca de la frontera norte y a unos 35 kilómetros de la capital estatal, Monterrey.

Loreley "radicó un tiempo en la ciudad de San Antonio, Texas, donde dirigió el periódico en español *La Época,* destinado a los mexicanos emigrados en Estados Unidos" (Braña y Martínez 19). *La Época.* Semanario Independiente (1918-1927) fue dirigido por Carlos Quintana, en tanto Garza fue jefa de redacción (Rubio Pacho). "En *El Imparcial* de Texas de San Antonio, a Loreley se le pone a cargo de la columna 'Crónicas femeninas' en donde publica semanalmente" (Baeza 62). En la misma ciudad texana fundó la revista *Alma Femenina.* "En 1923 regresó a México donde conoció a Gabriela Mistral, gracias a la cual ocupó la secretaría de la escuela hogar que lleva el nombre de la poetisa chilena" (Ocampo 146). En la Ciudad de México fue redactora de planta en el periódico *El Universal Gráfico;* escribió asimismo "para numerosas publicaciones de provincia" (Braña y Martínez 19), entre ellas, para el diario *El Porvenir* de Monterrey, al menos, desde 1926 y hasta 1929 como corresponsal de Los Ángeles, California.

En este periódico, María Luisa Garza publica una serie breve de columnas con un título alusivo a California, como "Cosas de California." Dios y Ley" (9 de septiembre 1929, p. 3), "¿Por qué la maté? Leyendas californianas" (11 de mayo 1929, p. 3) o "Cosas de California. Lady Drumon en el Graff Zeppelin" (24 de septiembre 1929, p. 3); así como un "Intermezzo lírico" en el que aparece su poema "Como hermana y hermano" (10 de octubre de 1926, p. 3). Su nombre y seudónimo son en el mismo diario protagonistas de noticias, como "Lleva una noble misión de la Sociedad nacional protectora de la infancia a los E. Unidos" (13 de abril 1929, p. 5). Es también sujeto de halagos periodísticos, como el que escribe Francisco Díaz Barreiro, "A la inteligente escritora 'Loreley'"[7] (26 de octubre 1921, p. 4), así como de páginas sociales (7 de marzo de 1925, p. 5).

Como docente, Garza fue subdirectora de la Escuela Normal para Maestros en Monterrey. Entre sus labores humanitarias se registra que fue fundadora y presidenta de la Cruz Azul Mexicana, "organización que defendía a los mexicanos indocumentados" (Braña y Martínez 19); fue comisionada para representar a México en la Mesa Redonda Panamericana de Nueva York; fue secretaria y directora de la Escuela Hogar "Gabriela Mistral". "Viajó a Los Ángeles, Calif. para visitar escuelas, tribunales infantiles e institutos dedicados a la protección de la infancia, modelos que se establecieron posteriormente en México" (19). En Texas publicó su novela *Los amores de Gaona* (Art Adverstising Co. 1922); en California, *Tentáculos de fuego* (Rene Bouchet Publ. 1930), "dedicada a los obreros" (Braña y Martínez 19); en México, *Alas y quimeras* (Edit. Cultura 1924) y *Soñando un hijo* (Imprenta mundial 1937). Tiene un libro de cuentos, *Hojas dispersas,* y de poesía, *Escucha* (1925); además, dos inéditos, *Raza nuestra* y *Más allá del Bravo.* En todas estas obras "el personaje principal es femenino" (Braña y Martínez XXI).

Su seudónimo corresponde a un personaje femenino de la mitología germana, Loreley del Rhin[8], "una hermosa doncella que desde un peñón cantaba y atraía a incautos que navegaban por el río para después devorarlos" (Braña y Martínez XXI). María Luisa Garza se autodefine "como mujer honrada, mi reputación está muy por encima de toda maledicencia para quien me conoce. Como escritora y periodista, sobra quien sepa, que ni insulto por odios, ni quemo incienso por dinero" (Garza, "Carta de Loreley . . ." 114). "¿Por qué la maté?" forma parte de las columnas que Loreley enviaba para *El Porvenir* desde Los Ángeles, California. Fue publicada el sábado 11 de mayo de 1929, en la parte inferior de la página 3. En la misma página aparecen los autores Carlos Polo, el abate seiyés (seudónimo de Eduardo Martínez Celis) y Alfonso G. Alarcón.

En "¿Por qué la maté?", una narradora con raíces hispanoamericanas en primera persona confiesa el asesinato que cometió en contra de la negra Helen. En el primer párrafo justifica su confesión: "Oh sí . . . Yo maté a la negra Helen. Yo la maté, pero escuchad si tuve o no razón para cometer tal crimen" (Garza, "¿Por qué la maté?" 3)[9]. Agrega que la mató "en legítima defensa", pues "desde que se ha ido nunca más han vuelto los sueños espantosos a torturarme".

Muertos los padres cuando era una niña, la narradora creció sola al lado de los criados, puesta al cuidado de la negra Helen. La familia de la chica era acaudalada; vivía en el rancho californiano, propiedad de los Gómez Lizardi "desde la época de las Misiones". Entre sus parientes cuenta a Fray Junípero. Las rentas de aquella fértil tierra se extendieron por generaciones. Por su parte, Helen era nieta de una esclava de la familia, "cuando aún en Estados Unidos no había sido abolida la esclavitud". Cada noche, Helen cantaba a la niña con un instrumento parecido a la bandola que heredó de su abuela. En una de esas noches, "Helen se tornaba misteriosa y sus cantos eran truncados por un sollozo. Mira, me decía, aquella estrella que está parpadeando en el espacio es la tuya . . . Nunca te embarques". Desde aquella noche, la narradora comenzó a soñar con naufragios, "olas encrespadas, barco deshecho y la voz del capitán precipitando al salvamento a la tripulación".

La suerte metió en casa al tío Miguel, quien había decidido descansar "de sus andanzas tenoriescas" en el rancho californiano de la familia. "Su buen humor y su gentileza" le valieron la simpatía de su sobrina, quien se animó a pedirle al tío su ingreso en un colegio de San Francisco, pues la chica, "que venía de la raza hispana, no sabía leer dos palabras en el idioma cervantino". Así se hizo y cambió la narradora su domicilio al cuidado de las monjitas del Verbo Encarnado, en San Francisco. "Nada me contentó más en aquella nueva vida conventual . . . como verme libre de Helen". El tío Miguel otorgó la visita de Helen en San Francisco, y esa misma noche "la glacial pesadilla me hincó la garra. Amanecí enferma sin poder levantarme". La sobrina contó todo a su tío, quien "poseía un gran corazón y una amplitud de criterio otorgado por las muchas y buenas lecturas de que había llenado las horas de soltería". Aconsejada por el tío, la sobrina intenta hacer las paces con Helen, quien de nueva cuenta entra en su vida, esta vez, para prepararle a la hispana su presentación en sociedad. De naufragios y presagios no se habló más. Aquella "season", la chica quedó enamorada de Edmond Gar, hijo de un viejo amigo del tío Miguel y teniente de navío, ascendido a capitán del "Florida" tras casarse con la narradora y con una comisión a oriente. En el embarcamiento, Helen también había ido al puerto, sin invitación. "Notábase que no quería ser vista, tal su actitud tras un cargamento. Perfectamente observé que extendiendo sus manos huesudas y oscuras hacía ademán como de borrar un conjuro sobre mi cabeza".

Al octavo día de navegación, el "Florida" sucumbió ante una tempestad. El capitán Edmond despidió con besos a su esposa a quien puso en "las barcas salvadoras". De regreso en el rancho californiano, la narradora confiesa haber visto a Helen: "No puedo explicarlo, pero me levanté de un salto y entre mis manos débiles cogí su cuello duro y sudoroso y apreté sin que ella hiciera resistencia. Apreté hasta saciarme, anhelante de matar con ella el recuerdo tan amado. ¡Qué demasiado tarde la maté!".

El modernismo de María Luisa Garza, Loreley, no está delimitado claramente, así como ocurre con otros modernismos de otras épocas y latitudes. Sin embargo, un punto de coincidencia estriba en la cuestión por lo moderno. Para Novillo-Corvalán, una aplicación de los New Modernist Studies "implies an understanding of how literary texts deal with projects of decolonization" (8). Por ejemplo, Dominic Davies menciona que el modernismo antimperial practicado por Leonard Woolf alcanza a cuestionar "the interrelation between capitalism and imperialism as two separate, but mutually sustaining, modes or exploitative practice" (47).

Ivan A. Schulman recuerda que en América Latina, 300 años de estructuras coloniales desaparecieron durante el siglo XX de jure, aunque remanentes operativos continuaron activos durante un periodo poscolonial, creando posiciones ideológicas conflictivas entre artistas e intelectuales. "The rise of radically new, modernist imaginaries was bedeviled by the persistance of inherited colonial essences, a fusion that created a uniquely hybrid mind-set. Hybridity generated new linguistic codes and revolutionary discourses as early as 1875, reflecting the social structures and ideologies ushered in by modernization" (Schulman XII). No es de extrañar, pues, que "Latin American writers and intellectuals reacted ambivalently to the conditions of modernity" (Novillo-Corvalán 36).

En América Latina, modernismo, naturalismo, romanticismo e incluso el arielismo, coexistieron sin fronteras intransitables entre uno y otro movimiento. De esta forma se entiende que estudiosos como Nora Castillo afirmen para Loreley rasgos del arielismo impulsado por José Enrique Rodó. La cuestión capitalista es tema compartido entre el modernismo y el arielismo, por lo que Castillo suele afirmar a Loreley dentro de este[10].

Una lectura similar hace Nicolás Kanellos al señalar que "al escribir regularmente, bajo el seudónimo de Loreley, su columna titulada 'Crónicas femeninas' en *El Imparcial de Texas,* periódico de San Antonio, Garza criticó la americanización de las mujeres mexicanas en Estados Unidos" (303).

No es contradictorio que algunos tópicos del modernismo puedan ser descubiertos en la crónica de María Luisa Garza, como lo hace Gabriela Baeza Ventura para aquellas columnas periodísticas en *El imparcial de Texas:* "Su método consiste en dar muchos ejemplos de personajes mitológicos, bíblicos e históricos para que las lectoras entiendan la lección" (Baeza 63). La redacción de Loreley para sus publicaciones en *El Porvenir* permite sumar a su modernismo literario el problema de la descolonización. Si el modernismo de autores como Leonard Woolf se concentra en las relaciones estrechas entre el capitalismo y el imperialismo, Loreley lo hace sobre el pasado colonial hispano y su poder simbólico poscolonial. En "¿Por qué la maté?", el antagonismo entre la narradora y la negra Helen parte de una arena común, esto es, el pasado colonial. La narradora es descendiente de colonizadores, mientras que Helen lo es de colonizados. El pasado colonial de la narradora es constantemente recordado. Entre los antecesores de la asesina se registra a Fray Junípero. Aunque la narración no lo explica, el nombre y la profesión llevan la carga nominal de Junípero Serra (1713-1784), el fraile franciscano fundador de misiones en la Alta California del siglo XVIII. El mismo religioso lleva hoy la carga simbólica de la colonia, como apunta David Hurst Thomas: "Many, however, see Serra in a less favorable light, pointing to the role of these very Spanish missions in devastating the indigenous populations" (186). En otra escena del cuento en estudio, cuando llega al rancho californiano el tío Miguel, la narradora lo presenta como la "única persona de la casa Gómez de Lizardi, que me ayudaba a sostener el abolengo ilustre". El mismo tío, ya en San Francisco, se encargó de buscar "la forma de dilapidar sus últimos años al compás de sus millones fruto de las rentas producidas por extensas tierras del solar de los Gómez de Lizardi, establecidos en California, desde la época de las Misiones". Los antecesores de la chica son "colonizadores de los primeros en aquella fértil tierra, el tiempo sin sentirlo fueles aumentando su caudal, hasta hacerlos inmensamente ricos".

En contraparte, Helen es descrita como descendiente de colonizados. Su abuelita, "esta su antecesora, fue adquirida por mis mayores, cuando aún en Estados Unidos no había sido abolida la esclavitud". La narradora reconoce a Helen como una "infeliz y fiel sirviente que sólo abnegaciones tenía para nosotros. Mi madre, dicen que la distinguió con su aprecio bondadoso".

El pasado colonial hispano representa un problema para el presente de Loreley. María Luisa Garza expone esta dificultad que los modernistas también advirtieron; por ejemplo, Leonard Woolf, "as a reluctant insider" (Novillo-Corvalán 59) del imperio británico, critica la interrelación entre capitalismo e imperialismo, "modes of exploitative practice" (Davies 47). Ella, Loreley, como heredera de la colonia española, tiene frente a sí la pregunta sobre qué hacer con esa herencia.

Nuevos rasgos modernistas pueden ser descubiertos al buscar la respuesta a esta pregunta en el texto de Loreley, pues, como otros modernistas, ella también recurrirá a los elementos simbólicos. Los objetos, el espacio y los tiempos dan connotación a una respuesta sobre lo moderno que caerá en la moral ambigua. Uno de los objetos que carga el pasado colonial es el retrato de Fray Junípero: La primera noche en que Helen anunció el funesto presagio, "atormentaba mis pocos años . . . la sombra de Fray Junípero que decían emparentado con uno de nuestros antecesores y del cual se guardaba en la galería de antepasados severo y místico retrato". Los espacios del "rancho californiano de mis mayores", en donde la chica es criada por Helen y en donde se refugia el tío Miguel, así como "las extensas tierras del solar de los Gómez de Lizardi", vinculan también el presente narrativo con la carga colonial. Refuerzan el símbolo las constantes analepsis parentéticas como "yo, que venía de raza hispana", "desde la época de las Misiones" o "colonizadores de los primeros en aquella fértil tierra" (Garza, "¿Por qué la maté?" 3).

Entre los objetos de carga simbólica en Helen se encuentra un instrumento musical, "antiguo, parecido a la bandola". El espacio no le pertenece, su único sitio de felicidad es en compañía de la narradora, "en la terraza de la casona, sentábase a mi lado". Cuando la chica fue a vivir a San Francisco, Helen no se encontró con ella hasta "sólo una vez en vacaciones", sólo entonces estuvo "encantada la negrita de verme nuevamente suya". El tiempo de Helen está en el pasado, en su instrumento "antiguo". Es "melancólica", el porvenir para ella es desastroso: "Nunca te embarques. Una desgracia infinita te caerá el día que lo hagas". Los cambios, le exasperan, como cuando "vio la llegada de mi pariente (el tío Miguel) con cara de pocos amigos" (Garza, "¿Por qué la maté?" 3).

Un elemento de distanciamiento simbólico entre ambas mujeres es la tradición o prácticas culturales adquiridas. Helen tiene los "cantos melancólicos y raros, legados por su abuelita", así como una práctica y creencia astrológica que la narradora describe como "la perniciosa influencia de la negra que no sabía otra cosa que estarme hablando de los astros, del destino y de no sé cuántas boberas en que ella creyera" (Garza, "¿Por qué la mate? 3). Por su parte, la narradora no menciona sus propias tradiciones.

Los proyectos son otro de los elementos distintivos entre una mujer y otra. Para lograrlos, la narradora cuenta con acceso a medios de transporte que agilizan su realización. Ella pasea "a caballo unas veces, vagando incansable por los campos"; se traslada de Los Ángeles a San Francisco sin muchas dificultades, "se decidió el viaje que se hizo por fortuna en ferrocarril, pues si hubieran dispuesto ese viaje en barco, de seguro me quedo para siempre de ranchera"; así como logra ser atractiva para un teniente de navío, quien después fue ascendido a capitán: "con qué orgullo estuve sobre el puente antes de partir el barco. Mi marido era guapo, inteligente, de familias distinguidas" (Garza, "¿Por qué la maté?" 3).

Para Helen, en cambio, no existen proyectos ni son descritas las maneras en que logra trasladarse. "A veces, sentía una especie de conmiseración para Helen, puesto que su cariño, convertido en idolatría, era todo en su vida para ella". Era Helen para la narradora, "una infeliz y fiel sirviente que sólo abnegaciones tenía para nosotros" (Garza, "¿Por qué la maté?" 3).

Otro elemento formal de diferenciación entre ellas es la voz narrativa, pues mientras la chica cuenta su versión, incluida la descripción de Helen y el registro de sus palabras, el narratario no tiene acceso a la voz narrativa directa de Helen.

Lo permanente en el texto de María Luisa Garza, como en el modernismo latinoamericano, es la ambigüedad moral. Es posible una lectura enfocada en valorar favorablemente las acciones de la narradora, en tanto que son descritas como despreciables las prácticas de "horrenda predicación" de la negra Helen, con sintagmas como "su 'jefatura' [que] me llevó al abismo", "su voz agorera", su "perniciosa influencia", el estar "hablando de los astros, del destino y de no sé cuántas boberas en que ella creyera" con que la narradora describe el ejercicio de las tradiciones de su víctima y que, a su vez, tienen provocaciones en la hispana, bajo formas de "sueños espantosos", "al dormirme, seguro era el sueño del naufragio con sus ansias", "empezaba a sentirme enferma de este padecer sin nombre", "su voz agorera de naufragios volvería a trastornar mi cerebro", hasta que cayó "enferma, sin poder levantarme" (Garza, "¿Por qué la maté?" 3). Matar a la negra Helen no fue su primera opción. La narradora había crecido a su lado, "no tuve en la infancia otro afecto que el de la negra criada. Buena, apegada toda a mí, como no me acercaba otra ternura, me refugié en su seno y de su boca evangelio era cuanto me decía". Después de la primera ocasión del anuncio del presagio, de su traslado a San Francisco y de caer enferma por la visita de la negra, la narradora intenta cambiar el rumbo de las cosas, pues consulta a su tío. Acepta su presencia hasta que la vida de progreso, el embarcamiento, termina por separarlas.

La narradora, con la carga de la modernidad, aparece imposibilitada para asimilar las prácticas de Helen, con la carga de la tradición premoderna: huye, enferma y no nombra. Huye en tanto que se alegra de estar lejos de las prácticas de Helen, cuando sale a San Francisco. Enferma en tanto que cae "sin poder levantarme", diagnosticada con un padecimiento psicológico, "nervios". Y, aunque las describe, no nombra las prácticas de Helen y lo admite al decir "empezaba a sentirme enferma de este padecer sin nombre" (Garza, "¿Por qué la maté?" 3).

Es problemático el hecho de que este padecimiento provocado por el encuentro de la modernidad con la tradición premoderna quede en la narrativa de María Luisa Garza sin un nombre. Deja para el lector el problema de nombrarlo. En este término, María Luisa Garza adopta del modernismo la ambigüedad moral. Sobre este elemento para el caso del modernismo europeo, Novillo-Corvalán señala que la innovación modernista en las novelas de Virginia Woolf se halla manifiesta en el movimiento de una moral de certezas por una moral de ambigüedades, a través de un proyecto estético en el que se usan los silencios (27). Para Ivan A. Schulman, la literatura modernista en América Latina ha sido generada por una crisis de larga estancia "that dissolved traditional values and mores in the Western world" (90). De esta manera, el modernismo debe empatarse con la modernidad y verse "as a protean process of liberation whose roots nourish the revolutionary ideas that first flowed from the Western Renaissance" (Schulman 90). En suma, "modernism, marked by an anguished, persistent, and prolonged search of heretofore unknown regions of experience, rejects preordained ideas sanctioned by organized religions and protected by social practices and struggles to create counterhegemonis narrations" (Schulman 90). La presencia del pasado en la literatura modernista ocurre para practicar una escalada a las alturas de nuevos horizontes y crear nuevos lenguajes (Schulman 90). Para el caso de María Luisa Garza, el problema es puesto en manos del lector desde los primeros párrafos de la narración:

Oh sí . . . Yo maté a la negra Helen. Yo la maté, pero escuchad si tuve o no razón para cometer tal crimen.

No sé si ella trajo mi desdicha con la horrenda predicación, o si sea cierto que "el estaba escrito" no puede eludirse nunca en el destino de cada quien. No lo sé. Lo que sí es cierto, es que Helen tenía que morir. ¡Ella o yo! La maté en legítima defensa. Desde que se ha ido, nunca más han vuelto los sueños espantosos a torturarme. (Garza "¿Por qué la maté?" 3)

En "¿Por qué la maté?" de María Luisa Garza, podemos leer a una mujer poscolonial que carga el peso de su pasado colonial, provocada por la premodernidad. Similar al modernismo europeo e hispanoamericano, Loreley explora en su narrativa las preguntas por la descolonización; la posición desde donde observa María Luisa Garza el problema de la descolonización es una de sus novedades literarias, pues mientras que autores como el británico Leonard Woolf critican el imperialismo "as a reluctant insider" (Novillo-Corvalán 59), o como el chileno Pablo Neruda señalan el colonialismo "as a self-conscious outsider" (59), María Luisa Garza se posiciona como heredera de las conductas coloniales, es decir, suma al problema el factor temporal que Woolf y Neruda consideraron, puesto que ellos asumieron la simultaneidad del imperialismo (aunque desde espacios diversos), en tanto que Garza se desplaza en el tiempo distante a aquella vigencia de la colonia.

El modernismo de Garza es, además, una práctica de la mujer. Tanto la narradora de "¿Por qué la maté?", como la negra Helen son dos mujeres que planean el problema de la modernidad. Una es el lastre en el puerto, la otra viaja sobre el barco hacia el oriente. Si bien pareciera que la respuesta final queda en la aniquilación de la premodernidad a manos del poscolonialismo, esta se cancela al atender las primeras letras de la narradora: "escuchad si tuve o no razón para cometer tal crimen". En María Luisa Garza la mujer es racional, en tanto que apela a su ejercicio para condenar o condonar sus actos; la mujer es progresista, en tanto que apunta no sólo a la condición vigente de la modernidad hispanoamericana (como el peso y el aprecio del pasado colonial y su conservación), sino también señala los problemas de movilidad moral. ¿Qué hacer con el pasado colonial?

El modernismo de Loreley advierte que los mismos pueblos colonizados, la raza hispanoamericana entre ellos, tienen la posibilidad de cargar, practicar y defender actos y actitudes que en el pasado esclavizaron a otros pueblos y hoy, al menos para el presente de la autora, tienen el potencial de marginar y aniquilar las prácticas premodernas.

Determinismo y mujer en el naturalismo de Hortensia Elizondo

Uno de los primeros esfuerzos por reconocer y estudiar el naturalismo bajo una metodología crítica no tradicional ha sido el trabajo de Yves Chevrel, en su *Le Naturalisme. Étude d'un mouvement littéraire international.*

> In this book Chevrel breaks completeley with the approach of his predecessors in the field, refraining from applying any a priori definitions and seeking factors of coherence, not in the often contradictory derivations of the naturalist writers themselves nor in the circumstances of their varied careers, but in the common themes and practices of their texts. Furthermore, as a comparatist, he adopts a resolutely international perspective, dealing, for example, with the question of periodization within the broad context of Western literature as a whole. (Baguley 3)

Yves Chevrel es cuidadoso de no reducir la historia del naturalismo a Émile Zola y su influencia (Hill 9). Para Christopher Laing Hill, Chevrel confía en un esquema orgánico "in which literary forms emerge through internal evolution" (18). La cronología de las formas en el esquema de Chevrel se desenvuelve en un área cercada por la Rusia asiática y el Atlántico, el Ártico y el Mediterráneo; esto es, las transacciones de formas entre el realismo y el naturalismo se convierten en tendencias nacionales, dispersas en un movimiento internacional, que se hallan en Chevrel limitadas en un circuito cerrado en la Europa cultural (18). Para Chevrel, los escritores fuera de Europa no contribuyen al desarrollo del naturalismo. "A look at the lives of naturalist fiction in other parts of the world yields a different story" (Hill 19). Estudios como los de Christopher Laing Hill o Manuel Prendes enfocan la atención en el desenvolvimiento del naturalismo que autores como Chevrel detuvieron en Europa, aunque reconocen y adoptan su metodología transnacional.

Christopher Laing Hill propone una aproximación a la historia del naturalismo literario como un todo sincrónicamente estructurado. "If we imagine such a field comprising all the instances of naturalism in practice at a given moment, in relational position toward each other, then varieties of naturalism that had appeared chronologically earlier and later would exist in the same synchronic 'present' of the field as a whole as long as they were in use" (48). Así, la historia del naturalismo sería la entrada, el cambio de posición relativa y la desaparición de los participantes o, dicho de otra manera, sería la historia de las constelaciones de tópicos, temas y formas que aparecieron y desaparecieron a medida que los escritores adoptaban, adaptaban y abandonaban formas de escribir naturalismo.

Hill replantea el modelo que detuvo Chevrel en Europa y propone una geocronología para el naturalismo más amplia: Clasifica el surgimiento de Zola como legitimador a finales de los 1870s. Apunta la multiplicación de prácticas que los escritores identificaron como naturalistas desde los 1880s, indica que "the geographic extension of the field resulted in heterogeneity, not uniformity" (49), y hace notar que París no es ya la fuente de nuevos escritores. Reconoce un adelgazamiento en las filas de escritores que practicaban el naturalismo, pues "by the 1920s, naturalism no longer was a transnational field, even though some writers continued working in this mode until mid-century. In light on local fields, we could call this the start of a period of naturalist afterlives" (49).

En el nacimiento de este periodo "naturalist afterlives" cabe estudiar la obra de la mexicana Hortensia Elizondo Cisneros, quien nació en 1908, en Lampazos de Naranjo, Nuevo León[11]. Federico Gamboa apunta que, si bien nació en el noreste mexicano, Elizondo tuvo una educación formal lejos de México. Hacia 1934, en el prólogo que Gamboa dedica al libro de cuentos *Mi amigo azul* de la autora en estudio, el escritor naturalista indica:

> Es usted una escritora tan joven, que pasma y asombra el que, dentro de sus veinticuatro o veinticinco años haya podido educarse, viajar y escribir en muy ortodoxo y artístico español, no obstante los influjos extranjeros de esa misma educación, cuya primaria comienzan a dársela en Monterrey; luego, casi la completa usted en una "grammar school" tejana, y al fin la termina en el "Sagrado Corazón" de la linda sultana del Mississippi. (7)

Complementa Gamboa al decir que Elizondo continuó sus estudios por Quebec, "y en una de sus principales casas de enseñanza católica, el Colegio de Jesús María, aprende de labios monjiles y rezanderos el idioma francés que, luego, París se encargará de perfeccionárselo" (Gamboa 7-8). En Francia, Hortensia Elizondo se acompaña del también nuevoleonés Nemesio García Naranjo[12]. Por esos años, Elizondo "recorrerá la Europa Central, el Canadá otra vez y de nuevo los Estados Unidos" (Gamboa 8), donde la publicación de *Mi amigo azul* la encontrará en Los Ángeles. Bajo el seudónimo Ana María, Hortensia Elizondo comenzó a escribir en periódicos de México y en *La Prensa* de San Antonio, Texas.

En 1928 apareció en *La Prensa* su primer artículo firmado con su nombre, una crónica descriptiva del Museo 'Víctor Hugo' de París. Desde ese año ha escrito sin interrupción en periódicos de México, Estados Unidos, Cuba, Centro y Suramérica. *El Diario de la Marina* de La Habana; *La Prensa* de San Antonio Texas; *El Porvenir* de Monterrey son las publicaciones que más frecuentemente tienen artículos suyos (Ibarra 85).

Elizondo Cisneros fue miembro de la Sociedad Mexicana de Geografía y Estadística, secretaria del Ateneo Nacional de Mujeres y socia corresponsal de la Liga de Acción Social de Mérida, Yucatán (Braña y Martínez 15). Publicó en 1934 el libro de cuentos *Mi amigo azul*, prologado por Federico Gamboa, así como *Cartas a Anamaría*. De 1930 a 1934 publica Hortensia Elizondo en el diario regiomontano *El Porvenir*. Cuenta con una columna nombrada "Siluetas" en la que describe espacios y costumbres de Monterrey y París, como "La Plaza Zaragoza" (15 marzo 1933) y "La casa de Madame Recamier" (15 mayo 1933), respectivamente.

Su cuento "La única verdad" fue publicado en *El Porvenir* (9 abril 1933, 3) de la sección segunda, llamada "Página de las letras", a cargo de Eduardo Martínez Celis[13], en la que también aparecen Porfirio Barba Jacob, H. Alardín Rosas, María Elena Espejo, Ángel Dotor y Demetrio León. Este texto de Hortensia aparecerá el siguiente año, en 1934, en su libro *Mi amigo azul,* una colección de sus cuentos, entre los que se hallan "Mi amigo azul", "Dúplex", "La huida", "Cuadro", "El maestro de piano", "Divorciada", "La prueba" y "La única verdad".

"La única verdad" es la historia del enamoramiento entre Ana María Gavín y Fernando Rentero. Ana María es invitada a bailar una pieza por Fernando, pero tiene ya ocupadas las cuatro siguientes; ante la insistencia del joven, ella admite que la quinta pieza será para él. Las parejas que fueron ocupando todo el salón terminaron expulsando a Fernando, quien esperaba su turno y entonces "se vio involuntariamente empujado hacia la terraza" (Elizondo 3)[14]. Mientras bailaba una de sus cuatro piezas ocupadas, un danzón, "Ana María, con esa coquetería muy femenina que aparenta no ver cuando se la mira y que mira en cambio cuando no se la ve, siguió con los ojos a Fernando entornando la mirada en un movimiento inconsciente de ternura". Ella le sonríe para premiar su soledad. Al plazo de las cuatro piezas, a la quinta, Ana María se levantó para dar el brazo a Fernando. Al término, él pregunta por la disponibilidad de ella para bailar una pieza más. "Pues no la tendré si nos vamos a la terraza", responde ella. Animado, el chico pregunta a Ana María por una visita abajo al jardín. "Pero estaría mal que fuéramos solos", advirtió ella. "¿Por qué? —dijo él con naturalidad. Nada es malo cuando no se tiene intención de maldad". La frase detonó en Ana María "intenso regocijo" (Elizondo 3), pues pensaba igual que él. En una sociedad de estrechos criterios como en la que ella vivía, el agobio era aliviado por el joven que la cortejaba. Bajaron al jardín, tomados del brazo, lo que animó al chico a declararle sus promesas de amor. Insistente, Fernando ruega correspondencia que Ana María termina por conceder ante el convencimiento de que ambos experimentan una comprensión de almas.

La presencia de, al menos, un tópico permite poner en diálogo directo el cuento de Hortensia Elizondo "La única verdad" con la narrativa naturalista, a saber, el determinismo y la moral burguesa. Hill recuerda que figuras de la narrativa naturalista, como la Nana de Zola, son vistas como sobredeterminadas por efecto de la descripción de condiciones materiales específicas (131). La aspiración de las "figuras sociales" del naturalismo, como Nana, no era solamente describir elementos de la sociedad, "but to show their relationship to each other and the social whole by depicting the ensemble in action" (133). Los efectos estéticos no se detienen en la percepción de una figura social "overdetermined", como ocurre en Nana, sino que se extienden tanto a esta exposición de los elementos sociales en relación, bajo formatos de "abstract forces" (134), así como a señalar sus límites y, de esta manera, marcar nuevos rumbos.

Las representaciones de la sociedad resultantes son destilados continuos de naturalismo con la capacidad para envolver el imaginario social. "Like all social imaginaries they have factual and normative sides, evident on the one hand in naturalism's fealty to documentation, and on the other, first of all, in the belief ipso facto . . . The social figures of naturalism reveal writers' most basic assumptions about what society is and should be" (Hill 134). Si hay una descripción de los lazos sociales es para criticarlos y proponer unos nuevos.

En su cuento "La única verdad", Hortensia Elizondo describe los lazos sociales que envuelven a su personaje Ana María. Ella es una mujer pasiva que espera la invitación de los hombres para bailar y ser cortejada. Es coqueta y "muy femenina que aparenta no ver cuando se la mira y que mira cuando no se la ve". Advierte que "estaría mal" acudir sola con un hombre al jardín de las bancas, incluso asume la visión de "todas las señoras ahí dentro, que sentadas a lo largo de las butacas del salón, como desde un anfiteatro, ya estarían criticándola por haber salido sola a la terraza" con Fernando. La sorpresa que le provocó la frase de Fernando, "nada es malo cuando no se tiene intención de maldad", que ella también comparte, indica una conducta fuera de los cercos de la moral social. El chico es único, la sorpresa lo revela, así como las reflexiones con que la narradora justifica el desenvolvimiento del amor en Ana María: "Hay un momento en que la vida nos tiende un puente: el puente del amor. Basta una palabra, un detalle, la comprensión de un pensamiento para que se forme ese lazo espiritual que une a las almas".

Ana se encuentra dubitativa y parece no dejar escapar esa única oportunidad. En ella existen todas las mujeres de su época y espacio, pues cualquiera de ellas sería objeto de crítica en cuanto salga del cerco moral, por lo que Ana María puede ser colocada como "figura social" a expensas de "fuerzas abstractas". Estas se hallan en la narración materializadas en las señoras a quienes hubiera querido Ana María que Fernando fuese a gritar aquella frase que le detonó el enamoramiento. La redacción alcanza a señalar los límites morales aceptados por los lazos sociales en acción conjunta, a saber, que siendo mujer no debe estar sola con un hombre. "¡Cuántas veces, agobiada por la estrechez de criterio de una sociedad enjuta en sus principios que agitaban los hechos, torcía la realidad y llevaba desenvainada la hoja destazante de la crítica, se había dicho [Ana María] lo mismo: ¡Nada hay malo cuando no se tiene intención de maldad!" (Elizondo 3).

Hacia aquella realidad no vigente es hacia donde se lanzan la protagonista y el cuento de Hortensia Elizondo: "Para Ana María fue aquella la comprensión, el encuentro de un alma que entendía la suya. ¡Luego también él era amplio de espíritu, también él pensaba que no hay que hurgar el mal para encontrarlo, que la vida puede ser límpida, clara sin necesidad de complicarla con necios escrúpulos!"

Dos puntos distinguen el naturalismo en Hortensia Elizondo del europeo, a saber, las atenciones a la clase burguesa y a la condición de la mujer. El primero hace eco de la novela naturalista hispanoamericana; en el segundo podemos encontrar la novedad literaria en Elizondo. Aunque "las tesis defendidas en la novela naturalista hispanoamericana distarán mucho tanto de ser unánimes como de permanecer indiferentes a las grandes cuestiones políticas y sociales de su momento" (Prendes 139), es posible apuntar para estas una concentración en afirmar los problemas de la burguesía. En este punto, el naturalismo en América Latina es ambivalente, pues tanto critica las desventajas económicas de un sector social como busca, a la vez, afirmar valores burgueses. "No podemos perder de vista que la procedencia social de buena parte de los escritores hispanoamericanos del siglo XIX es aristócrata u oligárquica, y que por ello su compromiso social tenderá primordialmente a ser unas veces en defensa de sus intereses de clase frente a los cambios en el funcionamiento de la sociedad que van alterando sus papeles tradicionales" (140-141).

Esta ambivalencia moral está también presente en el cuento de estudio, pues la revolución del pensamiento a la que mira la narración "La única verdad" de Hortensia Elizondo no es la de la clase proletaria contra la burguesía, ni detiene u observa su discurso en grupos minoritarios. Antes bien, su revolución del pensamiento es la de un gremio burgués a quien estorba o incomoda la misma burguesía anquilosada.

La segunda distinción entre el naturalismo europeo y el texto de Hortensia Elizondo estriba en el tratamiento a la condición de la mujer. Al respecto, no solamente es característico que los naturalismos europeo e hispanoamericano han sido abrumadoramente escritos por plumas de hombres, sin por ello olvidar, por ejemplo, a la peruana Clorinda Matto de Turner, sino también que en la narrativa naturalista, "la mujer será retratada como un ser de bellísimas potencialidades en el aspecto moral, siempre y cuando éstas no se salgan de papel que tienen asignado dentro de la sociedad del momento" (Prendes 183). Este espacio en la narrativa naturalista será el hogar, al que incluso Matto de Torner arrincona a la mujer. La mujer en la narrativa naturalista tanto vive las virtudes domésticas de la maternidad, salvaguarda la castidad, así como practica devotamente una religión. Fuera del hogar, las mujeres en la literatura naturalista son figura de voluptuosidad, cólera y venganza que abusa de su "natural" atracción sexual (183). "Para encontrar una decidida intervención en pro de los derechos de la mujer (entre ellos, el derecho a ser juzgada con el mismo rasero moral que el hombre), debemos dirigir la mirada hacia los comienzos del siglo XX" (183). Es en esta época cuando podemos ubicar la tinta de Hortensia Elizondo. La mujer de "La única verdad", Ana María, no expone en su relato la intención de vivir en un hogar; tampoco su enamorado Fernando muestra señas de recluirla, ni conversan el tópico de la maternidad. No fija ella que un hogar para custodiar y formar maternalmente sea su prioridad. Por otra parte, la castidad sí parece ser una de estas prioridades en la lista, en tanto que aguarda a estar convencidamente enamorada de su pareja para corresponder con un beso: "No, no, Fernando —volvió a protestar ella poniendo sus dedos sobre los labios de él que ya buscaban su boca". El chico insistió con lágrimas. "Ana María entonces sinceró su alma. ¿Por qué no había de quererlo? ¿Por qué había de negarle su amor si estaba ahí palpitando junto al de él, un amor casto, purísimo, inspirado en una perfecta comprensión de almas?" (Elizondo 3). No da muestra Ana María de practicar devotamente alguna religión. Si bien el espacio del cuento es fuera del hogar, este no registra un carácter voluptuoso, colérico, ni un abuso del posible (aunque tampoco dicho) atractivo sexual de la mujer.

La novedad literaria en Ana María es la de una mujer descrita como de amplio criterio que valora como amor la comprensión mutua. Es descrito su amplio criterio en tanto que rechaza a "una sociedad enjuta en sus principios que agigantaban los hechos, torcía la realidad y llevaba desenvainada la hoja destazante de la crítica". Ana María es la figura de Hortensia Elizondo que desvalora la estrechez de argumentos, la tergiversación de acontecimientos y los juicios desconsiderados. En contraparte, valora hasta el enamoramiento una posición moral amplia y comprensiva. "¡Luego también él [Fernando] era amplio de espíritu, también él pensaba que no hay que hurgar el mal para encontrarlo, que la vida puede ser límpida, clara, sin necesidad de complicarla con necios escrúpulos!" La mujer de Hortensia Elizondo aprecia la amplitud moral, los actos inocentes y bienintencionados, así como una vida sin limitaciones prejuiciosas estrechas.

Conclusiones

La literatura escrita por mujeres a principios del siglo XX en el diario regiomontano *El Porvenir* toma formas de modernismo y naturalismo. María Luisa Garza y Hortensia Elizondo no solo muestran estar en boga de los movimientos literarios de su época y región, además sus narrativas proponen novedades literarias con recursos que adoptan, adaptan o abandonan de lo europeo y, en algunas ocasiones, de la cultura escrita hispanoamericana.

María Luisa Garza expone para el modernismo los problemas de la descolonización al posicionar su foco de atención en un desplazamiento, no solamente de latitudes entre lo europeo y lo hispanoamericano, sino en el ámbito temporal. Su protagonista es heredera de un colonialismo ante el que debe tomar una decisión, la toma y plantea el problema al lector hispanoamericano, quien ya lo experimenta. La mujer en la narrativa de Loreley es protagonista, racional, dubitativa, decidida y progresista. Moderna.

De los naturalismos europeo e hispanoamericano, Hortensia Elizondo adopta el determinismo que adapta a la condición de la mujer mexicana de principios del siglo XX. Hace a un lado el uso de la figura doméstica, maternal o devota que la tradición cultural y literaria naturalista había optado para la mujer narrada, así como aquella voluptuosa, colérica y vengativa que se aleja de estos cercos. La mujer de Hortensia Elizondo se halla fuera del cerco moral de su época, con amplio criterio y un amor a la comprensión mutua.

Señalar los límites de conducta es uno de los puntos comunes entre ambas escritoras del norte mexicano. Loreley lo hace al criticar las actitudes premodernas y lanzar la pregunta por la descolonización; Elizondo al desvalorizar los juicios desconsiderados. Ambas escritoras apuntan las fronteras con una perspectiva que ya ha vencido el cerco que señalan vigente para las demás mexicanas. Quedará pendiente un estudio que profundice las relaciones entre el presente de las lectoras y las obras literarias producidas por las pioneras letradas del norte mexicano.

Obras citadas

Adorno, Theodor W. *Miscelánea II: Obra Completa, 20/2*, traducida por Joaquín Chamorro Mielke. Madrid, Ediciones Akal, 2014.

Baeza Ventura, Gabriela. *La imagen de la mujer en la crónica del "México de afuera"*. México, Universidad Autónoma de Ciudad Juárez, 2006.

Baguley, David. *Naturalist Fiction. The Entropic Vision*. Cambridge, Cambdrige University Press, 2005.

Braña, Irma y Ramón Martínez. *Diccionario de escritoras nuevoleonesas. Siglos XIX y XX*. Monterrey, Castillo, 1996.

Casas García, Juan Manuel y Víctor Alejandro Cavazos Pérez. *Panteones de El Carmen y Dolores: Patrimonio Cultural de Nuevo León*. México, Fondo Editorial de Nuevo León / Consejo para la Cultura y las Artes de Nuevo León / Consejo Nacional para la Cultura y las Artes / Universidad Autónoma de Nuevo León, 2009.

Castillo Aguirre, Nora Lizet. *Precursoras de la literatura nuevoleonesa. Crítica y recepción en el siglo XX*. México, Noctis, 2014.

Cavazos Garza, Israel. *Escritores de Nuevo León. Diccionario biobibliográfico*. Monterrey, México, Universidad Autónoma de Nuevo León, 1996.

Cavazos Garza, Israel y César Morado Macías. *Fábrica de la frontera. Monterrey, capital de Nuevo León (1596-2006)*. Monterrey, México, Ayuntamiento de Monterrey, 2006.

Davies, Dominic. "Critiquing Global Capital and Colonial (in)Justice: Structural Violence in Leonard Woolf's *The Village in the Jungle* (1913) and *Economic Imperialism* (1920)". *Journal of Commonwealth Literature*, vol. 50, no. 1, 2015, pp. 45-58.

Díaz Barreiro, Francisco. "A la inteligente escritora 'Loreley'". *El Porvenir*, Monterrey, 26 de octubre 1921, p. 4.

Doyle, Laura y Laura Wiknkiel, editors. *Geomodernisms. Race, Modernism, Modernity*. Bloomington e Indianapolis, Indiana University Press, 2005.

Elizondo Cisneros, Hortensia. "La única verdad". *El Porvenir*, Monterrey, domingo 27 de mayo 1933, Sección Segunda, p. 3.

Gamboa, Federico. "Prólogo. Frente a un nuevo libro" en Hortensia Elizondo. *Mi amigo azul*. México, Editorial Cultura, 1934.

Garza Guajardo, Gustavo. *Las cabeceras municipales de Nuevo León. Fundadores, nombres, decretos*. 2a ed., México, Universidad Autónoma de Nuevo León, 1990.

Garza, María Luisa. "Carta de Loreley para Gaona" en María Luisa Garza. *Los amores de Gaona. Apuntes realistas por Loreley*. Monterrey, Universidad Autónoma de Nuevo León, 2019, pp. 113-114.

___. "¿Por qué la maté?", *El Porvenir*, Monterrey, sábado 11 de mayo 1929, p. 3. Base de datos de la Hemeroteca de la Universidad Autónoma de Nuevo León.

González, Héctor. *Siglo y medio de cultura nuevoleonesa*. 2a ed., México, Gobierno del Estado de Nuevo León, 1993.

Hill, Christopher Laing. *Figures of the World. The Naturalist Novel and Transnational Form*. Evanston, Illinois, Northwestern University Press, 2020.

Ibarra de Anda, Fortino. *El periodismo en México. Segundo tomo. Las mexicanas en el periodismo*. México, Juventa, 1935.

Kabalen Vanek, Donna Marie. "Consulta fuente bibliográfica". Recibido por Paulo Alvarado. 20 noviembre 2020.

Kanellos, Nicolás, editor. *En otra voz, Antología de la literatura hispana de los Estados Unidos*. Houston, Texas, Arte Público Press, 2002.

Novillo-Corvalán, Patricia. *Modernism and Latin America. Transnational Networks of Literary Echange*. Oxfordshire y New York, Routledge, 2018.

Ocampo, Aurora M., editora. *Diccionario de escritores mexicanos siglo XX. Desde las generaciones del Ateneo y Novelistas de la Revolución hasta nuestros días. Tomo III. (G)*. México, Universidad Nacional Autónoma de México, 1993.

Prendes, Manuel. *La novela naturalista hispanoamericana. Evolución y direcciones de un proceso narrativo*. Madrid, Cátedra, 2003.

Rubio Pacho, Carlos. *María Luisa Garza*. Enciclopedia de la Literatura en México. 5 abril 2018.

Schulman, Ivan A. *Painting Modernism*. New York, State University of New York Press, 2014.

Stanford, Susan F. "Periodizing Modernism: Postcolonial Modernities and the Space/Time Borders of Modernist Studies". *Modernism/Modernity*, vol. 13, no. 3, 2006, pp. 425-443.

Thomas, David Hurst. "The life and times of Fr. Junípero Serra: A pan-borderlands perspective". *The Americas*, vol. 71, no. 2, 2014, pp. 185-225.

Notas

[1]Braña y Martínez apuntan que cinco años después de su fundación, este instituto "albergaba 60 alumnas, 37 de las cuales eran becadas" (XIII).

[2]"El ingeniero Martínez fue uno de los pilares del magisterio local. Fue declarado en 1918 Benemérito de la Educación Nuevoleonesa por el Congreso del Estado . . . Dirigió la Escuela Normal de Profesores, fue director de instrucción pública y creó la Academia Profesional para Señoritas" (Casas y Cavazos 168-169).

[3]Nacida en Monterrey, en 1916, Adriana García Roel "empezó a escribir ensayos y cuentos en 1937. Muchos de estos los publicó en *El Día*, *La Prensa* de San Antonio y *La Opinión* de Los Ángeles; en *El Hogar*, *Revista de Revistas*, *Continental*, *Hoy y mañana*, de México; y *El Porvenir* de Monterrey" (Cavazos Garza 138).

[4]Nace en Aramberri, Nuevo León, en 1902. "Muy niña pasó a Monterrey con su familia. En esta ciudad realizó estudios primarios y comerciales. Tomó dos cursos de literatura en el Colegio Civil. Escribió en la *Revista Estudiantil* del citado colegio (1924-1926)" (Cavazos Garza 52). Publicó en 1934 *Guijas (Poemas)*.

[5]Nace Josefina Niggli en Monterrey, en 1910. "La Revolución obligó a su familia a irse a San Antonio (Texas), cuando ella tenía dos años" (Cavazos Garza 258). En la Universidad de Carolina del Norte estudió dramaturgia con Samuel Selden y Frederik H. Koch. Enseñó en la Universidad de Carolina. "Sus trabajos sobre folklore mexicano figuran en muchas antologías. Su obra *Mexican Village* fue comentada elogiosamente en *The New York Times* como uno de los más notables libros sobre los mexicanos" (258).

[6]Fundada en 1825 (Garza Guajardo 50), Cadereyta Jiménez fue en sus orígenes coloniales la hacienda San Juan Bautista de Cadereyta (14). El motivo de su fundación ha sido la "explotación de recursos ganaderos" (58).

[7]Escribe en la primera línea de su agradecimiento Francisco Díaz Barreiro: "Deseo expresar por medio de estas líneas el profundísimo sentimiento de gratitud que ha despertado usted en mi corazón, sus valiosos escritos a favor mío, conmovida usted noblemente por mis tristes circunstancias que me tienen hace años privado del órgano de la vista" (p. 4).

[8]Theodor W. Adorno recuerda que Loreley es el nombre del personaje mitológico germánico símbolo que exhibe la necedad: "Cada persona tiene derecho a la necedad; que puede ponerse sentimental cuando oye la Lorelei en un viaje por el Rin" (Adorno 794-795).

[9]El texto íntegro se encuentra en la página 3 del sábado 11 de mayo 1929, de forma que todas sus citas directas tendrán la misma fuente bibliográfica.

[10]Acerca de las "Crónicas femeninas", Castillo apunta que en ellas "la comunidad estadounidense es vista como un infierno comercial y se contrapone a la espiritualidad y la belleza de la comunidad mexicana. La cronista se ve como representante del arielismo. Loreley muestra su nacionalismo y dirige su discurso con la ideología tradicional, recordándoles a los lectores la calidad de inmigrantes mexicanos y su orgullo nacional en lo mexicano" (Castillo 75).

[11]Fundada como ciudad en 1877, Lampazos de Naranjo fue en sus orígenes coloniales la Misión de Nuestra Señora de los Dolores de la Punta de Lampazos y Pueblo de San Antonio de la Nueva Tlaxcala, cuyos asentamientos estuvieron motivados por la evangelización y estrategia militar (Garza Guajardo 62). Está ubicada a unos 164 kilómetros al norte de Monterrey y es frontera con el estado de Coahuila.

[12]Israel Cavazos Garza apunta en su *Escritores de Nuevo León. Diccionario biobibliográfico,* que Nemesio García Naranjo nació en Lampazos de Naranjo, hacia 1883, y muere en 1962. Fue "diputado al último congreso porfirista" (Cavazos Garza 136). Al caer Victoriano Huerta, con quien fue Ministro de Instrucción Pública, fue

desterrado en 1914. En San Antonio, Texas, fundó la *Revista mexicana*. Académico de número en la Mexicana de la Lengua y de la Mexicana de Jurisprudencia. "En 63 años de periodista publicó artículos en los más importantes diarios y revistas de México, Buenos Aires, Madrid, La Habana, Caracas, etc. Escribió mucho también en *El Porvenir* de Monterrey" (136).

[13]"Periodista oriundo de Zamora, Michoacán . . . Fue jefe de redacción y director de *El Porvenir* por 17 años. Desde 1936 dirigió también *El Tiempo*. Su obra publicada fue muy vasta. Su epitafio es una buena composición original que explica muy bien su vocación y su lucha: "El periodista ha de ser un forjador cuya fragua está encendida día y noche, un artillero al pie de la cureña de día y de noche también, en un combate que no acaba nunca" (Casas y Cavazos 157).

[14]Las citas directas del cuento de Hortensia Elizondo corresponden a la misma página 3 de *El Porvenir* del domingo 9 de abril 1933.

Monterrey Industrialism and the Construction of a "Community of Knowledge": Trabajo y Ahorro (1921-present)

Donna M. Kabalen Vanek and Roberto Lozano Mansilla
Tecnológico de Monterrey

Periodical publications in northeastern Mexico during the latter part of the nineteenth century were generally forums that focused on political and governmental concerns as well as the promotion of political participation of the citizenry. Indeed, the decades beginning in the 1860s through the 1880s, Monterrey and the rest of the Mexican Republic saw a remarkable increase in the number of periodicals being published. Vizcaya Canales mentions a number of periodicals in his brief history of Monterrey, including: *El Centinela* (1867-1890); *El Eco de la Frontera* (1870); *El Progreso* (1870); *El Nuevoleonés* (1871), among a long list of others, many of which are undated (66-71). By the end of the century there was also an increase in the number of newspapers that provided a more cultural, literary, and scientific bent. Some of these included: *La Revista de Nuevo León y Coahuila* (1863-1864); *The Monterrey Era* (1864); *El Cura de Tamajón.* Periódico Dominguero (1864); *La Tertulia:* Periódico Político y Literario (1864-1865); *El Faro de Monterrey.* Periódico Comercial, Literario y de Avisos (1865); *La Luz* (1873-1875), a religious newspaper directed by Bishop Montes de Oca; *El Jazmín* (1879) edited by Miguel F. Martínez; *La Revista: Semanario Inde-*

pendiente (1881); *La Revista de Monterrey, Diario Independiente de Política, Artes, Oficios* (1881-1886), and *Flores y Frutos* (1879-1881), which were edited by Desiderio Lagrange.

The history of Monterrey was marked by industrial expansion during the period between 1890-1910, and at the same time, periodical publications that promoted not only scientific information, but also literature, would continue to expand. Some of those publications that stand out include: *Renacimiento: Semanario* (1904-1910); *Zig-Zag: Semanario Ilustrado de Ciencia, Arte, Literatura, y Actualidades* (1909-1910); *La Semana: Revista Gráfica* (1919); *Revista Azteca* (1922); *Gil Blas* (1930-1931); *Trabajo y Ahorro* (1921-Present), among others.[1]

A particular type of publication that requires more careful research concerns periodicals dedicated to the interests of the working class in northeastern Mexico.[2] Furthermore, as in all critical studies of periodical print culture, those newspapers published during the first half of the twentieth-century in northeastern Mexico require an examination of those factors involving cultural transmission of certain ideological perspectives evident in various formats. Of particular interest for the present study is the magazine *Trabajo y Ahorro* (Work and Savings),[3] which began publication in Monterrey, Mexico by Sociedad Cuahutémoc y Famosa (Cuahutémoc and Famosa Society) in 1921. This uninterrupted publication originally circulated as a weekly magazine, but during the decade of the 60s it was published in a bi-weekly format. Since the 1990s it continues to be published as a monthly issue.

The first part of our discussion includes a brief overview of the historical context of Monterrey's industrial expansion with an emphasis on its most important corporations. In this part we also provide the background for the development of The Sociedad Cooperativa de Ahorros e Inversiones para los Empleados y Operarios de la Cervecería Cuauhtémoc, S.A. (Cooperative Society of Savings and Investments for Operators and Employees of the Cuauhtémoc Brewery), who began publishing the magazine *Trabajo y Ahorro* in 1921. In a second section, we review theoretical perspectives concerning the discursive practices evident in the publication, with special emphasis on how certain discursive formations are intended to transmit and construct socio-cultural knowledge based on paternalistic patterns of control, but also their focus on the female reader as someone responsible for transmitting this ideology to the family. Finally, our conclusions are intended to highlight the way in which *Trabajo y Ahorro* promotes a paternalistic ideology based on virtues and moral attitudes intended to educate workers and employees as well as the female reader.

A Brief Historical Context: Industrialism and Paternalism

Today, the city of Monterrey in the state of Nuevo León, Mexico is the most prosperous industrial area of the country. Monterrey's process of significant industrial growth began in the nineteenth century, during the 1890's, and would later be interrupted during the period of the Mexican Revolution (1910-1920). The initial period of industrial growth involved the role of General Bernardo Reyes who was named by President Porfirio Díaz (1877-1880; 1884-1911), as interim governor of the state of Nuevo León in 1885 to assure an end to the state's "cacicazgo" or political rule under the control of Generals Jerónimo Treviño and Francisco Naranjo (Knight 88). During the period from 1885 to 1909, the economic situation was favorable for the city's business elite,[4] because their economic activities and investments were in line with the interests of economic progress under the Díaz regime. During this period, the state government under Reyes conceded tax exemptions for an important number of companies thus promoting economic growth. As a result, this period was a time of abundance for some of the city's major companies such as Cervecería Cuauhtémoc (1890), Cementera Hidalgo (1906), and Vidriera Monterrey (Vizcaya Canales 74-75). By 1908, Monterrey's heavy metallurgy, iron, and steel industries generated more wealth than the agricultural sector which accounted for a mere 19% of its economy (Cerruti 1-2). Other major companies founded early in the twentieth century included: Compañía Minera, Fundidora y Afinadora Monterrey (1890) (Mining, Smelting and Refinery of Monterrey), Nuevo León Smelting, Refining and Manufacturing Company Ltd. (1890), Compañía Fundidora de Fierro y Acero de

Monterrey, S.A. (1900) (Iron and Steel Foundry Company of Monterrey).

In addition, Monterrey is known for its long history of the establishment of breweries,[5] the first of which was founded by two German immigrants, Thomas Radke and Carl Hesselbar, between 1870 and 1890.[6] One of the most important breweries in the history of the city, Cervecería Cuauhtémoc, was founded in 1890 in Monterrey, N.L. by a group of investors that included Isaac Garza, José Calderón, José A. Muguerza, Francisco Sada and Joseph M. Schnaider (Vizcaya Canales 86-87).

In spite of economic progress of the city, on November 21, 1914, the plight of factory workers resulted in the first strike at the Compañía Minera, Fundidora y Afinadora Monterrey, S.A., a situation that set the early groundwork for the workers' movement in 1918.[7] Due to the economic depression at the end of the Mexican Revolution, and as a means of supporting company workers, in 1918 Cervecería Cuauhtémoc established the Sociedad Cooperativa de Ahorros e Inversiones para los Empleados y Operarios de la Cervecería Cuauhtémoc, S.A. (Savings and Investment Cooperative Society for the Employees and Workers of Cervecería Cuauhtémoc, S.A.). The main objective of this cooperative was to promote the social and economic well-being of the company's employees and their families. Indeed, the company initially sought to provide employees with loans for affordable housing and home goods. Other benefits included as part of the cooperative were scholarships and medical services, and the development of areas for family recreation. (Demirdjian and Perchemlian).

Any attempt to understand the ideas behind the creation of the Cooperative necessitates a brief overview of the labor situation in Mexico and the social rights defined in its Constitution of 1917. Interestingly, Article 123 established specific aspects related to labor and social welfare, which included an 8-hour workday as well as a 6-day workweek. It also provided for a minimum wage and stated that workers should enjoy equal pay for equal work irrespective of sex. Children under the age of 12 were not permitted to work, whereas children between the ages of 12 and 16 were permitted to work in factories. Women were prohibited from working in factories after 10:00 p.m. In terms of the relation between labor and capital, workers were given the right to organized and collective bargaining, as well as the right to strike (Texto original, Constitución de 1917, Article 123). Furthermore, Article 123 also determines that "The federal and state governments were also to encourage the organization of social insurance (Cajas de Seguros Populares) for old age, sickness, life, unemployment, accidents, and other misfortunes. "This [was] done in order to instill and inculcate popular habits of thrift" (Andrew and Cleven 479-480). Moreover, the telling situation of labor disputes and strikes suffered by industries such as the Compañía Minera, Fundidora y Afinadora Monterrey, S.A. in November of 1914, 1920, and 1922, as well as Vidrios y Cristales de Monterrey, S.A. (Monterrey Glass and Crystal) in 1923, marked the economic panorama of Monterrey during the post-revolutionary period (Flores Torres 170-180; 233-248).

Monterrey's industrial elite was interested in controlling any possible labor upsets, and they also resisted the labor policies of the federal government and the Regional Federation of Mexican Workers (Confederación Regional Obrera Mexicana CROM). However, in 1917 there was an attempt to implement a labor union at the brewery, Alianza Emancipadora de Obreros de la Cervecería Cuauhtémoc (Emancipatory Alliance of Cervecería Cuauhtémoc Workers) (Rojas 96). In response to this attempt and in light of the development of a panorama of labor upsets suffered through strikes by steel workers, smelters, and railroad workers, captains of industry in Monterrey such as Luis G. Sada, together with Isaac Garza and Francisco Sada, took another path, "company paternalism" (Snodgrass 54). The Sociedad Cooperativa de Ahorros e Inversiones para los Empleados y Operarios de la Cervecería Cuauhtémoc, S.A. (Cooperative Society of Savings and Investments for Operators and Employees of the Cuauhtémoc Brewery), later known as Sociedad Cuauhtémoc y Famosa[8] (Cuauhtémoc and Famosa Society), promoted the importance of a work ethic and savings.[9] Of major interest for corporate owners was class harmony. As such, a paternalistic corporate culture promoted work discipline and loyalty to the company, loyalty that was rewarded with basic security (Snodgrass 4). Paternalism in this sense was "built upon working-class traditions of mutual aid and tapped into labor's historic aspirations of self-improvement" (4).[10] As we argue in the discussion that follows, it was precisely through the circulation of a discourse that focused on notions regarding the road to self-improvement based on moral virtues and social values that stand out in the publication, Trabajo y Ahorro. Moreover, as we assert, although workers, employees, and managers were expected to assume and demonstrate certain virtues and values, it was the female reading audience—the female worker or employee, or the spouse of a worker, employee, or manager—that was charged with assuring that the domestic space promoted this same ideology.

Trabajo y Ahorro and the Construction of a Community of Knowledge

Trabajo y Ahorro, published for the first time in 1921, focused primarily on the promotion of an ideology intended to educate workers, employees, and managers in terms of moral values and practice concerning a work ethic as well as foster a culture of saving. Initially, the magazine provided news about the people who were part of the Savings and Investment Cooperative Society and dealt with topics ranging from local social news, foreign and domestic policy, jokes, literature, hygiene, and sports; most important, however, was an emphasis on moral education for family members, and especially the prescribed role of the woman. From our perspective, and based on the work of Snodgrass, in the early decades of its publication the magazine reflected an ideology that perceived the worker and other employees as "children in need of benevolent protection and paternal guidance" (62).

Because the target audience of *Trabajo y Ahorro* included company workers, employees and their family members, it stands as an interesting object of study from the perspective of the way in which language is used to create what Van Dijk has defined as a community of shared knowledge that is based on specific socio-cultural beliefs (174). The author points out that "el conocimiento no es un producto natural que 'crece' en las personas, sino que se enseña y se aprende, se genera y se utiliza, se vende y se consume" ("knowledge is not a natural product that 'grows' within people, but rather it is taught, generated and used, it is sold and it is consumed") (177). As such, we argue that *Trabajo y Ahorro* can be understood as a vehicle for generating and distributing knowledge through a specific type of discourse.

Of further interest, as well are those prohibitory aspects of discourse and procedures of control that serve as the basis for analyzing socio-cultural aspects intended to give shape to a specific worldview to be adopted, not only by employees, but also by children and family members, especially women. As a means of understanding the way in which social structures and cultural practice are represented in each text, and especially their connection to ideological tendencies of SCyF, we refer to Pierre Bourdieu's perspective concerning the "linguistic field" which is generally associated with the dominant or "legitimate language" or, as Lotman has suggested, the natural language which functions as the primary modeling system of a particular semiotic sphere ("El texto y el poliglotismo de la cultura" 83-90). Bourdieu's notion of "symbolic power", which is associated with linguistic exchanges, provides the basis for our understanding of how *Trabajo y Ahorro* is based on "language [that] promotes the objects of knowledge [which] are constructed, not passively recorded, and . . . the principle of this construction is the system of structured, structuring dispositions, the habitus, which is constituted in practice and is always oriented towards practical functions" (Bourdieu, Logic of Practice 53). As we point out, each text is intended "to speak and to say determinate things" which are intended for the "awakening" of attitudes based on the "singularity of individual experiences [which are] socially characterized" (Bourdieu, Language and Symbolic Power 38-39) and promoted within the discourse of the text. One of the ways this individual experience is awakened, or directed within the text, is through discursive usage that emphasizes specific attitudes, values and moral guidelines. That is, the text structures and formulates knowledge and "the objects of knowledge are constructed, not passively recorded, and . . . the principle of this construction is the system of structured, structuring dispositions, the habitus, which is constituted in practice and is always oriented towards practical functions" (Bourdieu, Logic of Practice 53). The habitus therefore involves individual sets of expectations and understandings that are based on those experiences an individual encounters within his social atmosphere. As a result of particular types of experience, the individual takes in those rules, values and dispositions that constitute the habitus and hereby develops a sense of what is expected of him/her. It is in this sense that the habitus can be seen as regulating interactions between those who inhabit and interact within a particular field, and this regulating process, as we shall discuss, is evident within the discourse of various types of images and articles. Our focus is primarily on issues published from 1934-1935, when Lázaro Cárdenas assumed the presidency in Mexico (1934-1940), a period that resulted in tensions between the "economic bastion" of the Monterrey group of industrialists as they faced the government's tendency toward nationalization (Smith et al. 3).[11]

Construction of a Legitimate Language through Images and the Text

The process of creating a "society of knowledge" as the basis for the ideological project promoted in *Trabajo y Ahorro* is evident early on in the publication, especially through images and their visual messages. The earliest image of the magazine can be appreciated in Figure 1 (June 1921), the front cover of the first issue that presents only the logo of Cuauhtémoc, an image that appears on all of the front covers through 1922. The issue of promoting certain types of knowledge in the various early issues of *Trabajo y Ahorro* focuses on the image of the family being guided by a father, not very different from the benevolent patriarchal perspective that made up the foundation of Cuautémoc y Famosa. To encourage this cornerstone of company, the magazine includes front pages that incorporate photos of family members of workers and employees, holiday festivities such as dinners for employees, the company baseball team and its activities, directors of the company, and female associates, to mention a few.

Prosperity, another ideological notion encouraged by the corporation and SCyF, is combined with a call toward the development of

Figure 1. *Trabajo y Ahorro,* cover of the issue dated June, 1921.

a sense of responsibility that is promoted through a didactic discourse evident in a front page article in the November, 1921 issue that includes the title "Exactitud como Base de Adelanto" ("Exactness as the Basis for Advancement"). The image of a hand apparently moving the hands of a clock promotes the underlying meaning of the article. The message of being "exactly" on time is promoted in the text with a discursive message that emphasizes the Iron Chancellor, Otto von Bismarck, who reprimands his secretary who arrives late to the Chancellor s office: "Bueno, cambia usted de reloj o yo cambio de secretario" ("Well, you change [your] clock or I change the secretary"). This type of prohibitive discourse inscribes a linguistic message that is projected in a menacing rather than a benevolent tone; that is, the implicit message of a threat directed toward the worker, albeit in an example taken from German history, stands

Figure 2. *Trabajo y Ahorro,* cover of the issue dated November, 1921.

as a warning to all those who labor in the corporation, and is thus meant to bring order to the workplace through the use of the somewhat veiled symbolic character of corporate power based on an anecdote related to Otto von Bismarck.

By 1924, the front covers of the magazine promote a more specific message meant to educate workers, employees, and family members. For example, an analysis of the images that make up the cover of a May, 1924 issue can be appreciated in Figure 3 which clearly highlights a factory worker dressed in overalls holding a hammer with a cornucopia filled with coins to the right of his feet. The background includes a framed image of Cuauhtémoc, emperor of the Aztecs who faced the *conquistadores* led by Hernán Cortés in 1521, an image used as one of the logos of the brewery. Also visible is a shining sun that projects a sense of a bright future that includes monetary earnings for the worker, an idea projected in the image of a sack

Figure 3. *Trabajo y Ahorro,* cover of the issue dated 25 May 1924.

filled with coins, seemingly representing the savings of the worker, and marked with a dollar sign. The embedded message is clear: hard work is the means to achieve economic prosperity.

These messages are broadened ten years later in an issue that includes a section that focuses on hygiene and health. The background image of the page is an artistic rendering of Cervecería

Cuautémoc offices, gardens, and factory facilities. The image includes a large figure of a clean-shaven man in a white shirt and tie with his sleeves rolled up, and ready to work—a figure that represents either a manager or administrative employee. Below this figure are the images of three workers represented artistically with muscular bared torsos in various positions. To the left of the workers is a perfectly dressed and coiffed young woman. These images take on more significance through the text that follows: "Los Diez Mandamientos de Salud y Larga Vida" ("The Ten Commandments of Health and [a] Long Life") (TyA 1 Dec. 1934). The use of the linguistic sign "commandment" generates a clear meaning that focuses on the type of knowledge based on obedience that all those who employed by Cervecería y Cuauhtémoc should comply with:

FIRST, wake up like the birds.

SECOND, don't stay up late like idlers.

THIRD, bathe daily as a pure soul and observe in all things a scrupulous cleanliness.

FOURTH, do sufficient exercise outside in the air and sun.

FIFTH, do not abuse the use of alcohol.

SIXTH, only eat frugal meals at the same time each day, and avoid heavy dinners.

SEVENTH, sleep warmly from seven to eight hours, in a dry, clean, ventilated place.

EIGHTH, avoid anger, haste, and sadness.

NINTH, use the entire day in some sort of honest activity, in keeping with your station, abilities, position and the circumstances of each person.

TENTH, do not treat anyone badly, and preach all possible good, so as to maintain a tranquil heart and soul.

The commandments are then summarized in two final directives: "Flee from idleness and vice, and always observe bodily hygiene as well as the spiritual, so as to conserve a HEALTHY SOUL IN A HEALTHY BODY, that constitutes [all] possible health and happiness in life."

This list of twelve elements involves discursive usage that commands obedience to the knowledge being expressed, and the message presupposes that members of the community of SCyF will act accordingly. That is, these directives recall the Old Testament and the Ten Commandments handed down to Moses for the Israelites, and in this way, the deliberate use of religious imagery is a way of generating and circulating a knowledge framework that should be embraced by all within the company hierarchy. *Trabajo y Ahorro,* then, can be understood as a vehicle for what Foucault suggests as "the production of discourse [that] is at once controlled, selected, organized and redistributed according to a certain number of procedures whose role it is to ward off its powers and dangers, to gain mastery over its chance events" ("The Order of Discourse" 52). Ultimately, the commandments function as structuring structures that contribute to the ideology of a corporate habitus that intends to ward off the dangers of any deviations from guidelines by workers, administrators, or other employees. Indeed, as suggested by Bourdieu, in his discussion of the symbolic power of language: "The objective meaning of linguistic circulation is based, first of all, on the distinctive value which results from the relationship that the speakers establish, consciously or unconsciously, between the linguistic product offered by a socially characterized speaker . . . in a determinate social space" (Language and Symbolic Power 58). In this sense, *Trabajo y Ahorro* takes on an important position within the social space of Cuauhtémoc y Famosa and the SCyF as a "linguistic product" intended to legitimize corporate power promoted through the shroud of seeming benevolence. Therefore, the use of a religious discourse and images that correspond directly to Alan Knight's description of an imaginary regarding a norteño society "of the self-made man where, compared with central Mexico, achievement counted for more than ascription, where the rich (both Mexican and foreign) could expect bonanzas, and where even the poor enjoyed some mobility and opportunity" (Knight 11).

In addition to the publication of the Ten Commandments that were espoused as the road to a healthy soul and body, *Trabajo y Ahorro* provides moral guidance to the reader through various edito-

Figure 4. *Trabajo y Ahorro,* a page included in the issue dated 8 Dec. 1934.

rials that also present a discourse that focuses on moral acts that are
religious in tone. For example, in a section on Educación Moral
(Moral Education) we find an article entitled "La Dádiva" ("The
Gift") which recounts the story of a lame man who walks through
the city as he observes aristocrats in fine gloves and fur coats, but
who lives off charitable offerings himself. The nightwalker wanders
aimlessly, like an automaton, but he suddenly stumbles upon a lump,
a pile of rags: a blind man who breaks the silence of the night. The

blind man has taken him for one of those gentlemen who in the late hours of the night walk along the city streets. He is faced with the question of giving, he looks down at his handful of coins collected during the day in front of the atrium of the church and finally decides to place his gift in the imploring hand of the blind man who responds with a blessing. The text ends with the following reflection:

¡Señor! Tú que gobiernas los mundos, tú que iluminaste tantas pupilas, que levantaste a los muertos de sus tumbas . . . Tú, Señor, ¿no trocaste en monedas de oro la dádiva del cojo? . . . Yo no me maravillaría al saber que el pobre ciego había recibido en aquella noche bendita, no unas monedas humildes, sino un tesoro inagotable, ni me asombraría si me dijesen que el cojo se había proclamado el más dichoso de los mortales. ("Lord, you who rules worlds, you who illuminated so many eyes, you who raised the dead from their graves . . . You, Lord, have not exchanged the gift of the lame? . . . I would not be surprised to learn that the poor blind man had received on that blessed night, not a few humble coins, but an inexhaustible treasure, nor would I be surprised if I were told that the lame man had proclaimed himself the happiest of mortals.") (TyA, Sotileza, 20 Oct.1934)

Once again religious imagery is used to promote the act of giving as part of a community of knowledge. The text projects a clear message—the act of giving God's own call and is a way of building a community based on moral lessons from a religious, Christian perspective to instill values believed desirable.

Furthermore, and too complement the above discussion, we turn to a corpus of texts that present a vision of a world that is affected by ideological constructs concerning the female reader, the realm of family life, and the role of women who were to assume certain moral principles, attitudes, and practices within the home. The question of the company's policies takes on singular importance given that SCyF was the only brewery to hire women; however, female workers were segregated from their male counterparts and a gender pay gap was evident, with women earning lower wages for the same work. Company policy also required that women leave the workplace once they were married (Snodgrass 63).

Interestingly, however, one of the earliest pieces of poetry published in *Trabajo y Ahorro* was written by Rosario Sansores Pren (1889-1972) born in Mérida, Yucatán.[12] Three of her poems examine various female life experiences. "La Divorciada" ("The Divorcee") focuses initially on the husband's "carácter brusco y agresivo" ("brusque and aggressive character") / and the wife's "ingenuidad" ("ingenuity"). Both husband and wife are described as guilty of unacceptable actions: "Ella coqueteaba con su amigo Óscar" ("She flirted with her friend Oscar") / "Él, tuvo queridas costosas y bellas. / ¡Llegaba muy tarde, cansado al hogar" ("He had expensive and beautiful lovers / He arrived home late, and tired"). Divorce is the ultimate end to their relationship, but it is the woman who is seen as ruined: "Seis meses más tarde la coqueta Diana / recorre las calles de la vieja Habana / buscando aventuras que maten su esplín" ("Six months later the coquettish Diana / walks the streets of old Havana / looking for adventures that kill her spleen"). "La Madre" describes the tenderness of a mother as she tends her child: ". . . arrulla su sueño con tierna canción / contempla extasiada la frente de armiño / de aquel pedacito de su corazón" ("lulls her dream with a tender song / she ecstatically contemplates the forehead of ermine / of that small piece of her heart").

The final poem, "La Abuelita," lauds the grandmother who lives with her "dulces reflejos dorados / sobre la tristeza de su ancianidad" ("sweet golden reflections / on the sadness of her old age"). Despite her advanced age, this old woman welcomes her family with "dulces y paella / que nadie ha podido jamás imitar" ("sweets and paella that no one has ever been able to imitate"). The final scene presented in the poem is of a "coro" of nietos who fall asleep next to her chair (T y A, 25 May 1924, 6).

The three poems offer the reader a scenario beginning with a divorcee who walks about alone on the streets of Havana after her divorce, the lone woman who cares for her child, and the grandmother, who although alone, is able to gather her grandchildren in the heart of her home near her easy chair. The discursive message is clear. The divorcee is depicted as the guilty spouse, no longer accepted in society and is relegated to the streets, suffering damage to the depths of her being. Only the mother and grandmother, following their designated roles, are deemed admirable.

Although women were members of the workforce in Cuauhtémoc y Famosa, they were seldom mentioned outside the framework of the traditional view of women as wives and mothers. Interestingly, however, women were cited as co-members of the corporation. For example, "Srita. Adelneri Duron", an associate of the Packaging Warehouse, receives special mention for her idea of how to examine empty bottles returned to the Bottling Department (TyA 13 Oct.1934). Additionally, in a cover photo "Srita. Flavia Vargas" is referred to as the "consocia del Departamento de Embotellar" ("Miss Flavia Vargas, co-member of the Bottling Department") (TyA 5 Jan. 1935). The use of the term co-member is clearly intended to demonstrate how employees, even women, are included as part of the corporate identity.

In general, however, the magazine represented women in terms of a romantic discourse. For example, "El Silencioso Heroismo de la Mujer en la Actualidad" ("The Silent Heroism of Today's Woman"), is a text intended to appeal to the virtues of women:

El silencioso heroísmo de la mujer, sin duda ayer, como hoy y como mañana, cuanto se ha dicho, se dice y se dirá en loor de esa mitad del género humano, la femenina, que ennoblece y embellece la existencia de la otra mitad, la varonil, ha sido, es y estará perfectamente justificado, como que son las mujeres ahora . . . [Son] ejemplos de abnegación y de laboriosidad, además de ser exquisitamente tiernas siempre . . . La labor del hombre es productiva y ostensible siempre se trate de profesionistas, de empleados, o de obreros . . . No acontece lo mismo tratándose de las labores domésticas de la mujer. Trabaja mucho más que el hombre, pero sin que luzca su labor. (TyA 11 Aug. 1934)

(The silent heroism of women, no doubt yesterday, today and tomorrow, what has been said, is said and will be said in

praise of that half of the human race, the female, which enno-
bles and embellishes the existence of the other half, the male,
has been, is and will be perfectly justified, as women are
now . . . [They are] examples of abnegation and industrious-
ness, besides being exquisitely tender at all times . . . The labor
of men is productive and ostensible always, whether they are
professionals, employees, or workers . . . The same does not
occur in the case of women's domestic work. She works much
more than the man, but without showcasing her work.)

The article continues to laud women who, "Además de ser
esposa y madre, o hija amante, muy frecuentemente tiene que
aprestarse también a obtener elementos pecuniarios para ayudar al
padre enfermo, al marido torpe o inútil, o para el hogar donde falta
hasta lo indispensable . . . y en estas líneas expresamos nuestro homenaje a la mujer moderna sin dejar de ser hada buena del Hogar" ("In
addition to being a wife and mother, or loving daughter, very often
she also has to prepare herself to obtain monetary elements to help
the sick father, the clumsy or useless husband, or to sustain the home
where even the indispensable is lacking . . . and with these lines we
express our homage to the modern woman who without ceasing to
be a good fairy of the Home") (TyA 11 Aug. 1934).

Interestingly, the text clearly opens up the possibility that
women might have to find ways of bringing monetary sustenance
into the home in times of need, especially when "useless husbands"
could not meet the needs of the family. Here the modern woman
assumes a role of caring for the home sphere, but she is allowed to
venture outside that space when necessity dictates entering the
"outer world of things," albeit tenuously (Kirkpatrick 17). That is,
the modern woman actually held power in the home where she maintained control of a space "free of conflict, competition, and material
concerns, a necessary complement to the marketplace of labor created by the economic forms of capitalism" (Armstrong qtd. in Kirkpatrick 26).

Like the previous text, readers once again find a description of
the figure of the mother expressed in a poem that confirms an essen-
tialist ideology regarding the ideal position of women within society.

Here the text presents the thoughts of a son as he shares them with his mother about the ideal woman he is searching for: "Era como la rosa, madre, al salir anoche de casa para el baile, encontré en el jardín una rosa . . . Madre, la vida me hablaba de cosas buenas, de promesas dulces . . . Madre, anoche fui al baile, y en el salón encontré una hermosa mujer . . ." ("It was like a rose, mother, when I left home last night for the dance, I found a rose in the garden . . . Mother, life spoke to me of good things, of sweet promises . . . Mother, last night I went to a dance, and in the salon I found a beautiful woman"). Yet when the young man offers the rose to the young woman, "la diosa . . . Pero la ¡insensata!, rio de mis candideces, mofóse de mis sueños pueriles, no quería flores, quería diamantes para su cuello níveo." ("the goddess . . . But how foolish!, she laughed at my candidness, mocked my childish dreams, she didn't want flowers, she wanted diamonds for her snowy neck) (TyA 20 Oct. 1934, 9).

The young man's thoughts stand as a commentary, a warning to the reader, about the modern woman who simply seeks material gifts rather than those offered from the heart; a rose is simply not enough. Ultimately, the young man declares that when his mother is no longer with him, his wish is that the woman of his dreams "ha de ser como tú . . . Yo gozaré la quimera de que no has muerto y no me quedaré solo, así te quedarás conmigo" ("should be like you . . . I will enjoy the illusion that you have not died and I will not remain alone, so you will stay with me") (9). Although the narration presents a romantic view about the possibility of finding the ideal woman, the central point is the tone of worship regarding the mother. Evidently, we can attribute the focus of the text, not only to the cultural knowledge being constructed through the discursive usage promoted by the magazine—the frivolity of a woman who would choose diamonds over a sincere demonstration of a young man's expression of love—but also to the general culture of Mexico where the maternal figure is held in high regard as a symbol of perfect love.[13]

A final example of how the role of women is constructed between the pages of Trabajo y Ahorro. A selection of ten rules from "El Decálogo De La Esposa Italiana" ("The Decalogue of the Italian wife") highlights a message intended to educate the female reader in terms of her duty to the home and to her husband as head of the household:

> I. Ama a tu marido por sobre todas las cosas y a tu prójimo lo mejor que puedas. Pero acuérdate que el hogar pertenece a tu marido y no a tu prójimo.
> II. Considera a tu marido como a un huésped de honor, como a un precioso amigo y no como a una amiga a quien se cuentan las pequeñas mortificaciones de la existencia. Si puedes, pásate de esa amiga.
> III. Que la casa esté ordenada y tu cara sonriente a su regreso. Pero si no lo advierte de inmediato, excúsalo.
> IV. No le pidas nada superfluo para la casa. Si puedes hacerlo, exígele solamente un alojamiento alegre, un poco de espacio libre y tranquilidad para los hijos . . .
> X. Si tu marido se alejara de ti, espéralo. Aun si te abandona, espéralo. Pues no eres solamente su esposa, sino el honor de su nombre. Y un día volverá cubriéndote de bendiciones.

(I. Love your husband above all things and your neighbor as best you can. But remember that the home belongs to your husband and not to your neighbor.
II. Consider your husband as an honored guest, as a precious friend, and not as a friend to whom the little mortifications of existence are told. If you can, pass that on to a friend.
III. Let the house be tidy and your face smiling when he returns. But if he does not recognize it immediately, excuse him.
IV. Do not ask for anything superfluous for the house. If you can, ask for only a cheerful accommodation, some free space and quiet for the children . . .
X. If your husband should leave you, wait for him. Even if he leaves you, wait for him. For you are not only his wife, but the honor of his name. And one day he will come back to you, covering you with blessings.)

The term "decalogue" clearly refers to the ten commandments the ideal woman is to live by, and as we have seen in the "The Ten

Commandments of Health and [a] Long Life," both represent the regulatory aspects of a linguistic field that gives shape to a world-view to be accepted passively. The wife is simply to demonstrate blind love for the husband, someone who is not to be bothered with the small every-day problems of the household which should be orderly at all times. Wives are expected to greet their husbands with a smile. Particularly relevant is the final commandment regarding the faithful wife, an image of the faithful Penelope, who should wait for her husband should he leave her; she is expected to honor his name under all circumstances. The central ideas of Trabajo y Ahorro, then, are based on an ideology that assumes that, not only managers, employees, and workers are in need of benevolent teaching. Most importantly, cultural structures such as marriage, the woman's place in the home once married, and the man as a figure of indisputable authority, are lessons to be learned.

Conclusions

The texts analyzed in our discussion of the magazine *Trabajo y Ahorro,* represent only a selection from a wealth of information found in a publication that is still in circulation in Monterrey, Mexico. The publication gives voice to a way of life to be followed, specifically a way of life espoused by the founders of a major industrial group. Monterrey, known as La Sultana del Norte (The Sultan of the North), the industrial capital of Mexico, was based on local initiatives and a sense of self-sufficiency in corporations such as Cuauhtémoc y Famosa. The development of the work force, however, was not left to chance. Sociedad Cuauhtémoc y Famosa would invest resources in the development of an ideology of dominant values regarding daily life, and a work culture promoted through benevolent paternalism to facilitate the development of "una unidad orgánica que funciona sobre la base de la armonía de propósitos entre las partes" ("an organic unity that functions on the basis of harmony of purpose between parties") (Vellinga, 63). This sense of purpose circulated, and continues to circulate, through the pages of a magazine that constructs a society of knowledge built on a set of beliefs that emanate initially from a social Christian viewpoint. As we have noted, knowledge grows through a process of learning certain accepted ideas that were generated through the written word.

One of the major aspects of our discussion was to address the role of women as part of, or as an extension of the values promoted in the workplace. The general vision of women and their assigned place in the home, as keepers of the hearth, as the silent partner in a marriage, corresponds to the work and family harmony proposed in *Trabajo y Ahorro*. Although our study focuses mainly on publications from the years 1934 and 1935, a broader study of issues through the period of 1950 would certainly shed light on any changes evident within the perspective of the publication. Indeed, although the writing of women such as Laura De Pereda and Rosario Sansores Preda were included in the publication, the focus of their contributions were selected as a mean of confirming the idea that marriage, motherhood, and the role of grandmothers belonged to the sacred place of the home. As such, future studies of *Trabajo y Ahorro* should continue to examine the woman's place and any changes that can be identified in terms of expectations of her role in society.

Works Cited

Alzaga, Oscar. "Huelgas, sindicatos y luchas sociales en la historia de México." *Alegatos*, no. 19, 2018, pp. 411-434.

Armstrong, Nancy. *Desire and Domestic Fiction: A Political History of the Novel.* New York, Oxford University Press, 1987.

Bourdieu, Pierre. *Language and Symbolic Power*, edited by John B. Thompson, translated by Gino Raymond and Matthew Adamson. Cambridge, Massachusetts, Harvard University Press, 1991.

_____. *Language and Symbolic Power.* Cambridge, Polity Press, 1991.

_____. *The Logic of Practice*, translated by Richard Nice. Stanford, Stanford University Press, 1990.

Cerutti, Mario. *Burguesía y Capitalismo en Monterrey, 1850-1910.* Monterrey, Fondo Editorial de Nuevo León, 2006.

Cleven, N. Andrew N. "Some Social Aspects of the Mexican Constitution of 1917." *The Hispanic American Historical Review*, no. 3, August 1921, pp. 474-485, www.jstor.org/stable/2506042.

"El Decálogo De La Esposa Italiana." *Trabajo y Ahorro*, 29 Dec. 1934, p. 9. Archivo del Estado de Nuevo León.

Demirdjian y Perchemlian, Manuel Tomás. "La Imagen De Responsabilidad Social De Empresas Cervezas Cuauhtémoc Moctezuma, SA De CV, Agencia Guasave." MS Thesis. *Universidad Iberoamerican*, 2004, www.bib.uia.mx/tesis/pdf/014417/014417.pdf

De Pereda, Laura. "Era Como La Rosa." *Trabajo y Ahorro*, 20 Oct. 1934, pp. 9–10. Archivo del Estado de Nuevo León.

Flores Torres, Oscar. *Burguesía, Militares y movimiento obrero en Monterrey, 1909-1923*. Monterrey, Universidad Autónoma de Nuevo León, 1991.

Foucault, Michel. "The Order of Discourse." *Untying the Text: A Post-Structuralist Reader,* edited by Robert Young, Boston, Routledge & Kegan Paul, 1981, pp. 48-78.

Haines, Gerald K. "Review: Expanding the Corporate Pie the Corporatist Way." *Diplomatic History*, vol. 19, no. 1, 1995, pp.151-157.

Kirkpatrick, Susan. *Las Románticas. Women Writers and Subjectivity in Spain 1835-1850.* Berkeley, University of California Press, 1989.

Knight, Alan. *The Mexican Revolution Porfirians, Liberals, and Peasants*, vol. 1, Cambridge, Cambridge University Press, 1986.

Lotman, Yuri. "El texto y el poliglotismo de la cultura." *La semiosfera I: Semiótica de la cultura y del texto*, translated by Desiderio Navarro. Madrid, Ediciones Cátedra, SA, 1996.

Pérez, Daniel and Gustavo Herón. "La Revolución Mexicana en Nuevo León (1908-1917): la irrupción pública de los empresarios en la política local." Nóesis. *Revista de Ciencias Sociales y Humanidades*, vol. 20, no. 39, 2011, pp.102-123, www.redalyc.org/articulo.oa?id=85920910006.

Ramírez Sánchez, Miguel Ángel. "Los sindicatos blancos de Monterrey (1931-2009*)." Frontera Norte*, vol. 23, no. 46, 2011, pp. 177-210. doi.org/10.17428/rfn.v23i46.828.

Rojas Sandoval, Javier. *Monterrey: poder político, obreros y empresarios en la coyuntura revolucionaria*. Monterrey, Universidad Autónoma de Nuevo León, 1992.

Sansores Preda, Rosario. "La Abuelita." Las Mujeres de Hoy. *Trabajo y Ahorro*, 25 May 1934, p. 6. Archivo del Estado de Nuevo León.

____. "La Divorciada." Las Mujeres de Hoy. *Trabajo y Ahorro*, 25 May 1934, p. 6. Archivo del Estado de Nuevo León.

____. "La Madre." Las Mujeres de Hoy. *Trabajo y Ahorro*, 25 May 1934, p. 6. Archivo del Estado de Nuevo León.

Santos, Isnardo and Everardo G. Carlos González. "Usos, formas y contexto de la prensa destinada a los trabajadores en la ciudad de México en el siglo XIX." *La República de las Letras. Asomos a la cultura Escrita del México Decimonónico, vol II*, edited by Belem Clark de Lara and Elisa Speckman Guerra, Universidad Nacional Autónoma de México, 2005, pp. 159-169.

"El Silencioso Heroísmo De La Mujer En La Actualidad." *Trabajo y Ahorro*, 11 Aug. 1934. Archivo del Estado de Nuevo León.

Smith Pussetto, Cintia Nancy Janett García Vázquez and Jesús David Pérez Esparza. "Análisis de la ideología empresarial regiomontana. Un acercamiento a partir del periódico *El Norte*." *CONfines de Relaciones Internacionales y Ciencia Política*, vol. 4, no. 7, 2008, pp. 11-25, www.researchgate.net/publication/28217634_Analisis_de_la_ideologia_empresarial_regiomontana_Un_acercamiento_a_partir_del_periodico_El_Norte.

Snodgrass, Michael. *Deference and Defiance in Monterrey: Paternalism and Revolution in Mexico, 1890-1950*. Cambridge, Cambridge University Press, 2003.

Sotileza. "La Dadiva." *Trabajo y Ahorro*, 20 Oct. 1934, pp. 3-4. Archivo del Estado de Nuevo León.

Texto original de la Constitución de 1917 y de las reformas publicadas en el Diario Oficial de la Federación del 5 de febrero de 1917 al 1º de junio de 2009. Biblioteca Jurídica Virtual del Instituto de Investigaciones Jurídicas de la UNAM.Van dijk, Teun A. "Discurso, conocimiento, poder y política. Hacia un análisis crítico epistémico del discurso." *Revista de Investigación Lingüística*

Van dijk, Teun A. "Discurso, conocimiento, poder y política. Hacia un análisis crítico epistémico del discurso". *Revista de Investigación Lingüística*, no. 13, 2010, pp. 167-215.

Vellinga, Menno. *Economic Development and the dynamic of class: industrialization, power and control in Monterrey*. Países Bajos, Van Gorcum, 1979.

Vizcaya Canales, Isidro. *Los Orígenes de la Industrialización de Monterrey: Una Historia Económica y social Desde la Caída del Segundo Imperio Hasta el Fin de la Revolución (1867-1920)*. Monterrey, Archivo General de Nuevo León (AGENL), 2001.

Endnotes

[1] As part of the Conacyt project "La mujer en la cultura transnacional de la frontera norte México-Estados Unidos: las prácticas de lo escrito, 1850-1950", we have compiled a list of newspapers researched in Northeastern Mexico that are housed in the following collections: Capilla Alfonsina Biblioteca Universitaria; la Biblioteca Universitaria; Raúl Rangel Frías of the Universidad Autónoma de Nuevo León; the Nettie Lee Benson Latin American Collection at the University of Texas, Austin; the Hemeroteca Nacional Digital de México. For a more complete list of newspapers published in Monterrey.

[2] Although a limited amount of information is available regarding nineteenth century periodical publications intended for a reading audience that included workers, Santos and González examine the history of various newspapers published between 1869 and 1888 in Mexico City. The periodicals mentioned by the authors were dedicated to a reading public of workers and they covered topics such as politics, religion, and moral issues. See Isnargo Santos and Everardo G. Carlos González. "Usos, formas y contexto de la prensa destinada a los trabajadores en la ciudad de México en el siglo XIX." *La República de las Letras. Asomos a la cultura Escrita del México Decimonónico, Vol II.*

[3] All translations are mine, unless otherwise stated.

[4] See Mario Cerutti, Isabel Ortega and Lylia Palacio, "Empresarios y empresas en el norte de México: Monterrey, del Estado oligárquico a la globalización."

[5] See Beatriz Pérez Sánchez, Andrés Guzmán Sala, and Armando Mayo Castro's discussion of the evolution of brewery industries in Mexico, "Evolución histórica de la Cervecería Cuauhtémoc: Un grupo económico de capital nacional". *Hitos de ciencias económico administrativas*, 2012.

[6] See "Monterrey y su historia con la cerveza."

[7] For an extensive discussion of this period of economic and political history, see Óscar Flores Torres, *Burguesía, Militares y Movimiento Obrero en Monterrey, 1909-1923.*

[8] Fábricas Monterrey S.A. (FAMOSA) involved a crown caps and cork production line to produce supplies for the bottling department of Cervecería Cuauhtémoc, S.A.

[9] Sociedad Cuauhtémoc y Famosa would essentially become a type of blueprint for "sindicatos blancos" (white unions) which would eventually take on a more active role in unionism by the 1930's. See Óscar Flores, *Burguesía, militares y movimiento obrero en Monterrey. 1909-1923.* See Miguel Ángel Ramírez Sánchez's "Los sindicatos blancos de Monterrey (1931–2009)" for a more complete discussion of white unions, especially the Unión de Trabajador de Cuauhtémoc y Famosa (Workers Unioni of Cuauhtémoc y Famosa).

[10] In addition to the Snodgrass text, see *The Monterrey Elite and the Mexican State, 1880-1940* where Alex M. Saragoza argues that industrial wealth rather than land wealth of the Grupo Monterrey as well as a homogeneous set of interests, entrepreneurship, and family ties were responsible for the success of their business enterprises.

[11] Cárdenas is famous for the nationalization of the oil industry in 1938 and in 1960, during the administration of Adolfo López Mateos, Mexico's electric power sector was nationalized.

[12] Rosario Sansores was a poet and she also published in a number of periodicals including *Novedades* in Mexico City, *La Familia* y en

Diario de la Tarde, *Revista de Yucatán* and *Eco del Comercio*, Mérida, Yucatán.

[13] See Graciela Hierro's, *De la domesticación a la educación de las mexicanas* for a discussion of the history of the construction of the female imaginary in Mexico as based on the image of the mother.

PART III

A TRANSCULTURAL VIEW OF WOMEN WRITERS IN NORTHERN NEW MEXICO AND TEXAS

Poéticas de la identidad narrativa: Subjetividad femenina en los textos de las hermanas Villarreal (1904-1944)

Griselda Zárate
Universidad de Monterrey

Este estudio ofrece un panorama general de la pluralidad que puede presentar la identidad narrativa femenina, más allá del punto de vista militante, en los escritos de las activistas Andrea y Teresa Villarreal a través de un lapso de cuarenta años, desde uno de los primeros textos recuperados de estas autoras en 1904 hasta los últimos que han sido localizados, elaborados en 1944[1]. Las autoras recurren a la poesía para expresar y construir su propia identidad relacionada con los sentimientos, preocupaciones y anhelos que las invaden en diferentes momentos de su vida.

Los escritos poéticos que se presentan responden a tres etapas y pueden agruparse también en tres conjuntos: El primero consiste en los poemas tempranos de Andrea Villarreal "En busca de reposo" (1904), texto inédito realizado en el rancho San Isidro, Lampazos, Nuevo León por Andrea Villarreal y "Puebla" (1906), también de esta escritora y el único texto poético que se ha recuperado de las postales revolucionarias que circularon entre la comunidad mexicana en Estados Unidos y que se anunciaban en el periódico Regeneración —aproximadamente entre los años de 1906 y 1911—, que contenían pensamientos y retratos de los miembros de la Junta Organizadora del Partido Liberal para la causa revolucionaria.

El segundo segmento corresponde a los poemas creados inmediatamente después del exilio en 1911 por esta misma autora, "Madre naturaleza", "Dos aves" publicados en el Diario del Hogar, de la ciudad de México, el 22 de octubre en su página literaria; el otro texto poético, "Veracruz", inédito y fechado el mismo año de 1911, es divulgado por primera ocasión en este estudio.

El tercer grupo está compuesto por los poemas tardíos, "Homenaje al niño Antonio Manuel Villarreal en el día de su sepelio" (1942), único texto poético recuperado de Teresa Villarreal, además de "Como muere Lolita Arreguín en Monterrey" (1943) y "Sentí morir" (1944), de Andrea Villarreal[2].

Es posible vincular la identidad nacional de una persona a un sentido de pertenencia con un espacio geográfico determinado, conocido como "patria chica" (Kaminsky 33), que en el caso de las autoras corresponde a Lampazos, Nuevo León, identidad que se encuentra ligada a una patria grande que es México. Puede decirse que Andrea y Teresa Villarreal comparten una identidad, primero relativa a su patria chica, como lampacenses, luego regional, como nuevoleonesas y norteñas, posteriormente, una identidad nacional, como mexicanas, a la cual se agrega otra, su identidad transnacional, como miembros de la comunidad hispana en Estados Unidos durante su exilio. A la identidad nacional se añaden otro tipo de identidades, que incluyen género, estatus económico, edad, etc., y que continuamente se están ajustando (White 2-3). Es decir, existen características individuales a las cuales se suman también identidades de grupo. En este sentido puede decirse que la formación de identidad está basada en una serie de variables y que constituyen el complejo tejido de esa identidad (M. Ward 230).

Estos rasgos individuales de la identidad se relacionan con el modelo de permanencia en el tiempo referente al carácter (ethos) de la identidad-idem que establece Ricoeur, el cual responde a la pregunta ¿qué soy? (Sí mismo como otro 110). Como se ha indicado previamente, la identidad-idem de Andrea Villarreal, y lo mismo puede expresarse respecto a Teresa Villarreal, se constituye por lo sustancial, es decir, el hecho de ser mujer y estar ubicada en un espacio y tiempo determinados, el norte de México a finales del siglo

XIX y principios del siglo XX. Su mismidad está señalada justamente en las características que la convierten en mujer mexicana, con las implicaciones sociales de esos años: norteña, de clase media, joven, educada y crítica de la situación política del país; son las variables de que se hablaba anteriormente.

La identidad-ipse, por otra parte, denota la identidad de sí y tiene una continuidad en el tiempo que se vincula a la pregunta ¿quién?, y además, su permanencia en el tiempo se da exclusivamente como respuesta a ¿quién soy? (Ricoeur Sí mismo como otro 112). Esta identidad-ipse se revela en este sentido con la manifestación de la palabra dada en oposición a la del carácter, que es de forma general (118). Es a través de la composición poética de un texto narrativo, por ejemplo, los poemas que se estudian en esta sección, como las autoras lampacenses pueden apartarse del conflicto en lo Mismo y lo Otro, resultando en la construcción de su identidad-ipse. Lo anterior tiene como resultado que Andrea y Teresa Villarreal se conviertan en lectoras y también, escritoras de su propia vida (Ricoeur Tiempo y Narración III. El tiempo narrado 998).

Libertad individual y colectiva en la identidad narrativa

En líneas generales, puede decirse que Andrea Villarreal construye su identidad narrativa en el poema "En busca de reposo," como alguien que trata de encontrar paz y un sentido a su vida en tanto propósito. El texto fue creado en 1904, al poco tiempo de algunos eventos turbulentos en Nuevo León, como la persecución y aprehensión de los líderes del Club Liberal de Lampazos durante la Semana Santa en abril de 1901, al igual que la represión de una manifestación pacífica con fines electorales en la ciudad de Monterrey dos años después, en abril de 1903. Los versos reflejan la búsqueda de identidad de la autora, entonces de veintitrés años, al decir:

¿Qué rutas voy reabriendo
con este vagar sin fin?
¿Qué ave voy persiguiendo
del uno al otro confín?

A través de diferentes caminos se desenvuelve un panorama que retoma ideas que ya han sido pensadas, preguntas que ya se han hecho en otros tiempos por otras mentes; son las dudas que llevan a cuestionarse a sí misma y que el texto plasma poéticamente. En un nivel esta estrofa puede leerse como una reflexión sobre las posibles narrativas que Andrea Villarreal está tratando de reiniciar, exploración por medio de la cual está construyendo su identidad narrativa. ¿Qué soy? ¿Quién soy? Son interrogaciones que proporcionan el indicio de su identidad idem e identidad ipse. En esa época de grandes cambios sociales en el país, el texto manifiesta una voz poética que se interroga por la identidad individual de la autora. En especial debe detenerse la mirada en los marcadores textuales de "rutas", "reabriendo", como una manera de expresar trayectos que ya se habían hecho anteriormente por otras personas. Aunado a esto puede preguntarse, ¿cuál es esa ave sino el símbolo de la libertad? La expresión lingüística de "ave" remite al anhelo de un fin en sí mismo como búsqueda de un estado de felicidad.

Más adelante el texto se interroga en dónde germinarán las flores:

Rico pólen de estas flores
que al vientecillo se dá;
¿en que remotos alcores
a germinar tornará?

Con un significado subyacente en el hilo discursivo, el texto poético evoca también a la germinación de ideas y de inquietudes de la autora. Son los anhelos de la escritora por saber cómo pueden desarrollarse esos deseos e ideas que son condensadas por medio del marcador lingüístico de "flores". Sin embargo, el poema también llama la atención sobre la necesidad de tranquilidad para pensar y reflexionar en contraste con la capacidad fructífera de la naturaleza al expresar:

Vengo en busca de reposo,
y me alerta la atención
este mínimo alboroso [sic]
que rebulle en la Creación.

Los versos aluden al sosiego que necesita la escritora en esa época y cuya introspección es interrumpida por la incesante actividad en la naturaleza. El poema exterioriza de este modo la turbación de Andrea Villarreal por buscar su propia identidad, ¿qué soy? parece preguntarse en medio de las aves, los caminos y las averiguaciones, manifestando su identidad idem, en tanto que su identidad ipse se va formando precisamente en esa serie de observaciones de su entorno y, también de las preguntas que surgen en un vaivén que se va tejiendo.

A diferencia del poema "En busca de reposo" en el cual se revela una preocupación por la identidad personal de la autora, el texto poético de "Puebla"[3] expresa un tono militante en el cual las reflexiones íntimas han dado lugar a un interés colectivo y, en consecuencia, esta identidad corresponde a la de toda una nación. Como se ha mencionado ya, entre 1906 y 1911 circularon entre la comunidad hispano-parlante del sureste de Estados Unidos, así como en territorio mexicano, —cuando no eran interceptadas por el espionaje—, unas postales que contenían pensamientos y retratos de los miembros de la Junta Organizadora del Partido Liberal para la causa revolucionaria las cuales se vendían por una módica cantidad (Zárate "La identidad narrativa . . .").

En el periódico Regeneración del 3 de septiembre de 1910 se menciona la venta de postales con la fotografía de los revolucionarios, por la cantidad de .25 centavos de dólar por docena. El nombre de Andrea Villarreal y su dirección en San Antonio, Texas eran el contacto para la compra de estas postales[4]. Esto corrobora lo que dice Diego Abad de Santillán sobre la difusión de las ideas revolucionarias por medio de las postales (Historia 456). El texto poético "Puebla" es relevante para la reconstrucción de la obra literaria y revolucionaria de Andrea Villarreal porque representa hasta hoy la única muestra de los poemas y pensamientos que circulaban en estas postales revolucionarias promovidas en el periódico Regeneración. Sin una fecha exacta de su creación, el poema puede ubicarse en estos años de 1906 a 1911. Sin embargo, por el título de "Puebla" y el tema militante del texto, podría especularse que la autora pudiera haberlo escrito hacia fines de 1910 o principios de 1911, tomando

como referencia el enfrentamiento de la familia Serdán con la
policía en la ciudad de Puebla el 18 de noviembre de 1910.
Los primeros versos que Andrea Villarreal escribió al morir su
madre, siendo todavía ella pequeña, se tornaron en el destierro en
escritos en los que prevalecía la preocupación social y política. Sus
palabras confirman la percepción que los mexicanos han presentido
en su interior, han comprendido finalmente: es mejor morir que pro-
longar la agonía de la esclavitud y seguir en un estado de opresión.
En el texto se manifiesta la preocupación por la opresión del pueblo
mexicano en este sentido:

¡Oh, azteca raza luchadora y fiera!
A reclamar tu puesto y tu derecho
Irás ahí do el esclavista impera
Y entregarás tu enfurecido pecho:
Raza por todo sufrimiento herida
Que al fin has comprendido heroica y brava,
Que es mejor al tirano dar la vida
Que prolongarla para ser su esclava! (Villarreal en Abad His-
toria 456)

Mediante el verso "¡Oh, azteca raza luchadora y fiera!" la
escritora retoma el concepto del lugar de origen, en tanto patria,
como una manera de entrelazar las cualidades de valentía y fiereza
con la identidad mexicana dotando a los marcadores textuales de
"raza" y "azteca" de estas virtudes.

Asimismo, como una manera de enfatizar que es preferible
morir a vivir en un estado de esclavitud, el texto poético utiliza los
marcadores lingüísticos "Que es mejor al tirano dar la vida / Que
prolongarla para ser su esclava". Este sentido de la vida como una
forma de opresión se relaciona con un discurso anarquista y contestatario. Este tipo de discurso muestra una bipolaridad lingüística
para describir a la realidad presente, que sojuzga y explota debido a
un sistema institucional que privilegia a unos cuantos, por lo que la
raíz de este mal es el orden mismo, ilegítimo. El texto poético adopta discursivamente esta idea como modo de combatir la dictadura del
presidente Díaz. A través de estos rasgos del anarquismo, el poema

"Puebla" representa a esta ideología como una utopía o un pensamiento de resistencia debido a que forman un frente de oposición hacia la ideología de dominación del régimen porfirista.

En el mismo tenor, es prudente recordar que las utopías, o ideologías de resistencia, se construyen por grupos que se hallan en vías de ascenso, como el grupo magonista al que pertenecían Andrea, Teresa y Antonio I. Villarreal, y por lo regular, se concentran en las posibilidades futuras. Además, puede decirse que la función de una ideología de dominación es mayormente la de conservar una identidad determinada, individual o colectiva —como la porfirista— mientras que en una utopía, o ideología de resistencia, —los hermanos Villarreal y los revolucionarios magonistas— se acentúa el hecho de crear una nueva identidad que corresponda a otros parámetros.

Aunado a lo anterior, el énfasis en el verbo "comprendido" en el texto transmite la toma de conciencia del pueblo mexicano por la situación de opresión y esclavitud del gobierno de Díaz, en tanto ideología de dominación. Este cambio en la actitud mental de toda una nación que el poema subraya puede vincularse estrechamente con el sentido de la pre-comprensión como una manera de construir la realidad que incluye el *Dasein* de Heidegger.

En este sentido, los años de exilio, de 1904 a 1911, brindaron para Andrea y Teresa Villarreal la oportunidad de una fructífera producción literaria y militante, a pesar de las penurias y persecuciones en otra tierra (Zárate *Revolucionarios en el exilio* 83-104). El año de 1911, que pudiera ser también el de la creación del poema "Puebla," se sitúa entre dos categorías; por un lado, el destierro estadounidense y por otro, la repatriación; igualmente, se ubica entre dos espacios geográficos, Estados Unidos y México, como un intersticio temporal que refleja la capacidad existenciaria del Dasein de Heidegger, y, por tanto, la pluralidad de comprensión y de existencia que se otorga mediante el tiempo. Fue un año de grandes cambios para las escritoras lampacenses, toda vez de proporcionarles la oportunidad de una fecundidad literaria.

Reescribiendo la identidad narrativa

A vuelta del exilio e instalada en la ciudad de México, hacia octubre de 1911, Andrea Villarreal escribió los tres textos que forman el segundo segmento de estudio: "Madre naturaleza", "Dos aves" y "Veracruz". Los primeros dos poemas hablan de la naturaleza como una forma de instituir un mundo utópico en el cual el medio ambiente juega un papel preponderante, lo cual también puede aplicarse al escrito "Veracruz". Estos textos contrastan con el artículo "La mujer surge á la vida del progreso" en el cual se manifiesta el anhelo de construcción de un nuevo México en el que las mujeres existieran como ciudadanas y pudieran escribirse a sí mismas sin tener una segunda categoría como nacionales mexicanas (Zárate "La identidad narrativa" 17)[5]. Sin embargo, como ya se ha señalado, una vez obtenido el triunfo en el conflicto revolucionario, las mujeres son excluidas de la esfera pública y relegadas de las decisiones del país a un segundo plano (Ward 243-244)[6].

De este modo puede interpretarse el caso de estos escritos de Andrea Villarreal en los cuales se da un cambio de enfoque, dado que la Revolución ha triunfado, ya no hay una lucha contra la tiranía. La militancia presente en otros textos, en consecuencia, ha cedido a otros temas, los cuales en principio pueden leerse también como tejidos en una red en la cual subyace un discurso velado, por un lado y por otro, puede distinguirse la inclinación hacia los temas naturales, bucólicos. Enfatizando los poderes de creación, la autora expresa en el poema "Madre naturaleza" que:

> Tú das vida á [sic] los seres, al alma das anhelos,
> Y eres la buena madre, la madre bienhechora,
> Que arrulla, que fecunda, transforma y elabora
> Al ave y á [sic] la rosa y al pez del arroyuelo

Por medio de las palabras de "vida" y "madre" se subraya el sentido de generación de la naturaleza, además de los verbos "arrulla", "fecunda", "transforma", "elabora"; la naturaleza se constituye en la madre amorosa que todo lo da. No más batallas, ni sangre, ni levantamientos en estas palabras, sino un énfasis en la fundación de un nuevo mundo.

> Tú nutres á [sic] las fieras en tus feroces montes
> Y dejas que las aves se sacien en tus viñas;
> ¡Madre!... Tú á [sic] nadie vedas de ver tus horizontes

Sin embargo, puede leerse un reclamo hacia la naturaleza porque existen seres que mueren de hambre a pesar de la exuberancia y abundancia:

> Y enmedio de tus pompas, ciegos á [sic] tus grandezas,
> Hay seres que atraviesan desnudos tus campiñas
> Y, cuántos mueren de hambre ¡Madre naturaleza!

Es decir que la victoria de la Revolución no ha traído la felicidad inmediata a todos los mexicanos. En otro nivel de interpretación del texto puede señalarse a los pobres mexicanos que sufren para obtener de comer, no obstante, el triunfo del presidente Francisco I. Madero.

De la misma manera que en "Madre Naturaleza", en "Dos aves"[7], el otro poema publicado en el Diario del Hogar, de México, D.F., el 22 de octubre de 1911, Andrea Villarreal deja atrás el discurso contestatario anterior para escribir una página más personal de su identidad narrativa:

> Golondrina, golondrina
> ¿En qué anhelabas quizás
> Reposar tu ala cetrina
> En un peñón montaraz?

Primero llama la atención el título que indica dos aves, una de ellas referida por medio de los marcadores textuales de "golondrina, golondrina" a quien se cuestiona en esta estrofa, la otra alude a la misma Andrea Villarreal. En otro nivel de interpretación, puede indicarse que la autora está reflexionando sobre sus propios anhelos al interrogar a la golondrina: ¿cuáles son mis deseos ahora, qué rumbo debo tomar? Son preguntas que surgen directamente encaminadas hacia la misma escritora bajo la apariencia de un ave en el discurso.

En otra estrofa aconseja a esta golondrina:

Deja tu nido vacío,
Abandona tu peñón;
Pues es un hueco sombrío
la guarida de un león

Aquí se manifiestan las sugerencias hacia el ave de dejar el nido, ¿cuál es ese nido al que se refiere? y también por extensión, podría significar el cambio constante de residencia de la autora. Lampazos, Nuevo León, años atrás, luego brevemente San Antonio, Texas, después St. Louis, Missouri, y también Phoenix, Arizona, nuevamente San Antonio, Texas, y, por último, el retorno a la patria para instalarse en la Ciudad de México. Sin embargo, llama la atención que justo ese nido sea la morada de un león y además, sea sombría. ¿No estaba acaso feliz la escritora de estar de vuelta en México?

Cansada y muerta de hastío
Como tú busco un peñón
Que por horrible y sombrío
También lo habitó un león

En esta estrofa puede identificarse una influencia de la poesía modernista en la cual prevalecía una angustia del vivir, una sensación difusa de desencanto, e inclusive hastío (Henríquez Ureña 11-34). Lo anterior puede notarse en particular a través de las marcas lingüísticas de "cansada" y "hastío" que expresan el desasosiego del alma de la escritora en esta nueva etapa, de aparente calma, y también, por el cambio físico y emocional que conlleva instalarse nuevamente en otro espacio. Como la golondrina, la autora busca un sitio, aunque "horrible" y "sombrío", que le permita construir su propia narrativa, es decir, una identidad que busca asirse de un sitio más estable, a pesar de que un "león" también lo ha ocupado. La composición poética del texto concede este ir y venir entre la imaginación creadora de la autora y la realidad que la circunda, reflexionando y construyendo en ese proceso una identidad narrativa que cuestiona su sitio en el propio país, es decir, leyendo y escribiendo su narración.

Al igual que los poemas de "Madre naturaleza" y "Dos aves", en el texto de "Veracruz" se observa que la militancia mostrada en otros escritos ha dado lugar a una paz incipiente que se vuelca a los espacios de la naturaleza, retomando la fundación de una de las ciudades emblemáticas de México, el puerto de Veracruz. El poema, creado en 1911, puede contrastarse con "Puebla" el otro texto dedicado a una ciudad mexicana de la autora, y en el cual se evidencia un activismo y un deseo de formar parte del México revolucionario. En "Veracruz", por otra parte, se perciben ciertas características del modernismo, como un retorno a la naturaleza, una reminiscencia de la Grecia clásica, presencia de civilizaciones exóticas y también, la alusión a épocas pasadas:

Puerto propicio, opulento
del coco y del tamarindo
que nos brindan, refrescantes,
las frondas de tus campiñas
en tus palmeras airosas
al par que tus piñas, ebrias,
de tus abras[8], con el vaho;
con el que Helios[9] y el mar
se emborrachan . . . ¡Oh, mimada,
magnificente odalisca[10]
del harem[11] del rey Atlántico,
que canta por arrullarte!

Puede notarse a través de expresiones discursivas como "coco", "tamarindo", "frondas de tus campiñas", "palmeras airosas" y "piñas", el acento en la abundancia de la naturaleza y en la fertilidad de la tierra mexicana. Aunado a esto, el texto poético evoca a la cultura griega clásica por medio de la mención del dios Helios, para representar al sol, en tanto que lo exótico se hace evidente en las marcas textuales de "odalisca" y "harem" que hacen referencia a las tradiciones árabes, dotando de un significado femenino a la ciudad de Veracruz.

Siguiendo el hilo conductor del modernismo, la siguiente estrofa presenta la evocación del pasado legendario de la ciudad de Veracruz y la presencia de la herencia indígena:

¿En el Pánuco[12] atracaron
sus naos[13], en firmes diques?
Saltaron todos a tierra:
toltecas, ulmecos[14], [sic] nahuas
y sus sangres, sus costumbres,
sus creencias y su cultura,
plenariamente vaciaron
en nuevos moldes ubérrimos[15]

Como una manera de enfatizar la riqueza de la cultura mesoamericana en el texto se resaltan los marcadores lingüísticos de "toltecas, ulmecos, nahuas", al igual que sus tradiciones y creencias, pueblos que fueron atraídos a una región que prodigó las bendiciones de una tierra abundante. Esta alusión a los pobladores legendarios de Veracruz dota de un significado épico el tono del poema.

Finitud e identidad narrativa

En un agudo contraste con los textos del segmento anterior, el tercer grupo está compuesto por los poemas tardíos de "Homenaje al niño Antonio Manuel Villarreal en el día de su sepelio", único texto poético recuperado de Teresa Villarreal, además de "Como muere Lolita Arreguín en Monterrey" y "Sentí morir", de Andrea Villarreal. Pasados los años y, probablemente por la edad avanzada de las escritoras y también, por los sucesos tristes en su vida, los poemas de esta época se centran en el dolor y la muerte. Sus palabras revelan el yo poético de dos mujeres que están conscientes de la finitud de los seres queridos y también de la propia existencia; pudiera pensarse también que estos sentimientos incluyen la desilusión de la visión utópica que ambas escritoras adoptaron años atrás.

En este sentido puede leerse "Homenaje al niño Antonio Manuel Villarreal en el día de su sepelio", de Teresa Villarreal, en el cual se representa la tristeza por el fallecimiento de su pequeño sobrino en junio de 1942:

Llegaste a tu amante patria
Llegaste a tu hogar querido
Mas dejaste allá muy lejos
Tu alma de niño risueño

Los dos últimos versos encierran el sentido de dolor que la autora plasma en el texto por medio de la creación de expresiones discursivas que subrayan la muerte. Este contraste entre lo bello y la vida lozana que contiene se sitúa justo al lado de la pérdida irremediable, como por ejemplo en esta estrofa:

Flores blancas, flores níveas
De frescura rebosantes,
Son las flores que te adornan
En el día de tu entierro

Más adelante, la autora expresa la transfiguración de la lozanía de las flores en sequedad como una manera de enfatizar el paso de la vida a la muerte:

Mañana estarán marchitas
Con sus pétalos caídos
Cual si llorasen la ausencia
Del niño que se ha ido

Los marcadores lingüísticos de "marchitas", "caídos", "llorasen", "ausencia", "ido", otorgan a la composición poética un aura de vacío y un hondo sentido de tristeza que invaden el texto completo. En este sentido la identidad narrativa de la autora se articula en la conciencia personal de la muerte en un ciclo ineluctable de presencia y vacío; más importante aun, el poema plasma las emociones que se desencadenan ante lo irremediable. Puede decirse también que es un retorno del Dasein heideggeriano a la nada de la cual proviene.

A diferencia de la forma íntima en que se aborda la muerte en "Homenaje al niño Antonio Manuel Villarreal en el día de su sepelio", de Teresa Villarreal, en el poema de "Como [sic] muere Lolita Arreguín en Monterrey", de Andrea Villarreal, escrito en 1943, puede identificarse el tratamiento de la muerte como una manera de realizar una lectura crítica a la cultura industrial regiomontana como superior a la naturaleza, tomando como punto de partida el fallecimiento de la niña Lolita Arreguín.

En este sentido puede retomarse la idea de Sherry Ortner (12-13) en cuanto a que la relación entre la mujer y el hombre es igual a la circunscrita entre la naturaleza y la cultura, en tanto sumisión y dominación. Un mensaje subyacente en este poema consiste en la dicotomía que muestra entre máquina vs humanidad, automóvil vs Lolita, hombre vs mujer, como un reproche hacia el valor superior que se le otorga a las máquinas en la sociedad mexicana y en la cual la vida es aplastada por la industrialización. En este texto, puede decirse que la identidad narrativa de la mujer, simbolizada por la niña Lolita Arreguín, se sigue escribiendo dentro de un sistema binario dominante, marginada y fuera del centro de poder debido a la posición que ocupa en ese sistema, a lo cual, además, se agrega la articulación de una mímesis del discurso dominante que es el masculino. En el poema, "Como [sic] muere Lolita Arreguín en Monterrey", este reproche al aspecto negativo de la maquinaria es evidente:

Lolita Arreguín pasea
sus seis abriles, de suerte,
que la alcanza Prisciliano
en mera esquina sureste
¿Velocidad excesiva?
Corta el aire el chafirete[16]
y arrastra aquel cuerpecito
hasta la esquina de enfrente,
en el crucero mentado

Los marcadores textuales de "velocidad excesiva" y "chafirete," subrayan los rasgos destructivos del automóvil como símbolo de la cultura industrial. En oposición, se manifiesta en el escrito la inocencia a través de nombrar a la niña Lolita Arreguín y de la expresión de "seis abriles". En otra estrofa, se indica la insensatez de los conductores:

Ruedan con sus flojos muelles
por Monterrey industrial
describiendo equis y eses
como ebrios que beben sangre . . .

Por medio de las marcas lingüísticas de "como ebrios que beben sangre . . ." estos mismos coches, y en consecuencia los chóferes —humanos transformados en máquinas, se convierten en seres que toman sangre de otros seres humanos, el caso de la pequeña Lolita. La escritora utiliza la composición poética como una manera de criticar los excesos de la cultura, y los peligros que entraña, los cuales ocasionan la visión de la humanidad como accesoria y secundaria. El poema asume una identidad narrativa en la cual la niña, como mujer, se sitúa en un papel subalterno al hombre, lo mismo que la naturaleza a la cultura.

Siguiendo con el tema de la muerte, en el último texto conocido de Andrea Villarreal, "Sentí morir", escrito durante su estancia en febrero de 1944 en el Hospital Civil en la ciudad de Monterrey, se explora la conciencia de la autora de su propia finitud. Hacia finales de mayo de ese mismo año, escribe a Teresa y a Antonio hablando sobre su enfermedad y las curaciones que debe realizar[17]:

Querida hermana: Recibí tu postal con fecha 8 de los corrientes. Sí, ya estoy mejorada de salud, aunque mi pierna sigue inflamada y mi lagrimal obstruido, pero sin pus ni inflamación . . . El doctor Rogelio Garza Elizondo me esta [sic] aplicando la sonda en el lagrimal; a veces dos y a veces tres veces por semana . . . Es muy dolorosa esta curación; pero me aguanto, pues sería peor la extirpación del lagrimal por medio de una operación.

La carta, con fecha del 25 de mayo, relata el diagnóstico sobre el lagrimal de su ojo de varios médicos regiomontanos. La autora, de

63 años entonces, abunda con franqueza sobre su enfermedad e inclusive la posibilidad de extirpación, a lo cual se niega rotundamente. A Antonio le expresa también sobre su estado de salud en la carta que le envía el 27 de mayo: "Creo que de hoy en adelante no me enfermaré de gravedad; pues cuidaré tanto como me sea posible de que mi lagrimal y mi dentadura estén libres de gérmenes o de microbios que maleen mi sangre". Por otra parte, en el poema la escritora trata de articular su miedo a la muerte como una manera de reflexionar y dar un sentido a esos días en los que su cuerpo trata de abandonarla:

Sentí que mi ser, todo se me desintegraba
Mi espíritu, expectante
En un rincón de un cuarto del Hospital Civil,
Presenciaba la fuga de mis vitales células
Las rojas, las blancas;
Que saltaban, volaban, huían
Detrás de la Muerte;
Y dejábanme el cuerpo pesado, así como plomo;
Congelados y tiesos, inertes mis pobres tendones;
Tullidos los músculos y las coyunturas
Invadióme un sueño tan dulce del que no se despierta

En contraste con el poema anterior, en "Sentí morir", la voz poética adopta un tono íntimo para crear la visión del desfallecimiento de la autora, aun librando la batalla por medio de los marcadores textuales de "la fuga de mis células vitales", "las rojas", "las blancas", "que huían detrás de la Muerte" y en particular por el acecho de ese "sueño tan dulce" que era la muerte. Puede decirse que la composición poética de este texto le permite a la autora construir una identidad narrativa que arroja luz sobre la reflexión ocasionada por la dramática experiencia personal de enfermedad.

Se ovalaban mis células, se alargaban
En su fuga forzosa detrás de la Muerte
Y mi espíritu absorto,
En el segundo piso del Hospital Civil
Las perseguía, las imantaba, las atraía . . .

Mediante una intensa introspección hacia el cuerpo de la autora, el poema pone en palabras textuales que no todo estaba perdido porque su "espíritu absorto", como símbolo de la voluntad y deseo de vivir, todavía hacía frente al peligro mediante la atracción de sus "células vitales", ya que "las perseguía, las imantaba, las atraía . . .", para eludir la muerte en el escenario de una batalla personal en esa cama de hospital.

A manera de conclusión, puede indicarse que la construcción de la identidad narrativa a través del tejido del discurso en los poemas anteriores fluye en el espacio en tanto reflejan diferentes sitios geográficos, y también en el tiempo porque cubren el espectro de cuarenta años en la vida de Andrea Villarreal, mientras que, en el texto poético de Teresa Villarreal, se sitúa en el año de 1942. El discurso que expresan los poemas va tejiendo el tapiz de una identidad narrativa que en el caso de Andrea Villarreal se ha transformado desde 1904, cuando la escritora buscaba un espacio de reposo, su alma desasosegada presintiendo el exilio, en su natal Lampazos, Nuevo León, y los años turbulentos que la arrastran en un torbellino social, hasta el año de 1944, cuando ha sentido desfallecer sus fuerzas en un cuarto del Hospital Civil, en Monterrey, Nuevo León, y su mirada atraviesa la ventana para no dejarse vencer por la muerte. Por otra parte, la identidad narrativa de Teresa Villarreal recorre un viaje desde su época militante, mediante el texto de "El Partido Anti-reeleccionista", al igual que las cartas que escribió junto con Andrea en favor de la libertad de su hermano Antonio y el artículo "¿Qué hacéis aquí hombres? Volad, volad al campo de batalla" durante el exilio en Estados Unidos, hasta el poema que se analiza en este estudio "Homenaje al niño Antonio Manuel Villarreal en el día de su sepelio", de 1942.

Se observa una subjetividad femenina plural, se trata de dos mujeres que han acumulado diversas identidades narrativas: militantes, aguerridas, con el alma inquieta, soñadoras de épocas pasadas y de lugares exóticos, hacedoras de la pregunta ¿qué es mi muerte, y . . . la de mis seres queridos? como hilo conductor que se tamiza en los textos poéticos para articular una reflexión sobre su vida.

Fuentes citadas

Abad de Santillán, Diego. *Historia de la Revolución Mexicana*. Ciudad de México: Frente de Afirmación Hispanista, 1992.

Heidegger. Martín. *El ser y el tiempo*. Trad. José Gaos. Ciudad de México: FCE, 1962.

_____. *Ser y tiempo*. Trad. Jorge Eduardo Rivera. Madrid: Trotta, 2006.

Helios. "Theoi Greek Mythology", www.greekmyths-greekmythology.com/helios-sun-god/.

Henríquez Ureña, Max. *Breve historia del modernismo*. Ciudad. de México: FCE, 1962.

Kaminsky, Amy K. *Reading the Body Politic: Feminist Criticism and Latin American Women Writers*. Minneapolis: University of Minnesota Press, 1993.

Ortner, Sherry. "Entonces, ¿es la mujer al hombre lo que la naturaleza a la cultura?," traducido por Lydia Rodríguez Cuevas y Sergio Daniel Lópe, *AIBR Revista de Antropología Iberoamericana*. Vol. 1, Número 1. Enero-Febrero 2006, pp. 12-21.

Pánuco. *Enciclopedia de los municipios de México*. Enciclopedia de los municipios de México. http://www.inafed.gob.mx/work/enciclopedia/EMM19nuevoleon/index.html

Ricoeur, Paul. Conclusiones. *Tiempo y narración III. El tiempo narrado:* 991-1037, traducido por Agustín Neira Calvo, Cd. de México: Siglo XXI Editores, 1995.

_____. *Sí mismo como otro*. Trad. Agustín Neira Calvo. Madrid. Siglo XXI, 1996.

Tula. *Enciclopedia de los municipios de México*. http://www. inafed. gob.mx/work/enciclopedia/EMM19nuevoleon/index.html

Villarreal González, Andrea. "En busca de reposo". Lampazos, Nuevo León. Poema inédito, 1904.

_____. Carta a Teresa Villarreal. Monterrey, Nuevo León: Inédita. 25 de mayo de 1944.

_____. "Como muere Lolita Arreguín en Monterrey". Monterrey, Nuevo León. Poema inédito, 1943.

_____. "Dos aves". Página Literaria. *El Diario del hogar*. Cd. de México, 22 de octubre de 1911.

_____. "Puebla". En Diego Abad de Santillán. *Historia de la Revolución Mexicana*. México, DF: Frente de Afirmación Hispanista, 1992.

_____. "Sentí morir". Monterrey, Nuevo León. Poema inédito, 1944.

Villarreal González, Andrea et. al. "La mujer mexicana surge á la vida del progreso. Se funda una importante agrupación". *Diario del hogar*. Cd. de México, 24 de noviembre de 1911.

Villarreal González, Teresa. "Homenaje al niño Antonio Manuel Villarreal en el día de su sepelio", Ciudad de México. Poema inédito. 1942.

Villarreal Torres, Concepción. Entrevista personal. Cd. de México. Julio 2009.

Ward, Margaret. "The Ladies' Land League and the Irish Land War 1881/1882: Defining the Relationship Between Women and Nation" in *Dangerous Liaisons: Gender, Nation, and Postcolonial Perspectives*. McClintock, edited by Anne, Amir Mufti and Ella Shohat, Minneapolis: University of Minnesota Press, 1997.

White, Paul. "Geography, Literature and Migration". Writing Across Worlds. Literature and Migration, editado por Russell King, John Connell and Paul White. London: Routledge, 1995.

Zárate, Griselda. (2011). "La identidad narrativa en la memoria revolucionaria de Andrea Villarreal". *The Latin Americanist*. Volume 55, Issue 1, pages 17-32. March 2011.

_____. (2019). *Revolucionarios en el exilio. Andrea, Teresa y Antonio I. Villarreal (1904-1911)*. México: INEHRM / Fondo Editorial de Nuevo León.

Notas

[1] En el Archivo Descendientes de la Familia Villarreal González fueron recuperados por esta investigadora, los poemas inéditos "En busca de reposo", de 1904; "Veracruz", de 1911; "Homenaje al niño Antonio Manuel Villarreal en el día de su sepelio", de 1942; "Como muere Lolita Arreguín en Monterrey", de 1943; "Sentí morir", de 1944. Agradezco a la Dra. Conchita Torres Villarreal la gentileza de autorizarme a estudiar estos poemas. Por otra parte, localicé los escritos poéticos de "Madre naturaleza" y "Dos aves" en el periódico *Diario del Hogar*, del 22 de octubre de 1911, mientras

que el poema "Puebla" fue consultado en *Historia de la Revolución Mexicana*, de Diego Abad de Santillán, anarquista español argentino que escribió sobre el proceso revolucionario y también, sobre Ricardo Flores Magón, durante los 1920's.

[2] Se han mencionado también otros poemas de la obra de Andrea Villarreal, los cuales no han sido recuperados todavía. Por ejemplo, en entrevista personal, la doctora Conchita Torres, sobrina de la autora, habló de un poema con el tema de la huelga de Cananea, Sonora, en 1906 (entrevista personal 31 de julio de 2009). Al respecto, véase también el artículo "La Santa de la Revolución", de Rubén W. López quien entrevistó a la escritora Andrea Villarreal en 1960. Por otra parte, en el archivo histórico custodiado por la doctora Conchita Torres, puede consultarse el diploma de mención honorífica en el concurso celebrado en honor de la madre por la estación de radio XEMR, de Monterrey, N.L., en mayo de 1941 y que obtuvo la escritora lampacense. Sin embargo, el texto poético no se encuentra entre los documentos disponibles. Es prudente comentar también que el diploma está borroso y el año no se lee bien, se confunde con 1911. Sin embargo, debe ser 1941 porque el nombre de Andrea viene como Sra. Andrea V. Vda. de Heredia Arámburu y la fecha de su matrimonio fue en noviembre de 1914 y enviudó al poco tiempo; el año, por tanto, no puede ser 1911. A estos escritos, puede agregarse que el ingeniero Alfredo Rodríguez Galindo, quien conoció a Andrea Villarreal en los años de 1947-1948, siendo estudiante, recuerda la existencia del poema "Gaviota," inspirado en la estancia de la escritora en La Habana, Cuba (entrevista personal el 25 de agosto de 2008). Por otra parte, el historiador regiomontano Erasmo Torres López refiere también el texto "Las heroínas de la Independencia", poema ganador en el concurso de las fiestas patrias en septiembre de 1939, por el cual Andrea Villarreal obtuvo una rosa de oro, de acuerdo a la nota periodística publicada en *El Porvenir,* de Monterrey, N.L., en septiembre de 1939, en la cual, sin embargo, no está incluido el poema mismo (entrevista personal el 23 de septiembre de 2008).

[3] Por más esfuerzos que se hicieron por esta investigadora no se pudo localizar el texto original del poema "Puebla", que localizó Diego

Abad de Santillán en los 1920s en el Archivo General de la Nación, por lo que las referencias a este texto fueron consultadas en el escrito de este autor.

[4] "POSTALES REVOLUCIONARIAS. Las personas que deseen adquirir tarjetas postales revolucionarias conteniendo los retratos de los revolucionarios que han sufrido y sufren el odio de la tiranía de Porfirio Díaz, puedan [sic] obtenerlas haciendo su pedido á [sic] la Señorita Andrea Villarreal Gonzáles, Editora de MUJER MODERNA, 512 Camaron [sic], San Antonio, Tex., U.S.A. Con el envío de veinticinco centavos, se remite una docena de dichas postales á quien lo solicite. Setenta por un peso. Los precios anteriores son en oro. En moneda mexicana es el doble. La subscripción [sic] á [sic] MUJER MODERNA cuesta sesenta centavos al año y treinta por seis meses, oro. Es un periódico de combate contra la tiranía de Porfirio Díaz", *Regeneración*, Los Angeles, California, 3 de septiembre de 1910. Véase también el artículo "Memorias del General Antonio I. Villarreal" de José C. Valadés, de 1935, publicado en *La Prensa*, de San Antonio, Texas, en el cual se reproduce la foto de una de estas postales con fragmentos de un texto de Antonio I. Villarreal aparecido originalmente en el periódico *Regeneración* con la foto del autor lampacense.

[5] En este sentido, la historiadora Martha Eva Rocha menciona que "llegados los tiempos de paz, la institución castrense no sólo soslayó, sino que ignoró la participación femenina en los ejércitos pues reconocer su presencia significaba violentar una institución por excelencia patriarcal", 212.

[6] En referencia al conflicto irlandés-inglés de 1919-1922, Margaret Ward en "'The Ladies' Land League . . .'" menciona que después del rompimiento en el tratado con Gran Bretaña en 1922 y la formación del Estado Irlandés, las demandas feministas quedaron relegadas a un segundo plano como consecuencia de la preeminencia que ganó el nacionalismo conservador y patriarcal. Se privilegiaba entonces la imagen positiva de la mujer en el ámbito doméstico en contraposición con el aura negativa y demoníaca de la mujer militante, 243-244. Este mismo enfoque puede señalarse en la situación de las mujeres mexicanas al subir al poder el presidente Madero.

[7] Algunas palabras están ilegibles en el poema.

[8] Abra: Del francés *havre*, puerto de mar. Bahía no muy extensa; abertura ancha y despejada entre dos montañas; distancia entre los palos de la arboladura, o abertura angular de las jarcias, DRAE versión electrónica, vigésima segunda edición.

[9] Dios del Sol en la mitología griega.

[10] Esclava o concubina en harén turco. DRAE versión electrónica, vigésima segunda edición.

[11] Harem: Del francés *harem*, y éste del árabe clásico *harim*, mujeres, literalmente, "lo vedado". Departamento de las casas de los musulmanes en que viven las mujeres, DRAE versión electrónica, vigésima segunda edición.

[12] El Río Pánuco desemboca en el Golfo de México entre los estados de Veracruz y Tamaulipas. Allí se localiza la ciudad de Pánuco, Veracruz, fundada por Hernán Cortés el 22 de diciembre de 1522. La palabra "pánuco" procede del dialecto huasteco, en la cual *pano* significa paso, y la voz *co*, lugar, en referencia al paso del río Pánuco. Pánuco, Panotla, Panoayan significan vado, puente o pasajero. Se sitúa como el punto de partida de las altas culturas, las cuáles a través del río, arriban en el altiplano y fundan Tula, en el estado de Hidalgo. Tula fue la cuna de la civilización tolteca desde el año 713 D.C., la cual se distinguió en las artes, la ciencia, la arquitectura y la pintura en Mesoamérica, *Enciclopedia de los municipios de México*.

[13] Nao: Del catalán *nau*, nave. DRAE versión electrónica, vigésima segunda edición.

[14] Olmecas.

[15] Ubérrimo: Del latín *uberrĭmus*. Muy abundante y fértil. DRAE versión electrónica, vigésima segunda edición.

[16] Chafirete, palabra despectiva que se usa en México para designar a un chófer, que actualmente está en desuso. DRAE versión electrónica, vigésima segunda edición.

[17] En la misiva, la autora también comenta la celebración del cumpleaños de su primo Pablo González en fecha equivocada, el 5 de mayo, en lugar del 18 de marzo.

Writing Transnational Life Experiences on the Border: Leonor Villegas de Magnón[1] and Jovita Idar

Donna M. Kabalen Vanek
Tecnológico de Monterrey

Cultural spaces that exist in the borderland, or that symbolic space that forms a border or frontier in a cultural sense, are semiotic realities that unfold in unpredictable and indeterminate ways as a result of historical processes. Indeed, as suggested by Clara Lomas, prior to and during the Mexican Revolution of 1910, the US-Mexican border was a socio-cultural and political space where, "issues of liberalism, anticlericalism, anarchism, nationalism, class, race, and identity were addressed with revolutionary fervor and articulated through periodical publications, autobiographical narratives, and memoirs by women who became involved not only in Mexico's nationalist strife for a more democratic country but also in calling attention to gender issues" (51). For example, articles written by Mexican activists, Teresa and Andrea Villarreal, Isidra T. de Cardenas and Sara Estela Ramírez and published in Texas periodicals such as *El Obrero*, *La Mujer Moderna*, *La Voz de la Mujer*, and *La Crónica* addressed nationalist causes, but most importantly, these women spoke out against the oppressed social position of women, injustices committed within local communities, and the need for expanded opportunities for education, especially for Mexican children living in Laredo. These same issues were of importance to Leonor Villegas de Magnón and Jovita Idar, two women who have left an indelible mark in the history of the Texas-Mexico border region. Because the borderland is a site of cultural exchange, a space where the co-existence of difference is located, I suggest that it is a site of creative ferment. Thus, because each of these female writers can be perceived as pertaining to two worlds, as culturally bilingual, they are able to translate, transform and create information thereby fomenting cultural dialogue through the written word.

Villegas de Magnón (1876-1955) was born in Nuevo Laredo, Mexico, and after her mother's death and her father's remarriage she and her brother were sent to San Antonio, Texas where Leonor attended an Ursuline convent school and later on, Holy Cross in Austin, Texas. After her father's death in 1910, and due to revolutionary activity in Mexico, Villegas de Magnón would remain in Laredo where she set up a kindergarten in her home. It is important to mention that due to the scholarly work of Clara Lomas, two of the major works written by Villegas de Magnón have been recovered. In her preface to *The Rebel*, Lomas has noted that the first text, *La rebelde*, was written in Spanish most probably "in the late teens or early twenties" (ix) and the intention of the narrative was to reach an audience within Mexico. In the latter part of the 1940s, Villegas de Magnón wrote another text—*The Rebel*—that was intended for the reading public of the United States. It is in these two autobiographical texts that the reader comes in contact with a narrative voice that presents herself as "the Rebel," "La Rebelde," as founder and "Presidenta de la Cruz Blanca Constitucionalista de Laredo," and "President of the Constitutional White Cross of Laredo." Leonor Villegas Magnón sees herself as a rebel, as someone whose work contributed to the Mexican Revolution and the cause of Venustiano Carranza.[2] Indeed, in *La rebelde* she tells the reader that "Encantada salí de la presencia del Primer Jefe; en alas de mis ensueños de mujer veía flotar el pabellón mexicano y me sentía heroína, la más valiente . . ." ("I left the presence of the First Chief enchanted; on the wings of my womanly dreams I saw the Mexican pavilion and I felt like the most valiant heroine . . .") (98).

This "heroína" was not alone in her rebelliousness, an asset she shared with Jovita Idar who was born in Laredo, Texas in 1885. In 1903 Idar received her teacher certification, and her first teaching experience was in Ojuelos, Texas where she is known to have become disillusioned with her inability to affect change in a school system where Mexican children were totally segregated and often excluded from schools. She then began working at *La Crónica*, a family owned newspaper where she remained at the helm after her father's death in 1914. In 1911, this female activist founded the Liga Femenil Mexicanista that organized a project that would provide free education for Mexican children who did not have the financial means to attend school. After Idar's marriage to Bartolo Juárez she moved to San Antonio, Texas where she began a free kindergarten; however, while living in San Antonio, she also remained active in journalism as she became involved as editor of a Methodist newspaper, *El Heraldo Cristiano.*

Jovita Idar (1885-1946) was also known for speaking out against discrimination, particularly the atrocities committed by the Anglos and Texas Rangers against Mexicans in South Texas. Along these lines, she is famous for her journalistic endeavors at *El Progreso*, and she is known to have stood her ground after the Texas Rangers attempted to close the newspaper after she wrote an article condemning Woodrow Wilson's decision to send US troops to the border area. Indeed, in *The Rebel*, the autobiographical narrator presents the following commentary that refers to those like Idar who were contributors to this newspaper: "Through the instigation of *El Progreso*, Laredo became a propaganda center" (83).

The lives of these two women, then, are of special interest in understanding their role as writers and activists. Both Leonor Villegas de Magnón and Jovita Idar wrote for *La Crónica,* where they expressed their concerns for their compatriots in Texas and Mexico. However, although both women took action during the course of their lives—for example, during the Mexican Revolution Battle of Nuevo Laredo, they crossed the border into Nuevo Laredo to care for wounded soldiers—they were keenly aware of the power of the written word. Indeed, in spite of the limits and prohibitions imposed upon the female subject and her participation in cultural politics in Mexico and the Texas borderlands in the latter part of the nineteenth and first decades of the twentieth century, their writings represent the voice of women who have chosen to speak by putting themselves into the text. Thus, as Cixous argues:

> we must examine women's writing about what it will do. Woman must write herself, must write about women and bring women to writing, from which they have been driven away as violently as from their bodies—for the same reasons, by the same law, with the same fatal goal. Woman must put herself into the text—as into the world and into history (58).

It is precisely an examination of various texts written by Villegas de Magnón and Jovita Idar that are I examine in the present analysis, especially in terms of the type of discourse production evident in each text and the way in which it points to the action of a female author intent on writing about other women, her community and herself.

I suggest that the life experiences of both Leonor Villegas de Magnón and Jovita Idar involved the intersection of two semiotic spheres—those of Mexico and the United States of the early twentieth century. From a semiotic perspective, culture can be understood as "inteligencia colectiva y una memoria colectiva, esto es, un mecanismo supraindividual de conservación y transmisión de ciertos comunicados (textos) y de elaboración de otros nuevos" ("collective intelligence and collective memory, that is, a supra-individual mechanism for the conservation and transmission of certain communications (texts) and the elaboration of new ones") (Lotman 157). On the basis of this definition, the intersection of the cultural spaces of Texas and Mexico can be defined as a transnational space where memory is shared and where certain texts that deal with that memory are created and conserved.

During the early twentieth century Laredo and Nuevo Laredo were cultural spaces where a diffuse ideology of social conventions that make up the "eternal feminine" or "virtues of modesty, gracefulness, purity, delicacy, civility, compliancy, reticence, chastity, affability, politeness," circulated (Gilbert and Gubar 816). In this sense, women of the late nineteenth and early twentieth centuries were generally assigned to the domestic space where they were expected to accept their place as dutiful daughters, wives, and mothers. Furthermore, in terms of accepted behavior, women were expected to silently submit to patriarchal structures. Here it is important to recall Foucault's comments on societal control of discourse production as a means of understanding the position of women in Hispanic society where traditionally they were not permitted to speak their minds. These limits correspond to Foucault's view regarding certain societies where "not everyone has the right to speak of anything whatever" (52).

Despite the cultural limitations imposed on women, both in Texas and in Mexico, Leonor Villegas de Magnón and Jovita Idar were exceptions to the traditional Hispanic cultural model that situated the woman in a silenced position, subject to the male head of the family. That is, because of their educational and class backgrounds—Villegas de Magnón was born into a well-to-do family, Idar was born into a family of journalists, and both were educated as teachers—they were able to choose a different path more easily, that of writers actively involved in their community and the Mexican Revolution. Indeed, in her discussion of the development of the feminist movement in Mexico, Macías affirms that this active role of women in society is part of the cultural memory of Mexico. For example, she points out that "with the founding of 'La Mujer Mexicana' female teachers, writers, doctors, lawyers, bookkeepers, telegraphists, and other white-collar workers whose ranks had swelled to the thousands from 1880 to 1904 began to speak out on social and economic problems" (13-14).[3] Like other women on both sides of the border, Villegas de Magnón and Idar would also move in a similar direction, becoming involved in activities to foment progress in their own sphere of activity in Nuevo Laredo, Laredo, and other areas in Mexico. Ultimately, it is through the discourse evident in their writings that we find evidence of the way in which both women break with certain taboos regarding what women are permitted and not permitted to say.

The Writings of Leonor Villegas de Magnón

Although Villegas de Magnón's *The Rebel* and *La rebelde* are
her most extensive texts, I would like to analyze two of her lesser
known essays and articles. I will begin by referring to an untitled
hand-written essay that is part of the author's papers that are housed
in the archives of Recovering the US Hispanic Literary Heritage,
University of Houston. This untitled and undated meditation provides the reader with a glimpse of the female writer's private
thoughts. She begins by stating that:

> En mi consciencia suprema tengo Luz, Sabiduría, y Poder
> necesarios para penetrar ahora estas enseñanzas que estoy
> recibiendo . . . Ese poder así como esos recursos y posibili-
> dades pueden ser puestos en manifestación mediante eso que
> todo lo que necesito ha sido naturalmente provisto para mí en
> el plan supremo y afirmando que lo que deseo, ya es mío"
> ("In my supreme conscience I have the Light, Wisdom, and
> Power necessary for penetrating these teachings that I am
> receiving . . . This power as well as these resources and pos-
> sibilities can be manifested through that which is what I need
> and has been naturally provided for me in the supreme plan
> and affirming that which I desire, is now mine").

The writer further expresses the following thoughts:

> Gracias á [sic] mi consciencia suprema cuya Luz, Sabiduría
> y Poder están en mí y conmigo he comprendido y podido
> practicar sus enseñanzas . . . Este poder está en acción en mí
> constantemente manifestándose [sic] como voluntad firme,
> carácter determinación, seriedad, firmeza, y resolución. Yo
> soy una mujer de carácter ("Thanks to my supreme con-
> science whose Light Wisdom and Power are within me and
> with me I have understood and been able to practice its teach-
> ings . . . This power is constantly in action within me and
> being manifested as a firm will, character determination,
> seriousness, strength and resolution. I am a woman of char-
> acter").

Of particular importance in analyzing these excerpts is the repeated use of linguistic markers such as "*poder*" (power). That is, Villegas de Magnón contemplates her inner conscience where light, wisdom and power reside, and which she considers necessary for understanding a particular moment of her life. She perceives this power within her and she speaks of its "*acción*" (action) within her. The results of this power are expressed in language that presents us with a sense of self that is strong. That is, she claims her own "carácter determinación, seriedad, firmeza, y resolución" (character, determination, seriousness, steadfastness and resolve) are the basis for her strong sense of self as, "una mujer de carácter" (a woman of character), as someone who believes that "Esta vez no debe haber fracaso esta vez voy a tener exito [*sic*] por el poder que está dentro de mi misma." ("This time there ought not to be any failure this time I will achieve success through the power that is within myself"). This type of discourse production presents the reader with the life vision of a female subject whose thoughts stand in stark contrast to the traditional role of women, the "eternal feminine" with its emphasis on compliant, reticent behavior. It is precisely through the written word that Villegas de Magnón is breaking through traditional boundaries that are meant to limit female action. She intends to be successful— "yo misma soy exito [*sic*]" ("I myself am success")—and she expresses this intention through the use of words that are forceful for a woman of this historical period. Not only does she state her intention of being successful in her endeavors, she declares herself as success itself. Ultimately, she notes that "Por la constante, firma clara y precisa visualizacion [sic] de tu ideal, gradualmente te haces a seme-janza de la imagen que has creado" ("Through the constant, firm clear and precise visualization of your ideal, gradually you are made into the likeness of the image you have created"). Here we are able to observe the mental life plan of a woman who intends to act and thereby achieve what she has not only imagined, but also created for herself as part of a personal life project.

This sense of acting in accordance with a life project grounded in personal ideals is clearly evident in Villegas de Magnón's article, "Evolución Mexicana," written and published in *La Crónica* in

September 1911, soon after Madero's triumphal entry into the capital. The text initially focuses on the "magnífico discurso de Francisco I. Madero pronunciado últimamente en Cuautla . . . Las justas razones que expone serán las dominadoras del país y sus maravillosas acciones" ("magnificent speech by Francisco I. Madero pronounced recently in Cuautla . . . The just reasons set forth will be those that dominate the country and its marvelous actions"). She further notes his "entendimiento elevado" (elevated understanding) as someone who "trata de convencer por medio de la razón y el argumento, poniendo así al pueblo Mexicano á [sic] la altura de cualquier nación civilizada" ("tries to convince through reason and argument, thus placing the Mexican people at the height of any civilized nation"). Here, the reader comes in contact with a view that focuses on elevated knowledge and argument based on reason which is to be the basis of Mexican life where "el machete y el fusil" ("the machete and the rifle") must be left behind. This article coincides clearly coincides with the writer's sense of self presented in her personal reflection. That is, her vision of self is based on the power of personal strength and character, but in her article, she focuses on the importance of reason and knowledge as the foundation for progress.

Another relevant aspect of the article is the writer's critique of the dominant position of the Catholic Church, as she states that "La religión mezclada con asuntos interiores del Estado impide el progreso de la humanidad" ("Religion mixed with the inner concerns of the State impedes the progress of humanity"). Here it is relevant to note that, as suggested by Foucault, discourse is never neutral. Indeed, in the article these words are printed in italics so as to emphasize the writer's position with regard to the Church as a cultural elite of men, as a system of control within Mexican society, one that has limited progress within Mexico, and implicitly, the role that women have been allowed to take within Mexican society.[4]

The female voice of this article then shifts into a collective tone: "necesitamos en nuestra patria el militarismo, el ejército, pero no para combatirnos á [sic] nosotros mismos, no queremos que llene de terror a sus mismos hermanos, pero sí, que nos protégé [sic] del enemigo extranjero" ("in our country we need militarism, the army, but not in order to fight against ourselves, we do not want [the military] to fill its brothers with terror, but yes, to protect us from the foreign enemy"). The use of the third person plural can be seen as a linguistic form that veils a hidden "I" and which also situates the speaker as part of a cultural collectivity, one that is to be considered as a civilized nation with a national project based on progress, a project that can be defended when necessary with military action. In the last paragraph of the text, Magnón uses only one word in English, "leader", a linguistic marker intended to revert back to the figure of Madero who cannot be considered "culpable por todos los desordenes ni las intrigas de los enemigos" ("guilty of all of the disorder and intrigues of the enemy"). She then remarks, "si la causa es buena tiene que triunfar" ("if the cause is good it must triumph"). Here her discourse stands as a verbal challenge as she addresses her reading public and implicitly states her criticism of those who had opposed Madero's revolt against the Diaz government. One cannot help but think of those such as Henry Lane Wilson who supported dollar diplomacy and who longed for the days when Porfirio Diaz dominated Mexico. Indeed, Wilson's admiration of Diaz who clearly rejected Madero's political project, were well known both in the United States and Mexico. Thus, by speaking out in this article, and to a certain extent, by addressing Madero's enemies, Villegas de Magnón demonstrates her capacity to make use of the power of the written word based on that same inner power she speaks of in her meditation.

In July of 1914 in Monterrey, Nuevo Laredo, Villegas de Magnón, as "Presidenta de la Cruz Blanca Nacional" ("President of the National White Cross"), presented a speech at a reception offered by the Cruz Blanca. This speech was delivered before Venustiano Carranza, "El Primer Jefe del Ejercito [*sic*] Constitucionalista" ("The First Chief of the Constitutionalist Army"). She begins her discourse by referring to the Mexican Revolution: "yo comprendí que por procedimientos puramente evolutivos, la revolución iría tejiendo la tela de araña de sus futuros destinos en bien de la república y de los mexicanos . . ." ("I understood that through purely evolutionary procedures, the revolution would go on weaving the web of its future

destinies for the good of the republic of the Mexican people . . .").
Once again, we find the use of the linguistic marker "evolutivos" or
evolutionary which coincides with the previously mentioned article
and its emphasis on the writer's vision of Mexico and its road to
progress. If we recall her words regarding "exito [*sic*] por el poder
que está dentro de mi misma" ("success by the power that is within
myself"), we can certainly understand this speech as Villegas de
Magnon's explicit attempt to insert the historic activities of the
women of the Cruz Blanca into the history of Mexico's journey
toward progress: "Queremos que nuestra obra sea transcendental,
que nuestros desinteresados esfuerzos obren saludablemente dentro
de nuestros procedimientos de evolución" ("We want our work to be
transcendental, that our disinterested efforts work healthily as part of
our evolutionary procedures"). Thus, she clearly situates her own
actions, as organizer of the Cruz Blanca and the actions of those
women who worked with her, as transcendental and as relevant contributions to Mexico's evolutionary progress.

In addressing Venustiano Carranza directly, however, Villegas de
Magnón uses a vailed discourse: "Yo os pido Sr., que perdone la
humildad de mis esfuerzos y los alcances limitadísimos de mi
inteligencia ante tan graves problemas" ("I ask Sir that you forgive
the humility of my efforts and the limited reaches of my intelligence
before such serious problems"). Further, in referring to her activities
in organizing the Cruz Blanca during the Revolution, she continues
to use a self-effacing discourse as she declares: "Siendo tan débil mi
sexo y modesta y humilde obra . . ." ("My sex, being so weak and
[my] modest and humble work . . ."). In contrast to this seemingly
submissive tone of her discourse, which corresponds to the use of the
apology in Spanish oral tradition, she ultimately breaks with this linguistic form and presents herself in a forceful manner: "Sin embargo nada me hará vacilar; mi voluntad es firme, mis esperanzas se
perpetúan en las llanuras infinitas del porvenir, y mis ideales miran
por encima de la cabeza de naturalezas mesquinas [*sic*]" ("However
nothing will make me waiver; my will is form, my hopes are perpet-
uated in the infinite plains of the future, and my ideals look above
the head of petty natures"). Once again, the reader perceives the

voice of a woman, of a speaking subject, who breaks with the con-
straints of a discourse imposed upon the female as she emphasizes
her staying power, her hope, her ideals that found expression in her
work during the Revolution as "La Rebelde."
    If we compare her speech to chapter XIV of the autobiographi-
cal narrative *La rebelde*, we discover a similar tone. A chapter entitled, "La cena con ángeles" ("The dinner with angels"), refers to a
period of time after the Battle of Nuevo Laredo when "Aracelita y La
Rebelde . . . se acordaron de los días en que velaban por el bienestar
de cada soldado . . ." ("Aracelita and the Rebel . . . remembered the
days when they looked after the well-being of each soldier . . .")
(91). This chapter is clearly in keeping with Villegas de Magnón's
project of inserting her actions and those of the women who worked
with her into the history of the Mexican Revolution. Indeed, within
this chapter alone we find ninety repetitions of the phrase "La
Rebelde," which is always capitalized within the text, and the "Cruz
Blanca" is mentioned forty-six times. All of these references take
place in the space of less than thirty-one pages, and they can be interpreted as the intention of a singular female subject who insists on her
own contributions and those of the White Cross during the Mexican
Revolution. Furthermore, in this same chapter we find that "La
Rebelde" is told by a certain Sr. Múzquiz that she should wait to
receive orders from the Primer Jefe. Her response is clear:
"'¿Órdenes?' repitió La Rebelde, 'es que nunca he recibido órdenes
de nadie' y notando la expresión de sorpresa en la apacible cara del
señor Múzquiz dijo como disculpándose 'es que yo sé lo que tengo
que hacer'" ("'Orders?' repeated The Rebel, 'I have never received
orders from anyone,' and noting the surprised expression on the
gente face of Mr. Múzquiz, she said as though excusing herself 'it's
that I know what I must do'") (94). In this passage, the reader
encounters the voice of a woman unaccustomed to taking orders, yet
she is keenly aware that the male listener is taken aback by her
response. She is also aware of the prohibition placed on female
speech; that is, she realizes she has overstepped the boundaries set
for her as she attempts to adjust her discourse for Mr. Múzquiz: "I
know what I must do." Here, the reader once again recalls the med-

itations of this author, her sense of being "una mujer de carácter," a woman who responds to her conscience and exercises her determination through specific actions. Ultimately, then, we find a female voice that has set out to inscribe her actions and sense of determination into her text.

The Writings of Jovita Idar

The same resolute voice that is evident in the writing of Villegas de Magnón can also be perceived in articles written by Jovita Idar. In Idar's article, *"El Primer Año de Vida,"* published in *La Crónica* on January 8, 1910, two types of information can be observed: a firm statement regarding the continued journalistic activity of *La Crónica* as well as information regarding civic and cultural life in Laredo. For example, the author notes that: *"'LA CRÓNICA' entra en su Segundo año de vida . . . firme en sus propósitos de seguir una carrera honrosa, sin bajesas [sic] y sin humillaciones, defendiendo con entusiasmo y con franqueza los intereses del elemento méxico-tejano"* *("'LA CRÓNICA' enters its second year of life . . . firm in its intention to continue its honorable course of action, without vile deeds and without humiliation, defending with enthusiasm and frankness the interests of the Mexican-Texan element").* Here, Idar's discourse involves linguistic markers that point to a sense of strength and determination—"firme en sus propósitos"—as well as a refusal to be humiliated by those who have leveled attacks at a personal level and against advertisers and subscribers of the newspaper. This declaration of resolve implicitly refers to those who write for *La Crónica*. For example, she declares that there are those who have taken action "contra nosotros" (against us) and whose intention is to "hacer desaparecer a *LA CRÓNICA* y de matarnos de hambre" ("ensure that *LA CRÓNICA* disappears and starve us to death"). In response to these intentions she further states that "entonces jugamos el todo por el todo y contestamos las amenazas con energía y firmeza que no esperaban nuestros detractores" ("therefore we risked everything and we answered the threats with energy and firmness that was not expected by our detractors"). Like the writing of Villegas de Magnón, Idar's discourse can be interpreted as contesta-tory. For example, the title of the newspaper is consistently present-ed in upper-case letters and we find a discourse that is firm as it emphasizes those detractors who intended to silence the newspaper. Idar further points out that certain Liberals from Texas and Mexico "placed at our disposal their pen and their intelligence so as to com-bat the gangrene that everywhere corrodes the social organism." It is through the written word, then, that Idar responds forcefully, to those who would attempt to silence *La Crónica* as a representative voice of the Texas-Mexicans.

Throughout this article phrases such as "sin fijarnos en la ame-naza" ("paying no attention to the threat"), "sin flaquear" ("without weakening"), "contestando golpe por golpe" ("responding blow for blow"), stand out in her text. Of interest is the fact that it is through the written word that the author actively combats, "golpe por golpe" the corrosive effects of social "gangrene." She then specifically mentions that "Redactada '*LA CRÓNICA*' casi todo el año por los jóvenes Cle-mente y Eduardo Idar y por la Srita. Jovita Idar, encargándose el Director únicamente de la sección editorial, diariamente aumentaba más y más su circulación . . ." ("'*LA CRÓNICA*,' written almost the entire year by the young men Clemente and Eduardo Idar and by Miss Jovita Idar, with the Director only taking charge of the editorial sec-tion, increased its circulation more and more each day . . ."). She fur-ther declares there are those who "want to rule the home and fanati-cize women, attacked us." Although the portion of the text that follows is damaged and illegible, it is possible to read phrases such as "the arrows of the people of the soutane . . . hindered our march."

It is through the discourse production evident in the article that the reader comes into contact with the voice of a woman who, by stating her name in print, situates herself as an important societal contributor, together with her brothers. Interestingly, however, and in keeping with the cultural practice of this era, she places her name after those of her brothers. Yet she presents herself as an active mem-ber of a family unwilling to back down from threats. To those who would see women who write as fanatics she presents a female voice that contests the confines of social configurations that include the hierarchy of the Catholic Church which attempts to continue to define relationships between men and women that are "power-asymmetrical" (Fowler 63). However, like the voice of Villegas de Magnón which emphasizes the power within the female, Idar too demonstrates this inner power as a woman capable of using forceful language to contest the taboo concerning the woman's active role in society.

As a means of defending her position and that of her cultural community, the second portion of the article defines actions involving civic initiatives such as the construction of dams. She also points to construction of a kindergarten, a "Club de hombres de negocios" ("The Businessmen's Club"), "La liga cívica" ("The Civic League") and the construction of a rail line between Laredo and Rio Grande City, which is supported by other newspapers throughout Texas. So as to emphasize the presence of "méxico-tejanos" she then specifically mentions other Spanish-named newspapers: *El Cosmopolita* (Alice); *El Heraldo* (Laredo); *El Aldeano* (Uribeño); and *El Porvenir* (Brownsville). Regarding "La liga cívica," it is interesting to note that she points to the support of the "inteligentes e instruidas Sra. Leonor V. de Magnón y Srita. Profesora Zenaida Salinas" ("the intelligent and learned Mrs. Leonor V. de Magnón and Professor Miss Zenaida Salinas"). Noteworthy is her description of these women as intelligent and learned as well as active in civic affairs. This description clearly contests those who try to "fanatizar a la mujer," especially those women who like herself, Villegas de Magnón, and Salinas, refuse to confine themselves to the domestic sphere only.

In addition to listing those works which will benefit this region, Idar then goes on to point to "artículos científicos, literarios, y filosóficos" ("scientific, literary and philosophical articles"), which have been published in *La Crónica*. Thus, her voice situates the newspaper as an instrument of protest, of social and civic improvement, and as a cultural space which includes writing in the areas of science, literature and philosophy. This newspaper, together with others of the region and specific members of the community such as the Bruni, Ortiz, and García of Laredo as well as Luis Volpe C. Guerrero, people from Zapata, Sr. Manuel Guerra of Rio Grande City, give voice to the *méxico-tejanos*.

In the article entitled "In Memory of My Unforgettable Friend Sara Estela Ramírez" she begins her article with a phrase presented in upper case letters: "¡SARA ESTELA NO HA MUERTO!" ("SARA ESTELA HAS NOT DIED!"). Ramírez, like Idar, took her training as a teacher, yet, as a female activist, she was also a supporter and vocal leader of the *Partido Liberal Mexicano* which proposed a number of governmental as well as educational reforms in Mexico. Ramírez, who published many of her essays and poetry in *LA CRÓNICA*, is described by Idar with phrases such as: "vida ejemplar," ("exemplary life"), "elevado y noble carácter," ("elevated and noble character"), "Luminoso reflejo de su culta inteligencia y de su tierno corazón," ("Luminous reflection of her cultivated intelligence and her tender heart"). It is significant to note that just as in the article "El Primer Año de Vida, " where Idar uses adjectives such as "inteligentes e instruidas" in referring to Villegas de Magnón and Zenaida Salinas, she also emphasizes Ramírez s intelligence. Through these discursive references and the naming of specific women, the author points to a semiotic space and a particular cultural community of women whose worth resides in their intelligence as well as in their tenderness and their ability to care for others. Furthermore, she implicitly situates herself along with them when she calls Sara Estela "Mi Inolvidable Amiga" ("My Unforgettable Friend"). Idar then writes, "No lloremos por ella, su dulce nombre y el recuerdo de su vida quedan entre nosotros, como ejemplo de los más elevados sentimientos, de su patriotismo inmaculado" ("Let us not cry for her, her sweet name and the memory of her life remain with us, as an example of the most elevated sentiments, of her immaculate patriotism."). What would seem to be a simple article recalling "estrechísimos lazos de cariño" ("very close bonds of affection"), in fact confirms that the effect of Ramírez's patriotic life that stands as an example which "remains among us" and will continue to circulate in the cultural memory of Texas Mexicans, especially as a model for other women to follow.

"POR LA RAZA: LA NIÑEZ MEXICANA EN TEXAS" ("FOR THE RACE: MEXICAN CHILDREN IN TEXAS") is another article written by Idar, under her pseudonym of AV Negra ("Black

Bird") and published in August of 1911. In it she notes that "Nuestra Patria está demasiado ocupada en sus asuntos interiores para poder attender á [sic] sus hijos que, por los azares de la fortuna ó por cualquier otra causa . . . se han visto obligados á [sic] salvar a los linderos de la Patria para internarse en terreno extranjero" ("Our Country is too busy with its internal concerns to be able to attend to its children who, by fortune's chance or for whatever reason . . . have been obligated to cross the borders of our Country to be interned in a foreign land"). Once again, we see a focus on the plight of Idar's compatriots, especially the children of Mexico who have been forced to leave their homeland and live among foreigners. She further notes the imperative of having to educate these children "si queremos que no estanque el desenvolvimiento mental de nuestros compatriotas" ("if we do not want the mental development of our compatriots to stagnate").

The author is clearly aware that "el extranjero" ("the foreigner") views Mexicans with "desprecio" (disdain) because of their lack of education. She emphasizes this lack by speaking of "la ignorancia crasa de una inmensa mayoría de nuestros compatriotas" ("the crass ignorance of the immense majority of our compatriots"). The article emphasizes the need for education, specifically in terms of conserving the mother tongue as a way of preserving a sense of identity of those who have been forced to migrate to the United States. For example, she declares that: "Con profunda pena hemos visto á [sic] maestros mexicanos enseñando inglés á [sic] niños de su raza, sin tomar para nada en cuenta el idioma materno" ("With deep shame we have seen Mexican teachers teaching English to children of our race, without taking into consideration the mother tongue"). These passages demonstrate the author's concern regarding the ignorance of Mexican children, yet she also criticizes another type of ignorance, that of Mexican teachers who would seem to blatantly disregard the importance of teaching Spanish rather than English as a means of preventing "adulteraciones y cambios que hieren materialmente el oído de cualquier mexicano, por poco versado que esté en la idioma de Cervantes" ("adulterations and changes that materially offend the ear of any Mexican, even though he might be minimally versed in the language of Cervantes"). Careful observation of this passage points to the author's explicit concern regarding the importance of conserving the mother tongue of Mexicans, yet implicitly she would seem to be commenting on the necessity of conserving a sense of racial identity that is closely tied to linguistic usage.

Idar's project, as expressed through this article, is similar to Villegas de Magnón's emphasis on evolutionary progress in Mexico. For this progress to affect all Mexicans, those living in Mexico or the border region, Idar specifically proposes that, because neither the Mexican nor US governments will do anything for the children of Mexico who are in dire need of education, "nosotros, los padres de niños mexicanos, debemos unirons para sufragar los gastos que una escuela requiere" ("we, the parents of Mexican children, should unite so as to pay the costs that a school requires"). On the basis of the argumentation evident in the article, these children are caught in what homi bhabha has termed "in-between spaces" (2). As Idar further argues, since the welfare of "Mexican children" in Texas will not be provided by nation states, it must be the collective community that takes responsibility for the educational process. She sees education as a means of assuring that these children cease to be considered as an annoyance by the "extranjeros que nos rodean" ("foreigners who surround us"). Thus, the author expresses the importance of education as a mean of maintaining language usage and therefore a clear sense of Mexican identity within Texas. It is through articles such as this one that the reader comes to understand why Idar was known as a woman concerned and committed to her own cultural community within Texas.

Conclusion

As Pierre Bourdieu has noted, language is what "makes the world" (*Logic of Practice* 53) or determines the way in which that world is structured and therefore understood. The purpose of language for both Villegas de Magnón and Idar can be understood in terms of knowledge about a particular cultural world evident in the intersecting semiotic spheres of Texas and Mexico. Furthermore, as Emma Pérez has argued, "women as agents have always construct-

ed their own spaces interstitially" (33). By speaking out in their writing, then, the voices of Villegas de Magnón and Idar become an
interstitial intervention or what Pérez defines as "third-space femi-
nism" which takes place "within and between dominant male discourses" (32). The third-space writings of these women are in fact
creating an alternative history and can be seen, then, as depositories
of knowledge regarding a specific historical period. That is, through
their writing they have contributed to the construction of an alternate
system of knowledge within Texas, but that circulated on both sides
of the border. One of the aspects of the world being presented in the
texts of each of these women writers has to do with what Bourdieu
has termed "regionalist discourse" that is intended to "impose as
legitimate a new definition of the frontiers and to get people to know
and recognize the region that is thus delimited in opposition to the
dominant definition" (*Language & Symbolic Power* 223).

Ultimately, I would argue that the discourse of both Villegas de
Magnón and Idar functions as a kind of "symbolic power" that
stands in opposition to the confines of dominant cultural systems.
Both of these women have left their mark in Texas and Mexican history as they represent themselves as women of strength, capable of
speaking out through the written word, contesting those rules, values
and dispositions of a cultural field which traditionally marginalized
the female voice. Indeed, both Villegas de Magnón and Idar were
keenly aware of their assigned roles within their cultural space, and
although they had developed a sense of what was expected of them,
they openly challenged the regulating processes that functioned
within their culture as they undertook life projects which moved
beyond the confines of life practices that limited the female role in
society. They chose to create texts that function as independent intellectual forms and as mediators that attempt to enter into dialogue
with and affect a change in the reader's perspective.

Works Cited

bhabha, homi k. *The Location of Culture*. London, Routledge, 1994.

Bourdieu, Pierre. *Language and Symbolic Power*, edited by John B. Thompson, translated by Gino Raymond and Matthew Adamson, Cambridge, Massachusetts, Harvard University Press, 1991.

_____. *The Logic of Practice*. Translated by Richard Nice. Stanford, Stanford University Press, 1990.

Cixous, Hélène. "The Laugh of the Medusa." *Feminisms: An Anthology of Literary Theory and Criticism*, edited by Robyn R. Warhol and Diane Price Herndl, New Jersey, Rutgers University Press, 1991.

Foucault, Michel. "The Order of Discourse." *Untying the Text: A Post-Structuralist Reader*, edited by Robert Young, Boston, Routledge & Kegan Paul, 1981.

Fowler, Roger. "Power." *Handbook of Discourse Analysis Volume 4: Discourse Analysis in Society*, edited by Teun van Dijk, London, Academic Press, 1985.

Gilbert, Sandra and Susan Gubar. "The Madwoman in the Attic." *Literary Theory: An Anthology*. Malden, MA, Blackwell Publishing, 2004.

Idar, Jovita. "A La Memoria de Mi Inolvidable Amiga Sara Estela Ramírez." *La Crónica*. Laredo, August 27, 1910.

_____. "El Primer Año de Vida." *La Crónica*. Laredo, January 8, 1910.

Lomas, Clara. Preface. *The Rebel*, edited by Clara Lomas, Houston, Arte Público Press, 1994.

_____. "Transborder Discourse: The Articulation of Gender in the Borderlands in the Early Twentieth Century." *Frontiers: A Journal of Women Studies*, vol. 24, 2003, pp. 51-74.

Lotman, Yuri. "La memoria a la luz de la culturología." *La semiosfera I: Semiótica de la cultura y del texto*, translated by Desiderio Navarro. Madrid, Ediciones Cátedra, SA, 1996.

Macías, Anna. *Against All Odds: The Feminist Movement in Mexico to 1940*. Westport, CT: Greenwood Press, 1982.

Pérez, Emma. *The Decolonial Imaginary: Writing Chicanas into History*. Bloomington, Indiana University Press, 1999.

Villegas de Magnón, Leonor. Untitled Essay. Recovering the US Hispanic Literary Heritage Program Archives of Leonor Villegas de Magnón.

_____. "Evolución Mexicana." *La Crónica*, Laredo, September 7, 1911.

_____. "Discurso de la señora Villegas de Magnón, Presidente de la Cruz Blanca Nacional presentado ante el Primer Jefe del Ejercito Constitucionalista, Don Venustiano Carranza , en la recepción ofrecida por la Cruz Blanca Nacional." Monterrey, NL, July 7, 1914.

_____. *The Rebel*, edited by Clara Lomas, Houston, Arte Público Press, 1994.

_____. *La rebelde*, edited by Clara Lomas, Houston, Arte Público Press, 2004.

Endnotes

[1] An earlier version of this article, "The Female Voice in the History of the Texas Borderlands: Leonor Villegas de Magnón and Jovita Idar" was published in the anthology *Recovering the Hispanic History of Texas*, edited by Mónica Perales and Raúl A. Ramos. The director of Arte Público Press has kindly extended permission to publish another version of this article in the present anthology.

[2] Here I would like to mention that Leonor Villegas de Magnón now forms part of the history of women in Mexico. See Martha Eva Rocha Islas "Visión Panorámica de las Mujeres durante la Revolución Mexicana," *Historia de las Mujeres en México*, published by the Instituto Nacional de Estudios Históricos de las Revoluciones de México in 2005: "en marzo de 1913 surgió la Cruz Blanca Constitucionalista, presidida por la profesora Leonor Villegas de Magnón, en Nuevo Laredo, Tamaulipas, cuando el general Jesús Carranza atacó la plaza en poder de los federales. Al año siguiente, el 8 de junio de 1914, en la plaza de Saltillo, Coahuila, Venustiano Carranza otorgó a la organización el carácter de nacional y dio a

Leonor el encargo de establecer sucursales de la benéfica institución en todo el país. Con el transcurso de los años, la tarea de atender heridos de guerra durante los encuentros bélicos realizada por las enfermeras quedó en el olvido, como bien refiere Leonor Villegas en sus "memorias noveladas" que escribió en los años veinte para dejar constancia de la participación de las enfermeras de la Cruz Blanca Nacional, particularmente la de aquellas del área de la frontera de Texas-México, porque la historia oficial casi borró la huella de sus acciones en la Revolución Mexicana.

[3] According to Macías, *La Mujer Mexicana,* was a feminist monthly founded in Mexico in 1904 by "Columba Rivera, María Sandoval de Zarco, and the normal schoolteacher, Dolores Correa Zapata" (13).

[4] Villegas de Magnón's perspective on the Catholic Church corresponds to a series of articles published in *La Crónica* ("La Confesión Auricular," 15 Jan. 1910 and "La Moralidad de la Confesión," 1 Oct. 1910) on topics that questioned confession that not even Christ and his disciples practiced as well as the morality of confession, especially why women should confess their sins to a priest, someone who is not her husband.